経験の社会学

Sociologie de l'expérience

フランソワ・デュベ

山下雅之【監訳】 濱西栄司・森田次朗【訳】

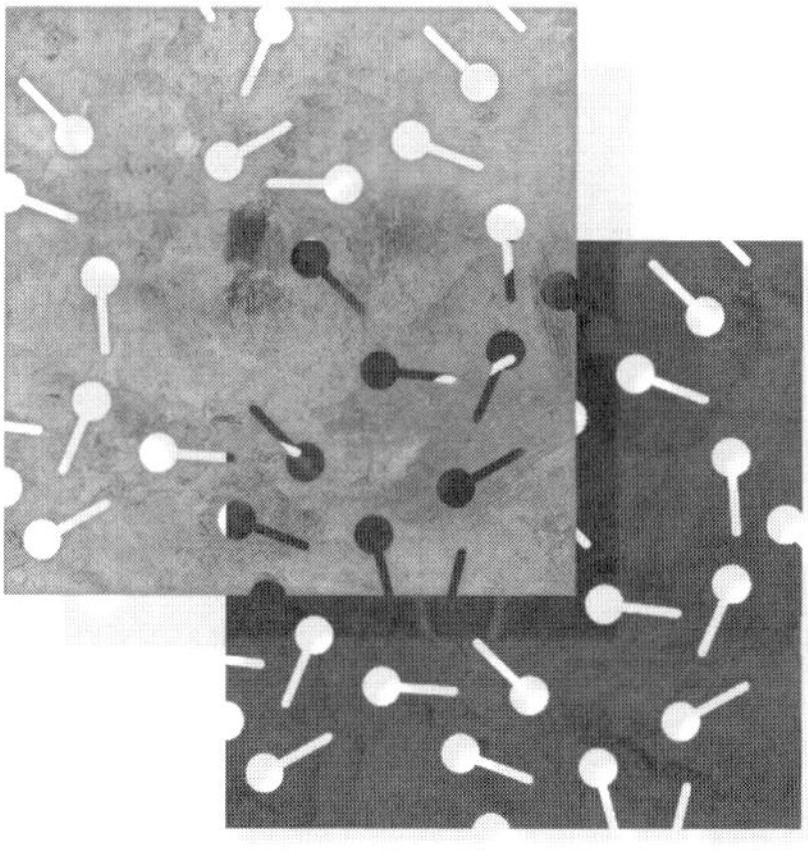

新泉社

謝辞

本書には以下の熱心な、友情あふれた、そして時に批判をしてくれる人びとが目を通してくれた。ジェフリー・アレグザンダー、シャルル＝アンリ・クアン、ディディエ・ラペロニ、ダニロ・マルトゥッツェリ、ミシェル・ヴィヴィオルカ。アラン・トゥレーヌとの共同作業の年月がなければこの本は陽の目をみなかったであろう。彼は私を導いてくれると同時に、自由にさせてくれた。本書はこの自由にこそ忠実でありたいと願う。

凡例

・本書は、François Dubet, *Sociologie de l'expérience*, Éditions du Seuil, 1994 の全訳である。
・原書文中のイタリック体および強調してある箇所は傍点を付した。
・原書文中の《 》は「 」にした。
・訳注は［ ］で入れた。
・註および参考文献の（ ）は邦訳書である。

経験の社会学

目次

装幀　勝木雄二

序論

本書は、もう二〇年近くの間、私が傾注してきた二重の活動の所産である。すなわち教育者としての活動と研究者としての活動である。だからといって「知的自伝」をめざすものでもなければ、近年の社会通史に戻るものでもない。この研究は次の二つの考察を明確にしようと努力している。まず一つは教育者としての活動にかかわるもので、現代の社会学諸理論についての考察である。他方は研究者としての活動にかかわるもので、経験的調査の理論的かつ方法論的な基礎に関する考察である。私にはこうした調査から少し距離をおくことが必要だと思えたのである。この二つのプロジェクトを結び合わせるものこそ経験の概念である。それは、ある種の理論的対象であると同時に、私たちの社会に特徴的な社会的実践の全体を指し示すことである。

1　一定の理論的遺産、伝統、概念装置や方法の伝達を仕事にする教育者の観点からみた場合、今日の社会学理論は拡散した領域と映る。社会学の多様性を歓迎するにせよしないにせよ、パラダイムの多様性が、この学問の性質そのものに起因するいくつかの諸問題を提起している。その性質とはつまり批判的対話を維持する能力であり、社会学の統一性とダイナミズムの基礎をなしている。モデル、方法、対象がきわめて多様であることは、「古典的な」社会学の炸裂によるもので、古典的と名づけるのは恣意的な選択といえなくもないが、大まかに考えてデュルケームやパーソンズの著作をはじめ、ニスベットが社会学的伝統として示したものである。古典的社会学をこのように定義するなら、それは大革命後に生まれた産業的で民主主義的なさまざまな社会が提起した、以下の本質的問題に対する近代的な回答と考えることができる。「メタ社会的な保証人たち」がもはやその正当性を保証できない時代に、社会秩序の本質とはどのようなものなのか？　すべての社会を共通の進化の中へと導いた変化の本質とはどのようなものなのか？　人びとの行動における秩序と変化をどのように区別するのか？　人びとがますますはっきりと個人として行動する時代に。

古典的社会学の力は、これらの疑問を十分に引き受け、人間主義的で認識論的な回答をもたらしてきた。それは、この学問の中で長い間中心となってきた基本的マトリックスに記された以下の考え方の中に示されている。個人という行為者は社会的なものの内面化によって定義される。行為とは、行為者とシステムに共通する諸原理に沿って統合された、社会全体の規範の実現にほかならない。個人が十分に社会化されるにつれて、個人が自律的となり、「社会」が実在し、機能、価値、つまり中心的なコンフリクトなどが客観的に統合された全体として現れる。と同時に「社会」は近代的な、国民国家の枠内に具体化され、「人格」をもち、「現実の」全体となる。このような観点から、古典的社会学が社会を「発明した」ということになる。実際には、この極度に大きな枠組みはさまざまなニュアンスの違いやイデオロギー的感受性を内包しており、主要な社会学者の多くがそこへ組み入れられてきたとはいえない。しかしこの枠組みが長い間、社会学者たちの共通の言葉となり、本質的な台座となってきた。

役割、価値、制度、社会化、階層化、機能といった概念を、社会や社会学のイメージの中心に据えたのは、こうした方針で作られた社会学の古い教科書ぐらいである。ところが今日では、学生たちが教科書や要綱を開いたり大学の授業に出席したときに出会うのは、もはやこうしたイメージではない。古典的社会学は他の諸理論のうちの一つにすぎず、新入生にとって社会学とは、自律したさまざまな理論が並んでいるようにみえる。各理論がそれぞれの行為概念、システムや社会についての表象をもち、方法論上の選択を行っている。したがって、社会学の統一性とは、学問の上でのたんなる慣行にすぎないことがわかる。社会学を学びはじめた者にとっては、行為理論の多様性は、社会学の分裂状態にみえてくる。社会的行為者とは戦略家で、社会は戦いの場なのか？　社会は市場とみなされ、行為者はホモ・エコノミクスなのか？　それとも行為者はハビトゥスの代理人で、全能のシステムの中で主体はフィクションなのか？　「具体的な」個人は、これらの合理的説明のどれか一つに同定できるのか、それとも同時にそれらすべてなのか、あるいはもっとほかにもあるのか？　こうした疑問はたんに「スコラ的」なものではない。これらの概念は、多くの本質的な問題と結びついた行為の概念にもとづく。ある種の人間学に、つまり「人間の本質」に関する一つの定義に依拠している。それはまた特定の認識論にも結びついており、社会的行為者が客観的に研究されなければならない。それぞれの行為の定義は一定の倫理に関連している。なぜならこれらの視点の一つひとつが諸価値への一定の関係を含むからである。各社会学者は必然的に、多かれ少なかれ直接間接に、研究対象へ「コミット」を余儀なくされる。つねに弁明を求められるがゆえである。

これら理論のそれぞれは、システムに関するある種の表象も含んでいる。社会や発展についてのたんなるイメージではなく、行為者とシステムとの諸関係についての理論、および「社会的事実」の説明の様式でもある。行為者とシステムとの入り組んだ関係は古典的な社会学の中心であったが、パーソンズの行為の概念において極まり、古典的モデルの多様性が解決の多様性を生み、そのいくつかはシステムの概念の否定にすらいたっている。こうした問題のさまざまなバージョンとして、現在の社会学に運命的に付きまとう概念の組み合わせがよく知られている。個人主義と全体論主義（ホーリズム）、客観主義と主観主義、ミクロとマクロなどである。

社会学という領域の統一性の原則が問題化しただけでなく、学生がこれら理論の多様性の中から選択を行う理由は、たまたま教授が魅力的だとか、その学部ではしかじかの学派が影響力をもつといったささいなものなのである。よくみられるのは、学生の選択が、理論を概括的に一連の経験的対象と同一視することでなされるケースである。たとえば、組織に興味があれば「クロジエをやっておこう」とか、文化や社会化に関心があるなら「ブルデューでいく」、社会運動に向かうなら「トゥレーヌ」、競争と希少性の状況を学ぶ場合は「ブードンで」、相互作用に熱を上げれば「ゴフマンをやる」ということになる。リストにはきりがない。このような態度には明快な利点がある。同じ対象に関してさまざまなパラダイムが競合しないから、社会学者たちの世界を調停してくれる。若干無関心気味のこうした平和は、しかし、三つの大きな問題をもたらす。まず第一に、一般理論が実際は部分的な理論として扱われる。第二に、選択の基準がはっきりしないから知的な流行が重視される。第三に、十分な検討をせずに古典的社会学のもっていた野心を捨ててしまう。

　古典的なパラダイムの多様性は、思想史や知的科学的競争の「必然性」だけに帰せられるものではない。確かに現代の諸理論の大半は、これらの多様性を乗り越えて、古典的モデルの本質的な原基に対する批判を共有している。とくに重要なのは古典的な行為の概念を拒否したことで、行為者をシステムと完全に同一視し社会を「自然な」有機体と考えたことへの批判である。要するに、いま支配的なのは、システムに対する行為者の距離であり、「ポストモダン」的な社会生活のとらえ方が示していることである。行為者たちが日常の相互作用や言語実践の中で社会を構築すると主張する理論もそうだ。道具的合理性とみなされるシステムに対してアイデンティティを呼びかけ、市場としての社会を利害の寄せ集めによって生み出すことなどである。行為者とシステムは分かれたのだ。ある人びとにとって、社会的行為とシステムとの包含関係は自明なものではなくなり、一つのシステムとみなされた社会という考えはもう受け入れられない。また別の人びとにとっては、古典的社会学が批判的で魅力のない形で保持され、行為者の自律性は幻想にすぎず権力と支配の姿そのものである。社会学の炸裂にともない「社会」という古典的なイメージが崩壊し、より具体的にいえば、文化的アイデンティティと道具的合理性と政治的アクションとが分離している様を観察できるのである。さまざまな社会の機能的および文化的な統一性がなくなっている以上、行為者とシステムの一体性はもう考えられない。理論的議論を経つつ、そうした議論を超えて明らかになったのは、古典的社会学が行っていた社会の表象が汲み尽くされてしまったということであり、より正確にいえば、この社会学とともに生まれた国家社会、産業社会の終焉である。おそらくここフランスでは、ほかのどこよりもこのテーマ、つまり社会の分解ということに敏感である。なぜなら、ほかのどこよりも私たちは、国民的共和国というものの中に体現された社会の理念を信じてきたからである。

社会的全体はもはや文化的および機能的同質性によって定義できず、中枢部での社会的紛争やこれまた中心部で起きる社会運動によっても定義できないから、その中で行為者や制度が一つの論理や役割に帰されたり、いろいろな行動を規定するただ一つの文化的プログラムに還元できない。諸個人の主観性とシステムの客観性は分離する。社会運動はもはや「歴史の諸法則」とか「中心的な諸矛盾」によって引き起こされるのではない。組織は機能をもった有機体ではなく構築物として現れ、最もありふれた行動が役割の実現ではなく戦略として解釈される……あたかも社会学がその旗振り役となって、社会学の創設者たちに十分な敬意を払っているにもかかわらず、多かれ少なかれ意識的に行為の古典的な考えに批判を集中させたかのようである。それは敬意といっても忠実さを表すというよりは、起源への記憶を失うことで社会学のプロジェクトそのものを捨て去るのではないかという危惧なのである。

かといって、社会学の炸裂を取り繕うために学問上の一覧表を作って終わりにするようなことは明らかに馬鹿げている。それは折衷的で、原則もなければなんの役にも立たない。この炸裂を明確にすることが必要であり、もはや中心をもたない社会的世界について統一的なビジョンを提案しようとする野心をもたず、「中範囲」の理論を提案すべきだ。社会的経験という概念を確立するようにここで私が示唆するのは以上の観点からである。それぞれの行動原理の異質性によって左右される個人や集団の行動を示す概念であり、まさにその異質性の中でそれぞれの実践の意味を構築せねばならない諸個人の活動によって行動が規定される。

2　曖昧さや不明確さにもかかわらず、あるいはむしろそうであるがゆえに、私は経験という概念を選んだ。社会運動、青年、移民、学校などに関する研究の中で、長きにわたって観察し分析してきた社会行動を示すためである。これらの行動は、役割とか利害の戦略的追求といったものに還元できないため、経験の概念がかなり「自然に」ふさわしいものとなる。それは以下の三つの本質的な特徴を明確にしてくれる。

まず第一に、行動を組織化する文化的および社会的諸原理どうしの異質性である。行為者たちはあたかも同時並行的に複数の観点に立っているかのようだ。あたかも彼らのアイデンティティが、次々と変化する運動のゲームにほかならないかのようである。あたかも他者が次々といろいろなやり方で定義されるようだ。味方になったり敵になったり、近い関係になったり、遠い関係になったり……役割、社会的地位および文化は行為の安定した要素を規定するのにもはや十分とはいえない。なぜなら個人は一定のプログラムに従っているのではなく、社会生活のさまざまな要素やめざしている多様な方向性の中から一つの統一性を打ちたてようとしているからである。このように、社会的アイデンティティとは「存在するもの」ではなく「作業（ワーク）」である。

すごく単純な例をあげてみよう。ほとんどの教師たちは自分の仕事を役割といった言葉ではなく、経験という言葉で言い表す。一方で規則に縛られた立場にとらわれており、同時にほとんどが受け入れ守ろうとする一定の保護を与えてくれる。しかしその立場は、自分たちがやっていること、自分たちはなんであるのかについてほとんど部分的にしか規定してくれない。それとは反対にコレージュやリセ［ほぼ日本の中学、高校にあたる］の教師たちはかなり多くのエネルギーを使って、学校制度が期待しそうさせようとしているものと自分たちは違うと主張する。この制度が互いに矛盾しあうような複数の原理を抱え込んでいるからなおさらである。また一方で教師たちはたえず、私的経験として現れてくる仕事を構築することを通して自分たちの職務に個人的な解釈を行おうとする。その仕事が内面的なものでなくても。この「内面性」とは、行為者たちがいろいろな論理や、しばしば矛盾しあう原理を結びつけなければならないために生じる。それを自分自身の作品のように感じ、自分自身の「パーソナリティ」の実現であったりあるいは破綻として感じ取る。すなわち、自分たちを縁取っている事務的な規則に同意しながらも、教師たちはこの仕事を一つの経験として、以下の断片的な諸要素からなる個人的な構築物として自ら定義している。教育指導プログラムの遵守、生徒一人ひとりへの気配り、成績を上げるための努力、公平さを保つなどである。「古典的」な行為の概念においてパーソナリティは役割から生まれる一つの結果であり、背後に退いていたのだが、この教師たちにとって役割は「パーソナリティ」が生み出すものとして生きられる。パーソナリティとは、経験を管理し、それを一貫した有意味なものにする能力と定義される。いま最も調子の狂った学校教育の文脈で、学校の状況を構成しているのはやはりこの同じ「パーソナリティ」である。それは現代的な「ナルシシズム」とはなんの関係もない。社会的経験の構築が強いられるのは、そうした状況を一義的な意味の世界の中にもはや書き入れることができないから、もっと単純にいえば、もはや「社会」がただ一つではなくなったからである。

第二の観察点は、各個人がシステムとの間に保つ主観的な距離に関するものだ。行為者は決して十全に自分の行為の中にいることはできないと思われる。自分の文化の中にも、自分の利害の中にも。かといって、そのぶん、この距離が社会化の不足とみなされるわけではない。行為者たちは、われ関せずの態度と物事に対する批判的な距離とを絶えずやりくりする。たとえば生徒たち、活動家、郊外地区のいくらかの若者たちはそれぞれの人生をただ証人として述べるにとどまらない。これらの人びとは説明し、自らを弁明し、正当化し、すでにそこにある一つの世界の中で自分たちのしていることや経験をどうやって構築するのか物語る。行為者が社会となんの関係ももたない、ということではない。もろもろの機会からなるマーケットにほかならないと単純化された社会の中で、個人の自由が支配すると考える現代の個人主義が見事な軽々しさで主張するような意味での。自分に対するこうした距離感は、今日の社会的経験の中に交錯する行為のさまざまな論理の異質性を糧としており、この距離が一つの問題として生きられる。なぜなら距離は各自を、自分の経験の創作者に仕立てるからである。といっても相対的な意味での創作者だ。このような経験の構築が依拠している諸要素が、個人に属しているとは限らないからである。経験の多様性は距離と疎遠感を生む。個人は、もはや内的一貫性をもたない役割や価値に全面的に愛着をもつことはできない。人びとは自分というものに「しがみつく」ことはない。われ関せずの態度は、どことなくエレガントで悟りを開いたような、中流階級の個人主義的な文化から生まれるある種のスタイルというだけではない。なぜなら、私が研究を行ってきた、排除された人びとあるいは底辺にいる行為者たちにおいてもはっきりとその態度が表れているからである。

批判的距離や行為者たちの反省性が彼らの社会的経験に十分に染み通ると、行為者たちの自律性を定義するプロセスを社会学的に分析することが重要となる。それが彼らを主体にするからである。このような主観（体）化が、ある社会的なメカニズムへと行き着く。行為者たちがその役割や利害にはもはや還元されず、人間の創造性の文化的な定義にアイデンティティを求めるということを意味している。今日では「真正さ」という言葉で思い描く自己達成への障害として定義される社会的諸関係の中に、この創造性を刻みつける。

要するに集合的な経験の構築が、社会学的分析の中心にこれまで置かれてきた疎外という概念に置き換わる。古典的な「社会」のイメージが遠ざかり、社会運動は共同の文化や集合的利害あるいは共有されたユートピアなどをもはや喚起できない。社会運動は、世界と行為者と大義の一体性の名のもとに語る人格のようなもの、すなわち「人民」、「階級」あるいは「進歩」などとはもはやみなすことができない。社会的支配が社会的経験に統一性を与えることがないのみならず、郊外地区のとくに移民系の若者たちの行動が示すように、社会的支配は経験をいっそう多様なものにしている。この若者たちは多様な世界の中で同時に生きている。「[移民たちの]コミュニティ」と同時に大衆文化の中に、経済的排除と同時に消費社会の中に、人種差別と同時に政治参加の中に……若者たちの経験は、その人格を破壊するかどうかにかかっている。自分たちを導く行為の論理の多様性を自分でコントロールするにいたらないからだ。困窮や疎外といった概念が意味をもつとすれば、まさにそれだ。同様にして、学校の「機能」すなわち社会化、教育、学位の配分、職業資格訓練などがバラバラになり、高校生たちは自律した複数の立場で行動する。生徒という立場は一つの役割ではない。なぜなら行為者が知的な興味と社会的利害を両立させるようなチャンスはほとんどないからである。とくに挫折したとき、自分の「無能さ」以外に感じ取れる「原因」が見当たらない。私たちは、以上のような学校の爆発現象を観察したがそれは大学生や高校生の運動を伴わない。なぜなら生徒たちの経験の諸次元が一つの包括的な意図の中や、一つの「中心となる紛争」のまわりに凝固していないからである。そういった紛争の記憶は、古典的な社会理念の後退とともに薄れつつある。一般的にいえば、バラバラなやり方でしか「新たな運動」は現れない。なぜならいろいろな支配関係によって、行為者たちが自分の社会的経験をコントロールする力を奪われているからである。

若者や排除された人たちの場合のような、マージナルで「不毛な」経験に対して、社会的経験の概念を保持しつづけるのは矛盾しているようにみえる。だが逆に、行為の論理の多様化の流れと、彼らが指し示す個人主義化や主観化の要求とは、社会学のもう一つの「創設者たち」が予告したような現代的な経験の形式そのものとして現れる。つまりこれら創設者たちは、社会的経験の炸裂を近代の原理そのものだとみなしていた。機能的な等質性の発展として描き出された古典的社会学のいう近代性、行為の社会化が進み制度化が強まっていくこととは反対に、ジンメルやウェーバーは、世界の統一性の喪失を近代の本質的な特徴とした。最も具体的な行為の中に私が再発見したのはまさにこうした一般的な見解であり、それらを危機的な状況から生まれる行動や困難な経済状況から生まれる一過的な無秩序などに帰することはできない。

3　本書は社会学概論の著作ではない。社会生活の包括的なビジョンや全体理論を提案するものでもない。政治や社会関係についての理論や社会学要綱の各章を捜し求めても見つかることはない。本書は中心的なテーマとして、行為の社会学的理論、社会的経験が形作るいろいろな組み合わせを取り上げる。理論的なスケッチはほとんどの場合、私がリーダーとなったり、私が参加した経験的研究をもとにしている。それらの多くがいわゆる「社会問題」にかかわっており、最も曖昧で組織立っていない行動に関するものだ。すなわちルーティン化や「立ち上げ」に最も至りにくいような、社会的経験のドラマチックな構造に一番近い行動を扱っている。たとえば学業の行き詰まりと教育することの困難は、模範的な成功よりも学校について多くのことを語ってくれるし、移民の子どもたちや少女たちの「スカーフ」［一九八〇年代以降フランスでは、イスラム系の子女が学校で髪や顔を隠すスカーフを着用することが社会問題となっている］のほうが、共和国についての公式声明より多くのことを国家について教えてくれる。

第1章は古典的な社会学の中心的な議論に焦点を合わせている。すなわち社会学のいう行為者は統合の主体であり、システムとして国民国家としてそして制度からなる全体としてとらえられる社会の中の一個人である。私は社会学史の検討に専念するつもりはなかった。社会学的説明の構築に努めたかったのである。そうした説明に対し私自身が批判的であるにもかかわらず、そこから完全に遠ざかることはないであろう。第2章はこの古典的社会学の枯渇と、そこから生じた社会学的領域の炸裂的拡大を論じる。

その次の三つの章は、本来の意味での経験の社会学を扱う。まず第3章は社会的行為の中で結合する行為の基本的な諸論理を定義することが目的である。そのうちの三つが区別できる。統合の論理、戦略的論理および主観（体）化の論理である。第4章は古典的問題設定の回帰を扱う。社会的経験とシステムとの関係を対象とするからである。経験の基本的カテゴリーを構成するいくつかのタイプの「因果性」を明らかにする。それらは、少なくとも分析上、大きな自律性をもっている。第5章は行為者の「作業（ワーク）」、すなわち行為者が経験を構築し自らをその主体となすやり方に注目する。

最後の第6章は方法論的な性格をもつ。経験の社会学の基本的な諸原理を提起し、社会的行動を読み解く方法であるだけでなく、社会学を行うやり方でもありたいと考える。

第1章

行為者はシステムである

行為者がシステムであると主張することで、社会学的伝統の中心的なテーゼの一つを証明することが重要である。われわれはそうした伝統を完全に捨て去ってはいないにしてもだんだん遠ざかっていくのだろうが。それによると社会的行為は制度化された規範や価値の実現として定義される。そうした規範や価値は、個人によって内面化された役割の中に制度化されている。こうした考え方は、すべての学生にとって当たり前のように思われ、すべての社会学的伝統ではないにしても一つの知的伝統の中核をなしている。統一性をもたないけれども少なくとも三人の偉大な社会学者、デュルケーム、パーソンズ、エリアスが代表する大きな潮流となっている。広い意味では「機能主義者」と目される人びともこの流れを体現している。これらの学者たちを隔てるものは決して無視できず、いろいろあるにせよ、少なくとも行為者とシステムとが一体でリバーシブルであることにもとづいた行為者の概念に関して一致がみられ、この二つは同じ一つの「現実」の両面と考えられる。

この理論的な枠組みは次の二重の証拠とみなされる主張に依拠している。すなわち社会が存在し、それが個人からなっているというものである。社会は統合された一つのシステムとして存在し、近代性、国民国家、そして分業と同一視される。練り上げられた合理的な分業である。社会が存在するのはまた、その価値を内面化し多様な機能を満たす個人を生み出すからでもある。これらすべての命題は非常にシンプルかつ明快なので、真実であると思われていて、私が「古典的社会学（クラシック・ソシオロジー）」と呼んでいるものの中核に位置する。その呼び名は歴史的真実を考慮するからではなく慣習に従うところから来ている。ここで述べている古典的社会学とは明らかに、いつくかの単純な要素から出発して純粋に再構成されたものである。限定するのに十分とはいえないいろいろな著作を通してみられる一連の理念や表象からなるもので、これらの作品いずれかにすべてが体現されているわけではない。こうしたモデルを構築するのは社会学の歴史をたどるためではない。その歴史は社会学の教科書が示す以上に複雑で断片的である。古典的社会学は一つの集合的な人格のようなものや旗印、あるいは一潮流、文学史においてならみられそうな一つの学派というわけでもない。長い間共有されてきたことで「古典的」という性格をもつにいたった単純ないくつかの命題を要約し順序立てたものである。このようなフィクションが説明のモーメントとしてわれわれに必要なのは、本来的な研究対象だからではなく出発点だからである。

I　古典的社会学

1　統合の主体としての社会的行為者

この足早な理論的遍歴の途中でデュルケームを経由することが欠かせないのは、彼の著作の影響力ゆえではなく、それが理論的、人間学的、方法論的にみて非常に強い統一性をもっており、社会的行為者がこれら三つの観点の統合の主体であると主張しているからである。『社会学的方法の規準』という方法論的な著作ほど、この統一性を明確に示しているものはない。行為者と行為との最もはっきりとした定義がそこにみられる。行為が文化的規範的な内面化によって定義されるとすれば、何よりこのような主張が、実証科学としての社会学の種別性を確立することを可能にしているがゆえにである。この展開の重要な原則をいくつか思い出しておこう。

社会的事実は「個人にとって外在し、強制力を与えられている。そのおかげで社会的事実が個人に押しつけられる」[1]。もちろんこのような拘束力は諸個人によって拘束とは必ずしも感じられない。なぜならそれは内面化されており、ある種の自由として経験されることもありうるからだ。社会的アクターは、一つの使命、道徳的命令、選択あるいは「本性」としてこのように生きられた拘束を、それが個人の意識の中に織り込まれれば織り込まれるほど、わがものとする。したがって社会化とは自己のコントロールと自律性を生み出すような主観化である。アクターは人間関係、他者への関係、権力的立場、達成すべき自律した目標、手段の合理的な探求……などによって定義されるのではなく、社会の内面化によって定義される。いずれにせよ行為者が社会的であるのはまさにこういうやり方によるのであって、一つの「事実」[2]と考えられる社会の客観性を内面化することによる。

しかしこれらの定式化は行為者とシステムとの距離を準備する。個人と集合という二つの意識の理論はこのような考え方の中に刻まれているからである。しかしこのような距離があるからといって、自律した社会的意識より以前に個人意識が存在していると意味するわけではない。それは身体的なものと心理学的なもの、生物学的なものと社会的なもの、自然と文化との区別に、よりしっかりとつながっている。たとえば『自殺論』では「純粋な」個人が狂気やセックスへと向かうとされたが、これらは、一九世紀末の知的文脈の中で自然的なものや生物学的なものを意味していた[3]。第一に、個人的意識の自然な形態は、自然法哲学の合理的で自律した個人よりも、フロイトがエスと呼んだものつまり自然な衝動にたいへん近かった。確かに二つの意識の理論が、デュルケームの思考においても認識論的な働きを担っている。それにはとくに、社会の「自然的な」性質を証明するという目的があった。その当時、社会は実証的認識を受け入れるものになっており、「自然的な」自然と同じように、客観的な自然に属するとされたからである。この概念によって、社会的事実をものとして扱うことが可能になる。「社会的諸事実は固有の性質をもっており、心的な領界と区別される社会的な領界が存在し、生物学的領界からも同様に区別される」。社会は本来的に自然を損なうわけではなく、「人びとに自然な形で押しつけられる」。ルソーに反して、社会的なものもまた自然で客観的であること、それが第一であることを証明することが重要である。

大雑把にいえば、このような考え方にはまだ二つの「領界」あるいは二つの自然という二重の概念が含まれている。しかし私は、当初認識論的なものであったこのような見解が本当にデュルケームの見解であるとは思わない。確かに、『社会分業論』の冒頭におかれたスペンサーの功利主義に対する有名な批判は、次の二つの議論をめぐって非常に強く行為者とシステムを同一視している。まず第一はブルデューが「主観主義」と名づけたものの非難である。行為者たちが主張する行動のさまざまな理由とは、意識以前の概念、幻想、今日流にいえばイデオロギーなどである[4]。だから近代社会の個人によって追求される幸福の探求もその一つである。第二は功利的で契約論的な合理性への批判である。それが実現できるのは、すべての行為者によって共有された文化的諸要素が先だって存在する場合に限られ、つまり契約を保障することのできる政治的秩序があらかじめ存在しなければならない。社会的なものは契約に先立っており、それゆえ、契約が社会を基礎づけることはない。パーソンズはこの議論を大きく取り上げ、ニスベット[5]は、啓蒙主義の個人主義的合理主義に対するこうした批判が社会学的伝統の原理そのものにあるということを証明した。それはまた、悲観論的なバージョンではホッブズによって、楽観主義的で「ブルジョワ的」なバージョンではロックによって定式化された秩序問題への答えでもある。しかし『社会分業論』は行為者とシステムとの距離のイメージをやはり保持している。行為者が完全にシステムになってはいない。なぜなら、そこで主張されている社会的一貫性の原理が何よりも有機的秩序の原理、つまり機能的分化の原理であり、この分化の中において「全体」への個人の距離としての個人主義がおそらくは危険なものとして提示され、病理的な形態ではアノミーとして、しかし同時に機能的な必然性としても表されている。アノミー的分業はその当時「資本主義的アナーキー」といわれ、社会システムの一側面であり、行為の諸条件に影響を及ぼす機能性の欠陥ではあったが、行為者自身の性質とは描かれなかったのである。(6)『自殺論』によって、アノミーはその性格を変える。それはもはやシステムの特徴としてのみ定義されるのではなく、システムをもはや内面化しない者の状態として示される。しかもデュルケームのボキャブラリーは道徳的で心理学的なもの(「宿命論」、「愛他主義」、「エゴイスム」)になって、アノミーが行為と同じく、特徴づけの用語に登録される。パーソンズがいうように、「フロイト流」の人間学が打ち立てられ、エスとして理解されるような性質と、欲望の内面的な規制の様式として考えられる社会との対立がベースとなったのである。(7)デュルケームはその中で「アノミーがもたらす無限の悪」について語る。(8)個人は、自然と、規範的で道徳的な統合との対立の場としてとらえられる。前者は自然に規制されることをやめた無限の欲望、今日流にいえば「死の欲望」であり、後者は個人の意識に付け加えられただけのものではなく、個人的かつ社会的な生活の条件そのものをなす。「人びとは何者にも止められなくなったときから、自分自身で止まることができなくなるだろう」(9)。

ベナールがたいへん正しく強調しているように、宿命的自殺は『社会分業論』の中で主要な位置を占めていた拘束的分業に帰される過度の社会的抑圧から生じるのだが、『自殺論』ではほとんど消え去って、ページの下の脚注に姿をみせるだけである。行為者が他者との関係で、とくに支配関係によって定義される拘束的分業の消失とともに、社会的諸関係を通じた行為と社会の概念も消え去る。(10)ベナールによればこのような進化は、転倒でないとするなら、『自殺論』における女性の取り扱いをみればいっそう顕著である。子どものいない既婚女性の自殺が多いことは、より自然に近いとみなされる女性たちの「欲望」の弱さによって説明され、それが彼女たちにとって結婚をより耐えがたいものにする。文明化のプロセスによって「原初の」自然から遠ざかれば遠ざかるほど、目もくらむ欲望が増大し行為者は「苛立ち」、いっそう社会的なものを取り込まなければならなくなり、それに対して女性は「発展の遅れた精神生活」をもち続ける。「静穏と平和を見いだすために、女性は本能に従いさえすればよい[11]」。現代の行為者は伝統的な人びとよりも個人主義的であり、個人でいるためにより強く社会化されなければならないのはそのためである。

近代の個人主義はその性格を変えた。社会分業の必然的な結果であると同時に、社会的なものの内面化を強化するよう求めるからである。「個人を特別扱いするのは社会である。社会が個人をとりわけ尊敬すべきものとして生み出す」。自由でいるべきだという義務は原理上からみて破壊的なものであり、文明のパラドクスを乗り越えようとすれば個人に対する社会的なものの支配力を強めるしかない。行為者とシステムとをますます同一視することによってである。近代性は社会的である限りの個人を呼び求める。文明の運動そのものから誘発される心理的無秩序に対して個人を保護するために。

デュルケームの行為の社会学は社会化の社会学として現れ、個人の意識そのものの中で行為を規定するプロセスへと行為を再び立ち返らせようと努める社会学である。社会化についての研究は社会学全般を意味するに等しいといってもよい。デュルケームにおいて社会化と教育への配慮は不安な意識の上に成り立っている。憂鬱や焦燥感［フロベールの『ボヴァリー夫人』に由来するボヴァリスム］や「苛立ち」……そしてアノミーによって脅かされる社会のガラスのようなもろさという感覚がそれである。この点でデュルケームはよく『不平等起源論』のルソーに伍せられる。『方法の規準』の断固とした認識論的な信念のすぐ横で、デュルケームはもっと苦悩に満ちた人間学を描いていた。「別の諸要素をともなったまったく新しい諸条件の中で、すぐに分解しては別の部分で改良されていく社会というものは、一つの人間的な相貌を作り出すのに十分な連続性をもたず、そのメンバーたちが愛着をもてるようなそれ自身に固有の歴史をもつにいたらない[12]」。

近代の教育の機能は、個人を社会的で道徳的な主体として作り上げることにある。もっと正確にいうと、諸個人は社会的である限りにおいて、道徳的なのである。本当の道徳性は社会的なものに先立って存在することはない。それは規範に対して距離をとることではなく、この規範の「自由な」内面化である。宿命的な愛、必然性の愛である。このように社会化とは、少なくとも次の三つの大きな理由から道徳的である。規制されない本能に対して自己のコントロールをもたらす、つまり超自我として機能する。「一番の早道によって、生まれたばかりの利己的で反社会的な存在には、社会的で道徳的な生活を送ることができるようなもう一つの存在を社会が付け加えることが必要だ[13]」。さらに社会は個人を集団に結びつけ、道徳性を愛他主義によって規定する。つまり集団のための犠牲、われわれが知っているように、聖なる本質をもった犠牲である。なぜなら唯一者に犠牲を捧げることとは全員に犠牲を捧げることだから。「われわれの道徳的本性の中には、われわれを神性や社会の象徴的な紋章への奉仕者にさせるべく必然的にあらかじめ方向づけるようなものは何も存在しなかった。それらに崇拝の念を向け、自分を捨てて敬意を表すように仕向けるものはなかったのである[14]」。最後に教育が、自然の拘束を自由に受け入れることだとみなす理性の支配を打ち立てる。このように社会が客観的な自然であることを思い出そう。行為者と社会との適合に基礎を与えることで、教育は個人をその本当の社会的性質の中へ刻み込む。この点でデュルケームは、理性を人間の自然で非社会的な性質とした啓蒙主義哲学に非常に強く反対し、理性を自然へ、自然的である限りの社会へと同一視する哲学を見事に再発見したのである。それゆえ教育は全体的で「神聖な」ものとして現れ、ただ道具的だったり、有益な学習の獲得であることから隔たっている。教育は人格の上に全面的な支配力を及ぼす。この意味で、共和主義的で脱宗教的な教育は、伝統的で宗教的な教育とは異なっており、合理的で抽象的な個人を育てることはない[15]。「司祭の説教がこんなに簡単に怒りをあらわにする権威を生み出すもの、それは彼が使命をもっているという崇高な考えである。なぜなら彼は、自分の信じているある神の名のもとに話しているからである。それは、自分が大勢の俗人たちより近くにいると感じている神なのだ。宗教色のない教師もこうした感情をいくらかもつことができるし、そうしなければならない。教師もまた、自分を飛び越える大きな道徳的人格、すなわち社会の器官なのだ[16]」。デュルケームがここで、学校の子どもたちから教師への関係における催眠状態について語っていることをわれわれは知っている。

デュルケームの教育プログラムが、系統発生と個体発生とが相同的であるということに依拠すればするほど、行為者とシステムとの同一化が社会学によって明確に打ち出される。個人の発達と社会の発達とは同一の段階を経ていく。すなわち子どもと社会の原初的段階とはある意味で等価であり、近代の成人と有機的連帯も同様である。したがって教育は単純なものから複雑なものへ、家族から学校へ、教師がまとめ上げるクラスから教授たちの多様性へと向かわねばならない。そしてピアジェが証明したように、力という明快なものから個人的道徳へと向かうのである。子どもらしい愛着は共同性と個人化に道を譲る。社会的複雑さが内面生活の自律性を強める。「議論が内面的な議論を生む。相互のコントロールが証拠と客観性の必要を生む[17]」。しかしこれらの多様化は、社会の統一性をまったく壊さない。なぜなら、デュルケームが述べるように、「教育は、子どもたちの心の中に、集合生活が必要とする本質的な類似性を植えつけることで、この同質性を強化し永続させるからである[18]」。

行為者とシステムを同一化しようとするこの動きの中で、デュルケームが戦うのは「私的な思想という幻想」である。彼の宗教社会学は、シンボリックなものと価値による統合との理論であるにとどまらない。それは知識社会学でもある。根本的な点でデュルケームのテーゼは次のように表される。宗教は俗なるものと聖なるものの儀礼的な差別化に依拠している。「宗教とは、聖なる事物すなわち分離され、禁じられた事物に関する信仰と実践とが連携しあった一つの体系である。それに愛着をもつすべての人びとを教会と呼ばれる一つの同じ道徳的共同体に結合する信仰と実践の体系である[19]」。聖なるものは共同体の道徳を基礎づけ、集合意識すなわち社会的なもの自身のシンボリックな表象としてとらえられねばならない。このように宗教とは、社会が自分自身でその社会的性質を表象する方法であり、集合意識と同様に、聖なるものは個人の意識に外在しこれを超越しており、犠牲を求め、道徳を基礎づけ、行為者たちに力を与える。デュルケーム、マルクスそしてウェーバーが生み出した宗教理論を比較することでブルデューがたいへんはっきりと明らかにしたように、デュルケームの独創性は宗教の統合的な機能にある。というのも宗教は社会秩序を基礎づける諸価値を統合するだけでなく、諸個人の人格に構造を付与するからである。[20] 個人の理性は道徳の源泉とはなりえない。カント的な命法は共同体への犠牲を説明できない。したがって共同体を表明する宗教がそれに先立って存在する必要がある。道徳の宗教的な性質が世界の合理化とともに消え去るとき、この集合的感情、この「トランス状態」は非宗教的で愛国的な道徳のいろいろな儀式の中に存続する。近代の個人的な思想でさえこうした宗教的なものの発生を逃れることはできない。聖／俗の裂け目は認識の原理、とくに科学的認識の原理となる。デュルケームによれば、すべての二元論的思考が宗教から派生しており、個人主義という世俗的な宗教もこれに含まれる。それは個人そのものを聖なる存在とするものである。こうしてヒエラルキーの概念が社会的であり、マナの理論を通して生まれる力の理論、そして因果性の理論もやはり宗教的な起源をもつ。このようなやり方で近代の思考カテゴリーそのものが宗教のようなものであり、それはちょうど社会的事実がものとして考えられねばならないのと同じ意味なのである。

ルークスとピッツォルノが強調するように、[21] デュルケームの理論は『社会分業論』にみられる有機体論から、『宗教生活の原初形態』にみられる、ベルグソンのテーマである「創造的沸騰」へと変化する。分業に結びついた個人主義はある意味で近代の宗教とみなされており、そこでは「人間が崇拝者であると同時にこの宗教の神でもある」。行為者がシステムに統合されているような概念から、行為者が認識の諸形式にいたるまでシステムを統合しているような概念へと移行する。

社会の運動に関するデュルケーム理論へ足早に寄り道したことで、統合の主体としての行為者というイメージが明らかになり、いっそう強められた。『社会主義』というタイトルで集められたデュルケームの論文集では、拘束的分業のモデルが大きく後退し、社会的危機に関する用語による集合的行為の分析に道を譲っている。[22]『社会分業論』についてアラートが明らかにした二つのパラダイム、すなわち危機とコンフリクトから残ったのは最初のほう、つまりアノミーのパラダイムである。[23] 社会主義運動のイデオロギーが階級闘争やコンフリクトといった言葉による解釈へとアプリオリに向かうものであるとすれば、デュルケームはこのような幻想を打ち砕く。なぜなら有効な分析的用語は「搾取する人びと」を「搾取される人びと」に対立させるものではなく、個人主義を社会主義へ、個人的利害の原子化を全体社会に対立させるからである。社会主義が提起した問題は道徳的性格のものであり、エゴイスムのアナーキーに対して秩序を呼びかける。その行為はストライキによってよりも、労働市場によってシンボライズされている。共産主義が歴史の中の永遠のユートピアであるとすれば、欲望が実現する社会というユートピアは「必要に課される限界が存在しない」ようなところでは、社会主義が、アノミーに対する秩序への道徳的な呼びかけである。「すべての経済的機能もしくは現在広がっているそのうちのいくつかの機能を、社会の意識もしくは指導的中枢へと結びつけるような考えをすべて『社会主義的』と呼んでいる」[24]。社会主義の「苦しみの叫び」は労働者の困窮からよりもアノミーの道徳的苦痛から生じる。「労働者問題は社会主義の二次的な要素であり、……それを支配しているのはわれわれの経済の状況ではなく、まさに道徳性の状態なのだ」[25]。労働者の欲求不満や苦しみをデュルケームが無視したのではなく、彼が左翼の人間でとくにジョレスに近かったということは知られており、ビルンボームがデュルケームの『社会主義』の紹介の中で想起しているとおりだ。しかし権力の行き過ぎを引き起こし、受けている支配を耐えがたいと感じるようにしたのは不平等そのものではなく、無限の欲望を解放する道徳的危機によって不当なものとみなされた不平等なのである。そうなるとアノミーが相対的なフラストレーションの一形態を生じさせる条件として現れる。たとえアノミーがこのフラストレーションと混同されることはないにしても。

　以上で簡単にたどってきたデュルケーム的な行為の社会学は、個人によって規範や価値を内在化するというプロセスに従って、行為者とシステムを徐々に同一視する理論の典型的な形態として考えることができる。さらにデュルケームのモデルが意義をもつのは、この統合という原理の周囲に一つの認識論、人間学、心理学および道徳を生み出したからである。デュルケームの著作それ自体よりも、こうした命題がある種の参照項とされており、同時に、今日に至るまで社会学の主要な著書の中で何回か定式化され発展してきたことが明らかになればなるほど、このような考え方は古典的なものと理解される。

2　行為システムとしての社会

次にパーソンズを取り上げるが、ここでの問題は、デュルケームの場合よりもいっそう、パーソンズの社会学そのものを検討しその発展をたどることではない。結局のところかなり複雑な発展であるにしてもだ。しかし行為という用語によって社会秩序の問題に答え、社会システムを行為のシステムと定義しているからには、ここでわれわれの関心を引いている社会思想のタイプにパーソンズが十分関与していることになる。行為者の「能動的な」性格とシステムの「体系的な」性質とでどうやって折り合いをつけるのか。ウェーバーとデュルケームをどうやって結びつけるのか。これがパーソンズの投げかけた問題であり、彼の著作の主たる問題点である。その解釈者たちとくにアレグザンダー、ブリコー、ハーバマスのいうことを信じるなら[26]、「もともとは」デュルケームの視点からかなり隔たりウェーバーのほうに近かったパーソンズは、「単位行為」を、ある状況の中で目的を追求する行為者によって生み出される全体と定義することで、行為の概念から直接に出発する。行為者の行動は意図的なものだとする点で、デュルケームのアプローチの中心点からかけ離れている。行為者は目的と手段を結びつけようと努力する。しかしこの行為の概念は反功利主義的である。たとえ手段が合理的計算にもとづくとしても、目的はというとデュルケームの場合と同様に、文化によって与えられ、ウェーバーにみられるように「恣意的なもの」になる。さらに手段のほとんどが、行為者たちによって共有されている行為の規範である。したがってパーソンズによる功利主義批判はデュルケームによる批判ととても近い。限界効用の法則を定める選択のヒエラルキーが打ち立てられるには、欲求の理論だけで十分というにはほど遠い。というのも欲求は集合的な価値によって決定されるからである。相互に認め合った個人的な美徳と集合的な美徳の存在がなければ、商業的な交換も可能にならない。「非論理的な」行為（道具的合理性に厳密に依存するわけではない）は、論理を欠いていたり本能に従っているというものではなく、それはまさに価値に志向している。ブリコーが強調するように、行為には社会的とされる功利性が存在する。しかし手段を目的に適合させる行為者は孤立した行為の原子ではない。なぜなら行為者は、価値の相互の統合の力とこれら価値の主観的内面化によって社会システムに結びついているからである。したがって「社会学は社会的行為の諸システムの分析理論である、これらシステムが共有価値によって統合を作り出すものと理解される限りにおいて[27]」。

しかし行為者がシステムに統合されるというのは、目的や価値つまり文化によってのみ実現されるわけではない。行為者が利用できる手段はその状況を定義するのだが、規範や規則、社会的役割そして規制メカニズムなどの形態で行為のシステムの一部となっている。行為者は、文化によって与えられた諸目的を達成するために最も適切な手段をオープンな全体の中から「恣意的に選択する」わけではない。なぜならこの社会システムに固有の一覧表の中で、こうした手段は行為者に帰属する役割の定義の中に含まれているからである。要するに行為者が活動するには、彼が「モチベーションをもつ」こと、つまり行動する理由および共通の諸目標を欲する理由を自己の人格の中に統合していることが必要である。行為者（人格）と手段（役割と規範）と目的（価値）の間の分析的区別が、結局のところ行為の統合的な一つの概念にまとまるのはなぜかというと、これらのレベルのそれぞれに行為を決定する社会システムの各次元が対応しており、行為はその裏側にほかならないからである。要するに、パーソンズの行為理論はウェーバー的なスタイルで始まっているが、結局はデュルケームのスタイルで描き出されている。パーソンズは実際のところ価値どうしの異質性や対立というウェーバー的問題を捨て去り秩序という古典的問題設定へはっきりと移動した。もし価値に訴えることでパーソンズが高らかに宣言したウェーバーの子孫に位置づけられるとしても、価値の断裂という考えやウェーバーの悲壮な意識を彼は共有しなかった。なぜならパーソンズにとって価値の世界は安定しており統合されているからだ。シャゼルが強調するように、システムは「価値に共通の統合的性質」によって特徴づけられる。[28]個人の自律性そのものが、プロテスタント倫理から派生した近代的な価値から生まれる道徳的命令なのだ。

『行為の一般理論を目指して』でパーソンズは、システムそのものが行為の用語で定義されなければならないというテーゼにもとづき、行為者とシステムとの相同性をいっそうはっきりと主張している。[29]行為の一般理論とはまさに、以下の四つの不変的要素を含む社会システム理論である。①行為は価値に志向する。②行為は適応能力を前提としている。③行為は社会統合を保証する規範に準拠する。④行為はさまざまな動機とエネルギーを含む。このシステムで最もオープンな要素である適応が、現実には非常に限定されたものになっている。そこでのイニシアティブが他の三つの領域によって拘束されており、社会変動に結びついているものの、その条件は進化という一般的枠組みの中で行為者に押しつけられたものだからである。行為のこれら四次元は行為者によるシステムの内面化を必要とし、個人的な人格のレベルにまで及んでいる。個人に残されたイニシアティブの余地は結局のところ、革新的というより機能的、適応的なものである。

行為者とシステムを同時に規定する行為のシステム、制度と役割の概念が中心におかれ、一つの面からもう一方へと移行することが可能になるのはこの概念によるからである。より正確にいえば、規範と役割は社会システムの要諦である価値の制度化として概念化され、人格と動機づけを「告げ知らせる」。「このようにデュルケームはフロイトやG・H・ミードらとともに私たちが基本的だとみなす以下の命題にたどり着いた。社会を成り立たせている諸関係を規定する規範や価値の総体は内面化される。そしてこの視点からみると、社会のメンバーたちに彼らの人格の構造を与える[30]」。フロイトとミードの解釈について共有できない判断があるもののそれとは別に、この定式化は明確さという長所をもっている。価値と規範が社会関係を規定し、これが価値に結びついている標準化された役割として概念化される。文化的規範的なこの全体性が個人によって内面化され、彼ら自身の最も奥深くすなわち彼らの人格にまで内面化される。

ブリコーによれば要するに「行為とはある個人からある状況への関係にほかならない[31]」。この関係はさまざまな役割からなる全体によって媒介されている。役割は形式的に限定されたゲームによって組織されており、パーソンズの言葉を借りれば、行為の五つの安定した変数の組み合わせによって組織されている。テンニースの著作およびウェーバーによる行為類型から生まれたパターン変数である。しかしこれらの著者が進化あるいはジレンマをみてとったところにパーソンズは機能的補完性のシステムを作り上げる。教育はこれらの役割を占めるための性向を習得することであり、この枠内で心理学は習得と動機づけの理論を提供するはずである。疎外として描かれる逸脱はこの習得の過剰もしくは不足から生じる。とりわけ過剰は新しい役割の形成への適応能力を妨げる。社会化は役割と動機の一致を作り出さなければならない。パーソンズがいみじくも述べているように、同一化のプロセスの中で行為者は「モデルとなる人物の動機」に自己を同一化させなければならない。文化とは超自我であるだけではなく、批判的能力と倫理的自律性を支える自我の理想でもある。しかしこの社会的行為は、デュルケームにみられたような行為者からシステムへの距離もしくは行為者自身との距離の必然性を含んでいない。「十分に社会化された個人について語る場合、役割とは彼が演じる何ものかではなく、彼自身がそれになる何かだ[32]」。パーソンズの野心は人格というテーマを社会的行為のモデルの中にしっかりと書き込むことだった。したがって彼はフロイトの発生論から強いインスピレーションを得た社会化のモデルを提起した。その諸段階は行為の一般的なシステムの本質的な機能に対応する。「潜在的パターン」は母親との一体化および肛門期に相当する。エディプス段階は法の認識を含むので統合の機能に結びつけられる。目標達成は八歳以降で、両親の超自我との同一化に対応する。適応は青年期に作動する[33]。こうした理論がいかに本当らしくみえ役に立つとしても、私は細部すべてにわたって判断できるほど十分詳しいわけではないが、行為者とシステム、人格と社会という一つの同じ全体の表と裏を結び合わせようとする意志の典型的な例となっている。

集合的行為に関するパーソンズ理論は（とくにスメルサーによって展開されることになる）このモデルを用いている。[34] 集合的行為——社会運動について語るのはためらわれるので——は、行為や秩序の構造に対する社会変動の一効果として分析される。制度化されるには至らない変化によって生み出される危機の結果である。失われた主観的一体感を再構築できるような価値へとさかのぼっていく場合に集合的行為が「非合理的」になりうるのは、それが危機から生まれるためである。「集合行動は、強いられた人びとに特有の行為形態である。この忍耐力のなさが葛藤を激しくさせ行為者たちが定めた目標から遠のくような道筋へと彼らを向かわせる」。[35] ナチズムに関するパーソンズの分析はこうした観点をはっきり表している。[36] ワイマール共和国のドイツの情勢は「アノミー状態」として描かれている。経済的社会的危機、国民意識の破綻、諸制度の正当性の弱まりなどである。行為者たちは博愛という諸価値、生贄の羊に支えられた「ロマン主義」、リーダーへの愛によって提供される一体感へと登りつめていった。諸個人の心的で感情的な一体感を再構築できるような価値への直接的な呼びかけであり、システムの危機の主観的な反映にすぎないものだった。したがって問題は、社会的価値の統合と制度化に関するものである。ジョレスの考えに近いと同時に統合の社会学者であったデュルケームと同様に、ルーズベルトに好意的な「進歩」人であったパーソンズは保守的社会学者なのだ。結局この二重の方向性が、この二人の中で、彼らの仕事の緊張そのものの表現であり、秩序と変化を区別する試み、社会と個人の道徳的自律性との統一となって、これらを寄せ集めた行為理論の中に現れている。

II　社会的行為者は個人である

社会的行為者をもっとはっきり定義することで、古典的な社会学のより「具体的な」イメージを出すことがいまや必要である。一九三九年の文章で、社会が個人から構成されているという主張を最もはっきり示したのがエリアスである。個人の上昇を社会的進化そのものに、つまり文明に結びつけた[37]。エリアスによればまず重要なことは、個人と社会を二つの異なるリアリティとして対立させる二元論を拒否することである。それは歴史の中で偉人たちを大衆に対立させたり、消すことのできない個人的経験を盲目のシステムの無名のメカニズムに対立させるような、解きがたい二律背反へと向かわせるものだ。この意味で考えられるのは純粋な自由の理論を多少とも「スターリン的な」つまり「機械論的な」社会の概念に対立させたサルトル社会学の行き詰まりである。すべての二元論的思考は社会学以前的なものである。なぜなら個人は純粋に社会的なものだからだ。

しかし個人はだからといってイデオロギー的表象やフィクションではない。古典的社会学は「主体の死」のそれではない。実際に個人の自律した自我、固有の個人としての自己意識は文明の進化そのものから生まれる。それが行為者たちに社会的コントロールや道徳や義務の強力な内面化を押しつけ、近代を特徴づける、自由でいることの義務までも押しつける。個人は自分の行為の原理を自身の外に、つまり伝統の拘束とか偏在するコントロールの中に見いだすのではなく、内面化することでわがものとした社会的ルール、自分自身の産物として感じ取られるルールの中に見いだす。個人を昇格させたものは社会的分業、そして正当性と武力を独占する近代国家の形成である。個人は王の臣下もしくは市民として社会化され、システムの協働を保証し同時にそこから生まれ出る[38]。自律した自己に導かれた内面的でプライベートな生を有しているという個人的感情は、個人の自己コントロールから生じる。私的生活のブルジョワ的肯定は、行為者が社会的なものを逃れていることを意味するのではなく、自分自身を倫理的にコントロールすることで、媒介なしに、神や王の視線のもとに、あるいは理性の支配下に直接に身をおき、私的生活を構築することができることを意味している。ブルジョワは自分自身を誠実で正当なものと考え、自分の人生や真面目で節度ある感情のあるじとみなして、自分の意識や感情よりも他者たちの視線や儀礼に従っていた人工的で正当さを欠いた貴族に対抗している。伝統や社会的コントロールが直接に生活を導いている農民や「原住民」よりも、ブルジョワはしっかりと個人である[39]。個人は、神的な個人が「世界の中に」降り立ったときに生まれ、自律した意識のもつ諸権利という近代個人主義を特徴づける、宗教改革による倫理的合理化から生まれた。しかしこのように構成された私的なものとは、内面化された社会的なものにほかならない。しかも各自が他者の視線の外側で自律的に振る舞うとなれば、各自は感情や利害を抑制することで、なすべきとおりに行動することになる。個人の発達はセルフコントロールの一効果であり、まったく個人的でありながら世界や他者に自己を調整するべくプログラムされたこの個人を哲学的に表すのがライプニッツのモナドである。利害が正当なものになるのと同時に、感情の社会化の力で個人的な情熱が社会的感情へと変化する。正当な感情は純粋で善良なものということになる[40]。

エリアスはこの点でデュルケームの説明に加担している。個人と社会や霊魂と身体、そして悟性の自律的カテゴリーと歴史の対立、つまり二元論がもし社会の産物なら、社会学は一元論的でしかありえず、行為者とシステムとの統一性を肯定する以外にない。自然権と人権との肯定が、仮にそれが非社会的権利だとしても、文明の社会的な定義を逃れることはできないということをエリアスはみてとる。なぜならこれらの権利の主体とは長い間人間だったのであり、合理的もしくは宗教的な成人で、所有者あるいは労働者、一国の市民、要するにすでに社会化された一個人なのである。人間が個人であればあるほど、彼らは唯一の価値への信念を共有することが必要となってくる。たとえばトクヴィルが強調したように、一神教の勝利は民主主義的個人主義の支配を伴い、それのもつ破壊的な諸傾向に抗してこの支配を保護する。この視点からみると個人主義と全体論主義（holisme）の論争は虚偽の論争であり、というのもこの二つのテーマが宿命的に結びついているからである。もし近代の経験が必ず二元論的だとしても社会学者たちのいう「現実」は一元論的でなければならない。行為者たちが個人であり今度は社会がこれら個人の行為から生まれるためには、社会はシステムであらねばならないのである。

　個人に関するこのすべての表象が、次のようなテキストの中に要約されている。「非常に高いレベルの慎みや感情的反応のコントロール、禁止、本能の変形へと社会の構成が向かわせるのは、人びとの自己意識なのである。数多くの性向、本能的な表出そして欲望を内密なくびきの中へ、『外の世界』の視線から隠れたところへ、つまり内なる家庭の地下室へ、意識下あるいは無意識の中へと委ねるよう慣れ親しんできたのが、この自己意識なのだ。一言でいえば、この自己意識は、文明化の非常に明確な段階の中で打ちたてられる内面性の構造に対応している。その意識は、習得されて内面的な拘束へと変形された社会からの命令や禁止と、乗り越えられていないが内に秘められた個人に固有の本能や傾向との明確な区別によって特徴づけられる」[41]。したがって個人化のプロセスは文明化から、社会的分業から生まれる。なぜなら共同体によるコントロールを犠牲にして複雑さが自己抑制を強化するからであり、その中で各自はつねに万人によって監視されている。また自己コントロールは受容された抑圧として、抑圧されるものを生み出し、つまり道徳的命令に部分的には従わない自然の一部とみなされる無意識を生み出す。自我の経験の記述の諸カテゴリーはそれゆえ社会的カテゴリーである。自我という概念が「社会化に固有の緊張」から生まれる。内面化された社会的コントロールが強ければ強いほど、衝動の抑圧される部分が大きくなり、自我の感情がいっそう大きく発達する。それは、感情や情動や反応が自分にしか属さないような特別な個人であるという感情である。中世の末期以降、個人は主体と感じられるようになり、それを取り巻く世界を対象とみなしてきた。「本当の深淵によって隔てられており、個人は自然の外に位置する観察者としてこれを恨みに思い、自然のほうは個人の前でたんなる『風景』でしかなくなった。個人はすべての人間から独立していると自らを感じ、彼らの運命は自分にとって『見知らぬもの』に思われ、自身の『深遠な』自然となんの関係もないものに思われた。なぜならそれは『環境』であり『自然』であり『社会』にすぎないからだ」[42]。それゆえ社会的行為者が自らを非社会的なものとして、つまり「自分自身の所有者」として経験することは自然なのだ。自分の目から見て自分をユニークな存在にしている人間関係的ポジションと例外的だと思われる自分の歴史を恨みがましくしか感じない。個人は自分を純粋な自我、つまり認識の古典的な主体として体感する。「一度も子どもだったことのないひとりの大人」である[43]。

古典的社会学は近代性の産物であると同時にそれに対する批判の産物でもある。というのも、近代的な自律した批判的個人が社会的なものを逃れていると信じている場合、その個人は虚無感から絶望し、疎外されてしまう。この点についてはトクヴィルの分析を思い起こせば十分である。彼は民主主義の中に平等的個人主義の高揚をみ、個人主義が共同体的な諸関係や中間的な諸権力や神への畏怖によってもはや緩和されない以上、それは危険と無秩序そして権威的な権力で膨れ上がった文明の産物であるとした。諸個人からなる社会は原子化された大衆の社会になりうるもので、ただ情熱や利害にのみ従う。デュルケームもアノミーを前にしてこの同じ恐れを抱いた。エリアスは、われわれなき自己が病理的であり、純粋なナルシシズム、純粋な幻想であり、事実上、社会的なものの破壊にほかならないと説明している。

しかしながら個人は幻想ではない。抑圧やそれが生み出す心的生活の表象である。しかし古典的社会学は、これに必要となる二元論的表象を拒否した。なぜならこれは、行為者が拘束や文化や社会的期待を制度の媒介により内面化するプロセスの中で社会的に構築されてきたからである。この視点からみると、社会学の使命は、最も個人的な経験や実践の諸カテゴリーがいかに社会全体のカテゴリーでしかないかを証明することにある。社会化のメカニズムを裸にしてみせることはある意味で社会学の一般的使命となっている。選択や自由として感じられている行動が、実際にはいかなる点で社会的に構成されているかを示すことが問題なのだ。つまり、社会的なものを社会的なものによって説明することがいかなる点で正しいのか、ある程度まで、いかに社会的なものが自己充足的であるかを示すことである。もし社会的行為が自由の王国でないなら、それは条件づけとも、決定論ともみなされることはもはやなく、個人がシステムの作用に適した行動を生み出し「発明する」ことを可能にするような社会的なものの内面化と考えられる。そのシステムの基本原理を自らのものとし、自己というカテゴリーの中へ変形させて取り入れる。個人は社会的なものを内面化すればするほどますます自律的となるが、古典的社会学者はこの生きられた自律性が自由であると信じることはできなかった。なぜならそれは社会統合と社会化の作業から生まれたからである。したがって個人の行為が、最も個人的な行為も含めてだが、いかなる点で社会的に構成されているかを示すことが彼にとって必要だったのである。少しでも因果的、決定論的な説明を求めようとするなら。

III　社会の概念

社会学的伝統において個人という概念は社会という概念に結びついている。社会学者は個人の存在を信じるのと同様に、あるいはそれ以上に社会の存在を信じる。それは中心的な概念であるが、非常に複雑で曖昧で多義的であるため、これを定義しようという大胆な人間はかなりまれである。そのため、最近書かれた二つの社会学概論には「社会」の項目がなく、ある有名な百科事典は「社会学」の項目に比べて四分の一のページしか「社会」の項目に当てていない[44]。社会の定義が本当に正確さを得るのは、修飾語が付け加わった場合だけである。大衆社会、未開社会、村落社会、産業社会、ポスト産業社会……。しかしながら古典的社会学は、この言葉のありふれた用法として、社会の表象を鍛えてきたと思われる。比較的安定したいくつかの要素をそこから取り出すことができよう。この練習は社会の「本質」を定義する試みにつながるものではない。いくつかの共通の特徴から出発して形作られた縮図だけが問題となる。これまでに本書で触れてきた古典の著作者たちやその他の人びとを検討することは、社会の古典的な定義に結びついた四つの特徴を取り上げることになると思われる。

1　社会は近代性と同一視される

まず第一の意味としてゲゼルシャフトはゲマインシャフトに対立する。テンニースの有名な作品は、社会の概念そのものが近代性と同一視されるという基本的な対立を作り出した[45]。社会は複雑で合理的である。高いレベルの分業を含み、形式化された契約的な諸関係を押しつける。世俗的空間と社会階級等々をもっている。一方で共同体は、シンプルさ、弱い分業、非科学的で「魔術的な」思考、限られた広がり、対面的諸関係、秩序とカースト、聖なるものの支配等々によって特徴づけられる。こうしたタイプの対比は大なり小なり忠実に社会学のさまざまな創設者たちによって踏襲され、社会についての古典的な表象すべての中心にある。デュルケームが描いた二つのタイプの連帯に見いだせるし、ウェーバーが作った行為と権威の理念形にも、そしてパーソンズのパターン変数にもみられる。

こうした意味で古典的社会学はつねに知的な意味で、社会の生成を描くようなある種の進化主義と結びつく部分がある。それは、近代社会は自然なプロセスとして、社会学者がその発生論をたどる必要のある諸段階から構成されていて、こうしてできた社会を近代化の程度に応じて序列化するためである。民主主義と諸条件の平等はトクヴィルにおいて歴史の宿命的な運動であったし、ウェーバーにおける世界の合理化、マルクスにおける生産力の発展、デュルケームにおける分業あるいはパーソンズにおけるシステムの複雑性の増大などがこれにあたる。ここでは、社会学者たちが楽観的かどうかや、「歴史の法則」の必然性を信じていたかどうかはあまり重要でない。ある一つの文化の歴史を覆う歴史主義により近いか、それとも文明や進歩のあとをたどって人類が行った冒険のすべてを包含する進化論に近いかということも問題ではない。いずれの場合でも社会とは、全体的な存在となる近代的なやり方と同一視されており、個人を魔術化や蒙昧すなわち共同体世界から引きはがし、まさに個人を生み出すやり方なのである。

社会を定義すること、それは社会が位置している発展段階を規定することであり、その段階は、複雑さや技術的知的合理化の程度、紛争を制度化する能力、政治的で形式化されたやり方で秩序を保証することのできる自律した個人を生み出す能力に応じて決まる。世界の永遠の秩序、つまり「メタ社会的な保証人たち」による秩序へ向かうことではもはやない(46)。この秩序はどのようにして可能か。ニスベットが見事に示したように、古典的社会学の中で秩序が存在するのは、共同体的なものと社会体的なものとが共存することによってのみである。正当性の登記簿《ルジストル》によって、伝統的なものと法的に合理的なものとが混ざり合い、二つの形態の連帯が近代的な集合意識の表明の中で結びつく。地域共同体は民主主義的な原子化に抵抗し、階級のシステムは決して完全にオープンにならない……。パーソンズが役割の配置の変数の組み合わせによる統合の理論を提案したことはすでにみたとおりである。そのいろいろな側面が相互補完的なやり方で調整されており、共同体と社会との対立関係によって形成された基本的な対概念の形式化なのだ。

2 社会は国民国家である

社会の観念は共同体に対立するだけでなく、国民国家の形成と同一視される(47)。革命以後のアメリカとフランスで、人民の春に続く時期に、近代社会が国民国家の形態のもとでのみ十全に実現したことは自明であると思われる。[48] この分野で社会学者たちの語彙は社会のメンバーたちのそれとなんら変わらない。社会について語ることはつねに、その歴史、国家、文化そして領土や言語等々によって建設される具体的な国家形成を指し示すことに帰着する。ヘルダーの場合のように国民国家の形成がすでにそこにある文化的共同体の至高の政治的表現とみなされるにせよ、[49] あるいは逆にゲルナーの場合のように、一つの統合された市場および「偉大なる文化」のまわりに一つの国民国家を建設することで国家とは政治国家の産物だとみなされるにせよ、社会が「リアリティ」をもつのは国民国家の形態の下でのみだという結果になる。[50] マルクス主義は原則上のインターナショナリズムにもかかわらず、この国家の概念をはっきり免れていたわけではなく、ヨーロッパの大国による文明化の役割への信念と、とくにマルクスとエンゲルスにみられるバウアーの国籍の権利の肯定との間を揺れ動いていた点を述べておく必要がある。[51] 国民国家は近代社会の政治的枠組みとして現れる。なぜなら唯一の至高なものをめぐって生み出される、一つの文化や経済や政治システムの統合をそれが保証するからである。民主主義的国民国家が近代社会の完成された形をなすということまで付け加える必要がある。デュモンが述べたように、「個人からなっていると自ら認めるのは社会のほう」なのだ。[52]

国家は近代的なアソシエーションの形式であり、したがって国家は社会である。なぜなら国家は自閉した伝統的な共同体をなし崩しにするからだ。社会学の始祖たちの時代に国民国家とナショナリスティックな運動とは広い意味で近代主義的だった。国民国家が近代の普遍的なものと個別の文化や価値の肯定や認知とを結び合わせたのである。民主主義的であろうとなかろうと、国民国家は各文化の特殊性を進歩の普遍性の中へ導入したのである。デュルケームが啓蒙主義文明のフランス的精神を受け継いでいるとするなら、ウェーバーはドイツブルジョワジーが自らの歴史的役割を意識し、真に近代的なドイツを打ち立てることを望んだのだ。[53] ずっと後のパーソンズはというと、アメリカがとりわけ近代的な国家であると考えるよう促した。なぜならアメリカは最も完成された自由の諸価値を実現しているからである。おそらくそこには反革命的な国家主義と「進歩」の国家主義との緊張がつねに存在し、ファシズムの大きな亀裂が起きるまでは愛国主義と近代性とが矛盾するものとは思われなかったのである。(54)それらは反植民地闘争および国家解放の運動の時期にもまだそれほど矛盾しなかった。

国民国家とは諸個人からなる社会で、諸制度が役割を担うからである。しかし社会という概念が二重である、つまり役割や価値のシステムであると同時に国民国家の「具体的な」現実でもあるのと同様に、制度の概念は二重の意味合いをもつ。まず一方で制度が国民国家内での諸個人の統合を保証し、それが行為者たちを社会化する。他方で制度は伝統的な家産的国家と区別された近代の政治システムを意味する。これは異なる諸利害を代表しそれらの間から選び取ることが可能である。近代的国民国家の誕生は、自律的で「合理＝合法的」な政治空間の発展と一致する。社会の政治的諸制度は多少とも代表制であり自律的である。多様な社会集団の利害を区分し、近代国家の統一性を防衛する。それは国家の統一性と個人の多様性との塩梅を保証する。

3　社会は一つのシステムである

「社会」は近代性や国民国家と同一視されるだけでなく、一つのシステム、機能的な全体でもある。この観点からみると、社会が一つの機能的統一体であると主張すればするほど、社会学的伝統は「全体論的（holiste）」となる。こうした伝統が最も強いのは明らかにデュルケームやパーソンズの系譜においてである（ウェーバーが機能主義の「にせの概念的リアリズム」を拒否したことは知られている）。社会学における進歩とはシステムという考えの進歩であり、すべての社会学的歩みが必然的に機能主義的であると主張するのはそれほど前からではない。(55)おそらく社会学は、社会有機体説やマリノフスキーが強く擁護した機能主義から遠く隔たっている。(56)マートンは機能主義のかなり弱められた柔軟なバージョンを提案し、潜在的機能を顕在的機能から区別したり、機能的等価性の作用を明らかにし、社会の機能的統一性という公準を投げ捨てた(57)。

しかし一方で、相対的であれ絶対的であれ、機能主義が社会についての表象を支配していて、多様な機関や制度を通してその統合を保証する機能的な装置とみなされていた。社会学的説明とは制度や信念や行動によって果たされている機能——たとえば逸脱のような事後的には最も逆機能的と思われるものも含む——を明らかにすることだということが長い間強く信じられてきたからである。近代社会は複雑な機能的統一性をもっていて、システムという用語での分析を正当と認めている。そこで各要素を社会の一般システムに結びつけるのは貢献度という有用性だけだとされる。

このような相対的に抽象的で理論的な社会のイメージは国民国家というような社会の歴史的表象から分離できない。こちらではある文化や制度や経済システムの統合が保証されている。社会が真に存在するのは、個人がその表象やアスピレーションや道徳の表象を固定する一つの文化を政治制度への愛着へと結びつけることができる程度に応じてのみである。たとえば「いわゆる」フランスのような「具体的」な社会も一つの国民文化や「文明」の精神によって、その国際的環境から区別される自律的な経済システムによって、あるいは政治システムや国家の至上性によって形成された統合的なシステムでもある。マルクス主義的な生産様式や社会形成体の概念は、このようなタイプの考え方を完全に逃れているとはいえない。なぜなら社会形成体が統一性をもち現実的な存在であるのは、社会の機能的統合を保証する一つの生産様式の支配による場合だけであり、たとえこの機能的統一性を強制するのが一つの階級の支配であったとしてもである。

4　社会は規制された闘争である

社会についてのこの最後のイメージは、その中で社会学的思想が作り出されてきた社会構成体の産業的な特質と強く結び合わさっている。社会は層化された一つの全体であり、資源と貢献の全体的な配分に合わせて社会階級に分割されている。増大する「諸条件の平等」という基礎に依拠して、近代的な分業が諸集団を引き離し、それぞれに固有の任務を与える。ここで社会の概念は産業社会の概念と密接に混じりあう。社会的ヒエラルキーを打ち立てるのは生産や自然への関係であり、実際のところ資源の保有者や経済上の決定者たちを、職業資格や労働力を売る人たちに対立させるような機能的秩序である。産業的組織の中で各自の位置は社会的有用性によって、すなわち集合的生産への貢献によって決定される。この有用性は、社会についての有機体的そして機能主義的ビジョンと無関係ではない。達成[58]という規範および突然の構造的変化によって提供される新たな社会移動は、社会が秩序だったヒエラルキーであるとみなされるのを妨げることはない。その中で各レベルは旧来の障壁に取って代わる。

このヒエラルキーが各メンバーの慣習や嗜好そしてアスピレーションを固定する。さらに社会学は自らに対し、たとえばアルヴァクスにみられるように、行為者の行動を彼らがシステム内で占める位置によって説明するという目的をすぐに課す[59]。生産と消費と欲求というテーマは重視されている。なぜなら個人がシステムの中で一つの地位を占めそれを再生産するのは、これらの行動を通してだからである。同じタイプの説明が長い間いろいろな社会学的研究を支配してきた。その場合に説明は、一つの行動と社会的地位との相関関係が確認され証明されたときに確かなものとなる。さまざまなタイプの資本やそれらの変換様式についてのブルデューの理論は、こうした考え方のたいへん洗練された定式化である。

ヒエラルキーとは機能的秩序の表現であるだけでなく闘争でもあり、古典的社会学は闘争というテーマを拒んだわけではない。よくそう非難されてきたけれども。だから秩序の社会学と闘争の社会学との対立は、若干人工的なものに思える。というのもテンニースやマルクスあるいはデュルケームにとって闘争を生み出すのは社会の性質そのものであり、それが共同体的な一元主義から社会を区別するものなのである。デュルケームによって洗練された拘束的分業のモデルによれば、社会的闘争は避けられない。なぜなら社会的地位とそれらを正当なものと認める社会の価値との自動的で完全な適合は存在しない。パーソンズもまた、よくいわれるよりも多くの議論を闘争に費やしている。(60)闘争は、行為者の地位を絶えず不安定にする一つの変化とある社会秩序との出会いによって生み出される「矛盾」の一形態と把握される。したがって「相対的なフラストレーション」は尽きることがなく、とくに生産関係の中では新たな調整へと行き着くような闘争を引き起こす。産業社会の階級闘争は構造的なものだが制度化されており、結局はシステムと行為者の統合を強めることに終わる。たとえば逸脱のような、社会の中でアプリオリには逆機能的とされるどのような要素もそうだが、もちろんその制度化がシステムの限界内にこれを固定するという保留をつけたうえで、闘争は一つの機能をもっている。コーザーがとくに明らかにしたのは闘争のこの側面である。(61)システムの中で闘争は、葛藤している行為者たちの適応や統合という機能を果たし、行為者に固有の規範を強化し、多様な集団間の境界をいっそうはっきりと確立する。古典的社会学による社会のこうした表象はおそらく、革命的なものではないが、よくいわれるほどに保守的でもない。なぜなら産業社会の中での階級対立を認めているし、社会の統合を高めるプロセスの中でその闘争の制度化を信じているからである。

＊＊＊

さて以上で、かなり社会学史（とくにウェーバー、ジンメル、パレート――しかも自らを社会学者と考えなかった人たちもいる――そして欠落しているものもある）には忠実でないものの、図式的というよりももっとましなやり方で、古典的社会学の一覧表をざっとながめてみた。その要素のほとんどは現在議論されて、要するにフランスにおいては、その明証的な力をほとんど失ってしまったように思われる。その中心的な考え方は、行為の概念を媒介とした行為者とシステムとの同一性である。その中で、この社会学が「社会学主義的」であるというのは間違ったことではない。なぜならその考えはどちらかといえば自分の中に閉じこもった解釈を提起するからであり、この全般的な等値関係の中に次々と対応や等価性をもち込むからである。社会は行為のシステムであり、行為は行為者たちによるシステムの内面化から生まれる。行為者はどうかというと、社会化されるに従い自律的になる個人である。結局この古典的社会学は「社会」の存在を「信じ」ているが、これは社会的なものについての非常に特殊な表象なのだ。

古典的社会学はもちろん、説明の便利さからそう思って主張するほどには全体的で調和的なものでない。またこの社会学には、それほど明確でない面、あまりポジティブでなく不安にさせる面もあり、社会の危機やもろさや疎外というテーマを通して行為者とシステムの距離をしばしば強調するような側面ももっている。しかし疎外はこの理論構成の中心にはなっておらず、個人と社会の分離が病理的なもの、つまり一つの悲劇とみなされている。この理想が進化の必然性や人間の意志の中に書き込まれているかどうかはともかく、行為者とシステムとの統合が増大することを、したがって、個人化がいっそう強まることをつねにめざしている。この個人化は倫理的「進歩」ととらえられる。

われわれの考えの中でこれらいくつかの命題は、現代社会学の「新しい」特徴を明らかにすることをめざした「演劇論的」にほかならないような場所を占めることはない。古典的モデルの重要性を把握する必要がある。社会学の領域そのものを脱出せずにそこから身を離すことは簡単でない。この理由から、以上の検討もある種の賛辞であり、それ以外のパラダイムの出現があるモデルとの根源的な断絶へと向かうことはない。これまでのモデルの一般的な流れが、社会学の直面する基本的諸問題にとって重大な解答をもたらすであろう。ポスト古典的社会学が形成されうるとしても、反古典的な社会学を今日信じるわけにはいかない。そして古典的な社会思想の根源へと立ち返ることは、無理強いされた敬意やたんなる学問上の訓練にはとどまらないであろう。

第2章

古典的モデルの変容

古典的社会学のありそうでありうべきモデルを構成する三つの要素の定義を素描し終えた。そのモデルは再構築したものであり「虚構的」であることをもう一度思い起こすべきだが、ここからはその危機と変化を記述する必要がある。このモデルの形成と受容が、社会についての表象や社会の変化から独立していないさまざまな観念の運動の中に書き込まれていると考えるなら、第1章での説明とは逆の道筋をたどらねばならない。たとえば最も広範で曖昧なレベル、しかし歴史的社会的変化に最も強く結びついたレベルからも出発することになろう。つまり国民的で機能的な全体としての「社会」という表象がそれである。さらにわれわれは個人という概念がどのように、少しずつ信用を失ってきたかを示すことになるだろう。一方でナルシス的個人主義というテーマを、他方で「主体の死」というテーマを前にして。この両者はそれぞれ、個人というものの「古典的な」イメージが分解した二つのバージョンとして現れている。最後にわれわれは社会的行為の概念を取り扱い、行為者とシステムとの古典的な同一化を破壊する一連の人物やパラダイムの中で、古典的モデルの炸裂について述べる。

これらすべてのパラダイムはここ二〇年間に生まれたものであれ、フランス社会学によって再発見されたものであれ、社会についての表象やその「性質」についても行為の概念にも直接にかかわっている。これらの諸側面が強く依存しあっているとしても。問題となるのは行為の論理および行為者とシステムの関係であり、今日フランスで観察される社会学理論の多様さにもかかわらず論争上の用語において一種の統一性が作られてきた。他の国の文脈でこうした分散状態の印象は、とくにアメリカのように、パラダイムの多様性がフランスよりもずっと古くて構造化されていると、それほど強いかどうか定かでない。J・アレグザンダーが私に注意してくれたように、こうした炸裂が強調されるのは、厳密に「六角形」の場〔フランス〕の中においてである。なぜならマルクス主義によって再興されたその批判的バージョンにせよ、古典的モデルが中心に位置したからである。フランス社会学は今日、相互に弱いつながりしかない諸パラダイムの並列状態として現れており、その間での論争はまれである。社会学の教科書はテーマごとのカタログとして作られているため、当然なのだが、閉じた全体をなすものと定義される各理論を羅列した理論的カタログであり、科学という地位を求める一学問にとってはいろいろな問題を投げかけかねない。

I　社会という観念の危機

社会という観念の危機は、しばしば「社会的危機」と呼ばれるものをはっきりと示しているわけではない。古典的社会学の中で「社会」と呼ばれた、社会生活にかんする非常に特殊な表象の危機なのだ。この危機は、よくいわれるように、ポストモダンという口実のもとに、諸社会現象のリアリティそのものへと拡張されるべきではない。社会という概念の四つの特徴をわれわれが［前章で］定義した際の慣例を受け入れるなら、これら各要素の変化と弱まりをいまからたどる必要がある。(1)

1　進化と変化(2)

社会という観念はいつも近代性や進化という観念と同一であるとされてきた。「社会」は必然的な進化の中に書き込まれた近代的社会組織の形態である。社会の概念は秩序の理論を変化の理論へと接合させる。社会学者たちの進化理論は、経済的発展と社会の近代化と政治的民主主義の「自然な」結合を主張してきた。より正確にいえば、近代化は経済と社会組織と文化とを共通の諸原則のまわりに統合しなければならなかった。一九世紀末から二〇世紀末の間に、こうした考えは著しく弱まり、共同体［コミュニティ］と社会［ソサイアティ］との対立のベースが崩壊した。こうした変化の大半は広く認められており、十分に議論されてきたので、長々と主張する必要はまったくない。記憶にとどめておけばいいだろう。

最も壮観な見直しが生じたのは、進歩への前進と生産力の発展という歴史の運動そのものに最も強くコミットしていた国家とマルクス主義政党からであった。自発的で革命的な行為によって発展への障害を取り除きさえすれば、支配を受けてきた低開発の社会が必然的に発展段階をのぼるとみなされた歴史の大きな流れに身を投じることができるという考えが、これらの体制の全体主義あるいは権威主義への変化とともに崩壊した。経済的発展、民主主義、深層からの文化的近代化を、これらの体制は確かなものとすることがしばしばできなかった。脱植民地化から生まれた革命的な国民国家も、経済発展や民主主義を促進することにそれほど成功したわけではない。しかしまた、自由主義的市場というオルタナティブの勝利が進化主義的なビジョンを確証し、社会の支配を最後に打ち立て、歴史の目標を設定したということができるだろうか。そうは思えない。西洋諸社会の心臓部においてさえ、共同的ナショナリズムや宗教的運動のアイデンティティ闘争が再生しているのを目にする。これらはすべての発展を拒否するわけではないが、文化的社会的政治的な近代化のプロセスから発展を区別している。たとえばイラン革命がはっきり示したように、従属的な社会ではこうした逆行する傾向を、発展のたんなる行き詰まりに還元できない[3]。民族的あるいは宗教的な共同体主義の多様な再生が、成長や近代性の発展の落ちこぼれたちのところで必ずしも生じているわけではない[4]。

長い間進化主義と結びついてきた社会学の一つの側面全体が、こうした危機によって不安定になっている。リヴィエールが示したように、いわゆる「輸入の代替化[5]」［発展途上国において輸入品を国内産品に置き換えていくこと］の時期に結びついた近代化の段階の後にいくつかの神話が崩壊した。とりわけ重要なのが、産業化を押し進める製造業と国家の役割、そしてとくに帝国主義によるブロック経済の機能で、これは発展の絶対的で唯一の障害ともはや思われなくなっている。多くのケースにおける経済発展にもかかわらず、社会の二重性は存続し強まっている。第三世界の大都市は近代化の輝きよりも社会的断裂のシンボルになることが多い……。

もっと生き生きした、そしておそらく社会思想にずっと影響しそうなのが、西洋社会の中心から生まれた、近代性への抗議である。進歩のイデオロギーに対する批判は長い間マージナルなものか、保守的あるいは反動的な伝統に結びつくものだったが、エコロジーの思想や運動が少しずつ市民権を得ていった七〇年代から、西洋社会のほとんどで急速に広がった。無限の発展という観念が、有限で閉じた世界という考えに置き代わった。科学や理性のおかげで自然および自分自身の至高の支配者である人間という近代的な公準は、自然の社会的な歴史へのそしてこの自然そのものの要素である人間性への二重の呼びかけによって問題を抱えることになった。科学への信頼は科学的装置の強力さや傲慢さに対する批判によって、また、その「盲目の」発展によって引き起こされるリスクにより脅かされている。進歩への信頼が魅力的で魔術のようだったことがすべて恨みや苦悩に変わってしまった。これらのエコロジー運動が曖昧で、異質で、しばしば保守的であるというのはどうでもいいことで、バランスにもとづく自然存在の「ロマンティズム」を進歩に対立させ、科学に対する批判が科学的説明に根拠をおくと称することもほとんど重要ではない。エコロジー的な感性が定着し、政治勢力へゆっくりと変貌してきたことが大きな転倒を示している。自然で科学的な進歩の進化論の衰退だ。(6)

近代性に批判的な「ポストニーチェ的」動きを見くびらないようにすることも大切だ。フランスにおけるその影響はフーコーの著作を通じてきわめて重要だった。理性の支配は道具的理性によるだけではない。なぜなら「知への意志」が問題であり、新しい権力装置の形成に同一視されるとまでいかなくてもそれに結びつくものであった。理性の自由な主体は、自律した主体という理念の中で内面化された権力の表象にしかならず、自己自身の支配者である個人のリアリティを信じている。近代性や進化という偉大な物語がもはや解放や認識の物語でなく、従属の歴史となっている。こうした近代の拒否は昔の均衡や伝統的な共同体への呼びかけをはっきり行っているわけではない。それは「反革命的」でロマン主義的な批判となんの関係もない。しかしまたそこでは、エコロジーにみられるように、こうした思想が出会う反響が脱魔術化のはっきりした指標とみなされることになる。

進化主義への批判、社会という観念とのつながりへの批判は古典的社会学を貫いている。こうした観点からみると、古典的社会学はこれらの社会思想の諸側面の一つにほかならない。もっと古いいくつかの批判はそれほど根源的なものではない。しかし経済的、人口学的、技術的な「支配的要因」を拒否することで、もっと古典的なモデルを告発している。それらが発展を決定づける(7)……しかし変化の唯一の要因という考えをいくつもの原因の収斂や結合によって置き換えてもたいして得にはならない。なぜなら歴史的決定論の穏健なバージョンにおいてさえ変化は自然的な歴史とみなされており、非社会的原因の集まりに結びつけられる。人口、生産諸力、技術あるいは偉大な精神の冒険など。社会は自分の外にある諸原因に反応し、その歴史性は自己に帰属しない。変化が社会にもたらすものは、社会が生む変化より大きい。こうした批判のほとんどが変化の批判理論を対象にしており、経済的依存を低開発の唯一の原因と考えている発展の理論がこれにあたる。(8)変化の社会学はあまりにはっきりと進化主義に結びついており、前世紀の進歩のイデオロギーの「科学的横顔」とみなされる。だからニスベットはこの領域について絶対的な懐疑を表明したのであり、変化の研究が歴史に委ねられなければならないと主張した。(9) 諸社会に関するパーソンズ流の大きな一覧表(10)は、「傾向」や「段階」を表すものだが、限定された歴史的経験の分析に場所を譲らねばならない。なぜならあまりに包括的な変化の理論がいかなる証明の基準にも沿わないからである。歴史哲学者たちは、進化主義であれ、歴史主義的形態であれ、もはや変化の社会学を支えることはできない。変化と近代化の古典的な理論が、次のようなある特殊な歴史的状況の中から生じたと考えることがより妥当であると思われる。すなわち、西洋のいくつかの国民国家が経済的発展や文化的近代化や植民地征服を自己の使命と考えていた時期である。

古典的な変化の理論に対する批判は、社会学のいくつかの中心的概念に影響する、すなわち秩序と進化のつながりにかかわる概念である。批判的理論と並んでカストリアディスは、たんにイデオロギー的というだけでなく論理的な困難さを明らかにした。ある社会的行為者すなわちプロレタリアを歴史の意味に、つまり近代化に同一視することが行き着く困難である。(11) 経済的進化の論理を変化の力として、また階級闘争を進化の矛盾的法則によって決定される変化のエージェントとして二重に主張することは、必然性の支配と自由の支配とを科学的政治学のプロジェクトの中で並置すること、さらに両者を混同することへと導く。カストリアディスが示したのは「矛盾」という概念について、人間の闘争と行為とが「歴史を作り出し」、この歴史は必然的で諸法則に対応するということを同時に主張するための演繹子となっているのはどうしてかということだ。矛盾という観念は、異なっているが混同されている二つのリアリティの次元を明確化する目的をもつ。すなわちシステムの作動の次元と人間の行為および社会関係の次元であり、客観法則の次元と行為者の意識の次元である。マルクス主義自体が矛盾したものであり、闘争は変化のエージェントであるとしながら、変化が闘争を全面的に規定しそれに客観的な意味を与えているからだ。だから「現実の」マルクス主義はたえず、意識的前衛によって指導される政治的断絶の主意主義と歴史の必然法則への従属とでバランスをとってきた。

古典的機能主義と並んで、近代化によって生み出される危機の用語で集合的行為を解釈することは、これと似たような問題点をもたらす。行為者が本当に行動する、つまり自らを動員し、自分に与えられた役割をただ実現することを超えるのは、システムの危機、いいかえれば変化が行為者の期待やアイデンティティを不安定にする場合だけである。行為者が統合の古い形態に「抵抗し」たり、再発見するために自らを動員するのは、伝統的な統合や連帯の形態が消え去るのをみるからである。集合的行為のこうした概念の最も特徴的なバージョンの一つはジェルマニとコーンハウザーが提案した大衆社会理論のそれである。すなわち集合的行為は変化への反応として現れ、過去のバランスの防衛と新たな秩序を夢見ることとが交じり合っている、と。[12]こうした概念は厳しい非難を受け、とくに行動を変化への抵抗という用語で解釈している点が批判された。なぜならこの概念が指導者たちの「合理的な」視点への同一化を含み、必然的な進化についての知識という観点から行為者の非合理性の公準を含んでいることを示すのは容易だからである。[13]外から来る変化によって引き起こされる危機への対応として集合的行為が扱われるような理論は、実際の動員の観察によって正しくないとされた。あらかじめこれらの動員を明らかにするのに最もよいはずとされていたのに。権威的あるいはファッショ的な運動の場合に最も動員されるのは、必ずしも危機に陥った行為者でない。しかしこれらのケースは、そうした分析による典型的な解明と考えられたのである。[14]

社会学的理論の観点から、あたかも社会的変化が社会を二つの陣営、二つの部分に区切り、秩序と変化というカテゴリーが連続性の原理の中に入っているかのように、社会的行動を「進歩」と「抵抗」という軸に沿って分類することがますます難しいと思われるようになる。システムの状態と社会闘争を同時に指す矛盾の観念も、システムの状態と行為者の主観的表象とを特徴づける危機の観念も、受け入れられないものと思われる。変化の理論が進化主義や歴史主義の古い基盤を捨て去ってからは。

秩序の問題と変化の問題の分析的区別は、比較歴史的社会学に多くを負っている。後者は進化の大きなフレスコ画を打ち壊したといわないにせよ大きな陰影を与えたのだ。これらの作業は変化や近代化のプロセスの多様性を強調し、古典的なイメージとは反対に、文化、経済、政治制度が全体として「近代的な」機能的システムの形成に至らないことを示した。システムの多様なレベルの配置ゲームは古典的理論が考えたよりずっとオープンである。イギリスモデルもアメリカモデルも近代化の完成された王道とみなされることはできない。アングロサクソンの特別視が「完成された」近代化の最初のケースだったということはできても、唯一最良の道（one best way）へと変形されることはできない。バリントン・ムーアの著作が示したように、内政面は弱体で外に向かっては帝国であった国家に結びついたブルジョワジーによる産業化というイギリスのケースは、近代化の特殊な形態でしかない。これを古典的社会学は普遍化してきたが[15]。人びとがこのモデルに一般的な性格を与えようという気になったのは、この社会が市場の拡大や世俗化や民主主義の「自然な」産物として、近代化を生きたからである。さてビスマルクのドイツも明治の日本も、イタリアも、そしてある程度までフランスでさえも、このモデルに従って近代化されたわけではない。これらのケースそれぞれにおいて、変化のプロセスそのものの性格が、近代性のそれぞれの容貌として現れる異なったタイプの社会を生み出した。あるいはもし望むなら「社会」の容貌として。変化とは純粋に内生的なプロセスではなく、たんなる「偶然の」歴史的つながり以上でもない。この領域で最も受け入れやすい立場はブードンのそれである。すなわち彼は「かなり柔軟な決定論」を示唆しており「条件的理論」による決定論である。「なぜなら一般的に、一つの構造的要求に対して複数の回答が存在し、いくつかの革新はいかなる要求にこたえるものでもないからだ[16]」。さらにはっきりいえば、トゥレーヌに従うのが適切だろう。彼は近代性と近代化を、共時態と通時態を、社会運動と歴史運動をきっぱりと区別するよう提案している[17]。これらのプロセス、自発的行為、発展の諸戦略が社会の作動の諸要素と混同されることはできない。つまり古典的な社会思想の柱の一つ、変化のカテゴリーを作動のそれと同一視する考えは、もはや受け入れがたいと思われる。それは社会思想の歴史の一要素にすぎなくなったのだ。

2 機能主義の弱体化

デイヴィスがいうように、ある特別な社会学理論と考えられる機能主義の「神話的」性格を強調するには、おそらくもっともないくつかの理由がある。あらゆる科学的歩みが、一つの全体の諸要素をこの全体の中にある統一性によって説明しようとする図式に訴えるものだとするなら[18]。これほど広い意味で考えるなら、機能主義はすべての社会学を貫いており、しばしば本当らしくみえる。なぜなら、あらゆるシステムが「機能する」のは、それが生き続けるとされるからである。しかし社会学的機能主義はこのような方法原理よりずっと大きなものだった。それは一つの機能的な全体、各要素の有用性が全体の統合を保証するような一つのシステムと考えられる社会の表象である。ある社会哲学と理解された機能主義は、社会秩序の理論であり、それ以上に、国民国家の一つの表象である。国民国家が古い共同体の境界線を乗り越え、複雑な「有機体的」分業を知り、もはやその統一性を行為者たちの類似性や個人的つながりの上に基礎づけることはできなくなった時代のものだ。古典的な表象の中で「社会」はそれ自身以上の何者にも、超社会的ないかなる保証人にも依拠することがなく、各自の機能が規範原理となり、判断や価値のヒエラルキー化や威信と資源の配分の原理となる。ジョヴァンナ・プロカッチは、こうした機能主義的表象がフランスにおいて社会経済学と実証主義の影響の下でいかに打ち立てられたかを明らかにしている。社会的連帯の有機的イメージを、一方における市場と個人主義の破壊的で「弛緩的な」諸力に対立させ、他方で、決して失われなかった共同体的な一体性にこのイメージを置き換えようとする目的で[19]。機能主義はその際、一つの目的論として現れる。その中では、有機的全体ととらえられた社会の維持にすべてが協力する。機能主義がたんなる方法論的姿勢に還元されず、社会学の歴史において早くから行われた機能主義による批判が「社会」の表象の原理に触れるものだったのはこうしたことによる。

機能主義に向けられた批判についてすべてを極めた一覧を称するつもりはないが、大きな三つの批判を区別することができる。まず第一は最もよく知られているもので、機能的全体性という概念にかかわる。絶対的機能主義に対するマートンの保留は知られているし、マリノフスキーがその主張をした一人と考えることができる[20]。もしすべての器官がそれぞれ一つの機能を果たすなら、この機能がシステム全体の維持に必要であることをそこから演繹することはできない。マートンは潜在的機能を顕在的機能から区別するよう示唆し、両者の間に行為の望まれざる効果が生み出されるが、彼は機能的全体性というテーマを拒否している。つまりマートンの提案した逸脱行動の有名なタイプ分けが、次のような考えに依拠している。一方の側の文化や価値と他方での規範との間の矛盾とはいわないまでもその距離から、アノミーが生じているとする考えだ[21]。ところが機能的統一性の欠如を明らかにすることは機能主義と根本的に手を切ることでない。というのも、こうして生み出される行為のダイナミクスがアメリカ社会の機能的特徴そのものであり、その生命力と革新の能力を同時に保証しているからである。

より根本的な批判が、組織社会学から生まれた次の批判である。この領域では機能主義が最も自然に力をもつと思われるのだが。シルヴァーマンが示したのは、どうして組織社会学の歴史が機能主義的モデルを徐々に捨てていった歴史として描き出されるのか、である。一つの組織とはその環境に結びついた内的および外的ないくつかの機能を満たすよう統合された全体であると考えるにもかかわらず[22]。一方でシステムの存続、他方で自然と考えられる環境への適応の必要性、これらが機能的な普遍項と考えられ、役割の配分や上下関係、権力と情報の循環、テクノロジー等々を決定する。五〇年代末にマーチとサイモンが機能的な組織のこうしたイメージと手を切った。それは合理的組織の機能的モデルでもあった[23]。多様な行為者たちの実行する、限定された合理性をもつ戦略的選択から組織が生じる。組織のメンバーたちは役割を演じるというより、諸問題について抱く表象と提供されている機会との関連で選ばれた「行為のプログラムのレパートリー」を利用する。組織はもはやその目的、一貫性、境界などから理解したり分析したりすることができない。それは合理的行為と組織化された相互行為の空間であり、これらが組織そのものと境界を絶えず定義する。機能上の規範と組織の実践の間には遠い距離がある。クロジエとフリードベルクはこうした方向を追求し、機能主義への批判をさらに強調した[24]。もっと後でこの点に立ち返るが、システムとしての組織の概念がすでにそこにあり、ヒエラルキーや境界や機能の中に固定されているという考えは、組織された行為という概念に置き代えられたということで十分である。機能的システムはこのとき、個人や集団の相互行為および戦略のゲームから生じる構築物として現れる。限定された目標を追求する行為者たちによって組織が生み出される。この戦略はシステムの機能と等価ではない。マーチとサイモンにとってと同様、クロジエとフリードベルクにとっても機能主義的な表象の放棄が合理的官僚制のモデルの枯渇を意味し、機能と逆機能と権力の規範を定義する作業をどう「科学的」に配分するかというモデルが挫折したことを意味する。『権力と規則』の中でフリードベルクはこの批判をもっと遠くまで広げ、行為のシステムという概念を組織の概念の代わりとして、機能主義がまだもっている規範的な前提を組織社会学からはっきりと切り離そうとしている[25]。

機能主義の同じような衰退が、家族社会学の領域でも描き出せる。パーソンズモデルに結びついた家族の役割と制度のイメージに対し、夫婦関係の「政治経済学」のモデルが少しずつ置き代えられてきた。家族のバランスと社会化のプロセスは、規範への同調によるよりもずっと経済的感情的損得の「勘定」にもとづくパートナーたちの調整により生まれている[26]。

機能主義を狙ったこの最後のタイプの批判は、私たちのテーマにとっても最も重要性をもつ。なぜならそれは行為の概念そのものにかかわっているからである。それゆえこの点についてはもっと後で大きく取り上げよう。「全体論的（holiste）」な社会学に向けられた保留が一致する点は、システムとその一貫性が各自の行為を決定するという公準であるということを思い起こしておけば十分である。さまざまな潮流の相互行為論の基礎となっている、もっと広くいえば、行為の「超社会化」概念についてのあらゆる分析の基礎である役割概念への批判についても考えておこう。[27] フランスでこうした攻撃は、批判的社会学およびその「超機能主義」を拒否した。行為者をその位置へと還元し、行動と表象の絶対的な決定論を公準化した点で、古典的社会学に比べてそれがゆがんだ見方を導入したことを認めておく必要がある。[28] 皮肉のつもりではなく、ここ二〇年間フランスで現れた社会学理論の基本は、輸入ものであれ再発見されたものであれ、機能主義への批判に基礎を置いたものだということができよう。

しかしながら、機能主義の衰退を、ずっとオープンで複雑で多義的なシステムの概念にまで拡張することはできない。こちらのほうはとくに創発的効果、均衡、自律的諸システムの結合などに結びついている。境界の問題、サブシステムの自律性、「中心」や統一性といった概念の放棄という理由から、近代的なシステム理論は機能主義的なモデルよりずっと「写実的」性格がはるかに弱い。システムの分析は一つの説明様式であるが、機能主義は社会についての一つの表象である。

3　国民国家はもはや「社会」でない

社会の概念は、近代の概念に結びつけられたように、近代社会すなわち「社会」の「自然な」政治的文化的枠組みとみなされる国民国家と同一視された。この概念、より正確にいえばこの言葉がつねにもつ曖昧さが、政治的至高性と国民的文化と市場とが同じ一つの単位つまり国民国家の中で接合されていることを意味してきた。国民国家の形態が歴史的に支配的であったにはほど遠いとしても、それが社会という概念に最も「具体的な」具現形態を与えるという意味で一つの規範であると同時にアスピレーションであったことには変わりない。国民という観念に愛着をもつことは、一見すると脅かされてはいない。結局のところ、流血の闘争や戦争や運動のほとんどが今日では国民的意志によって動かされている。しかし同時に、文化と至上性と経済の一致は古くからある国民国家の中でさえ、国民国家を「社会」の歴史的「リアリティ」にしていたころと同じ力や一貫性をもはや表していない。

二〇世紀末の最も見事な現象の一つは、おそらく経済の国際化の加速である。国家が一定の不可侵の領土の中で市場統合をめぐって形成されるという国民経済学の概念自体が、今日では交換のグローバル化によって脅かされ、さまざまな保護措置を破壊する市場の中へ経済が徐々に入っていくことで脅かされている。それは経済的金融的交換を国家外の空間の中に置く。(29) 旧共産主義諸国においてこの現象は顕著であり、西ヨーロッパではそれほど激しくないもののより強まっている。こうした進化のおもな効果の一つは国際市場に置かれた経済的セクターと、脅威を受けている国内市場へ本来向かうセクターとを区別する、社会の二元化のプロセスである。国際競争に結びついた近代的セクターと内部セクターへの「社会の分断化」はたんに従属的社会の専売特許ではもはやない。輸出セクターと内に閉じた伝統的セクターとに「壊れて」しまった。(30) 社会階級の「機能的」構造はこうして、統合されたセクターと「周辺的」セクターを、つまり中の集団と外の集団を対立させる亀裂に貫かれている。「危機」のあまりに容易なイメージの向こうで、経済システムと国家の統一性が切り離されていく。より正確にいえば、西洋社会の社会的国民的な統合の長いプロセスが、それぞれのケースごとに違いはありながら、目を見張るやり方で枯渇しているように思われる。

国民文化は統合の大きなモーターであり続けている。国民国家の国民感情と愛国心は死んでいない。しかし、フランスのように強く統合されている国でも、マスメディアと市場文化の影響で「メジャーな文化」がますます国際的になっている。大衆文化は今日、プロレタリア化したマスカルチャーにほかならない。たとえば、フランスの大都市の庶民的な郊外の中に観察できる。そこでは社会的に追いやられた若者たちが、パリよりもニューヨークから来た文化や音楽シーンにいっそう容易に身を投じている。(31) 西ヨーロッパのほとんどの国が、実際、移民出身の文化的マイノリティの認知という問題に直面している。このマイノリティたちは国民国家を脅威にさらすわけでないが、それに関する表象を大きく変貌させ、ナショナリストや排外主義といった反動的傾向を生み出させるほどである。人種差別の展開はある意味で、国民文化の表象の変容によって生み出される恐怖を表明したものである。とくにフランスでは、国家と近代性との同一視がはっきりしていたため、国民文化モデルの危機がいっそう強く感じられる。(32)この一覧表に付け加えたいのは、一九七〇年代のフランス国民文化のモデルそのものを批判しようとした国民文化運動の形成である。それはネーションからステイトを区別し、文化から政治的枠組みを区別するものだった。(33)古くからの共産主義社会のほうでは、古いナショナリズムが沸き起こるさまをみた。それは共産主義より前、時には帝政より前のナショナリズムである。近代の国民国家は、歴史への信頼が思い込ませるよりも脆いことがしばしばあると思われる。この歴史の上に、社会学の始祖たちが社会の概念を打ち立てたのだが。

経済の変貌と国民国家モデルの変化は国民国家の定義とその役割に影響を及ぼさずにおかない。フランスでは次の二重の運動が起きている。一方で国内市場より広い市場をヨーロッパのために作り出す必要から、伝統的な不可侵の領域をいくつか放棄している。この観点で欧州共通通貨の目的が、社会「なるもの」の表象を著しく変化させることにあると理解できる。他方で国家は中央集権化しなくなり柔軟になることで、法的大権のいくつかを失い、地域的権力に譲っている。とくにこのことからかなりの公務員や国家に結びついた社会集団は自分たちが「うち捨てられ」ているとの印象をもっている。(34)マーストリヒト条約に関する国民投票が示したように、こうした変化が世論の大部分によって危険であるとどの程度まで感じられているか、および伝統的な政治的亀裂がそれによって不安定化しているかがわかる。たとえ、おそらく国民国家が脅かされていないにしても、それが「歴史の方向性」と社会システムとに同時に同一化することはもはや自明でなくなっている。

4　産業社会の衰退

国民的で機能的な社会は産業社会でもあったが、この最後の特徴は、社会についての機能主義的な表象にはっきりした効果を及ぼさないわけにいかなかった。社会関係の中心とみなされる企業のイメージになった、役割と効用の合理的配置としての社会という表象である。産業社会の歴史が、その衰退の時期に、闘争的な統合化の長いプロセスとして、社会の構造化の一つの様式としてわれわれの前に現れた。労働と有用性が最も重要な組織と判断の基準になったとき、産業モデルの支配力はたんなる工場や企業といった枠組みを大きくはみ出るものだった。階級の秩序を超えて、生産労働が重要だった。とりわけそれは創造的な人間活動であると同時に、マルクスからフリードマンまでの社会についての一つのビジョンにおいて社会生活の中心として現れたのである。たんにマルクス主義よりずっと広い知的空間の中で、生産関係が社会生活の中心と考えられた。まさにそのことが、労働の社会学を、社会学の重要な章の一つにしてきた。そのころ一方でマルクス主義が、他方で機能主義が社会の最も明確な表象として押しつけられたのである。産業社会において社会階級は集合的な行為者とみなされ、行為や制度化された実践の決定的な変数とみなされるのに十分な一貫性をもつと思われたのだ。とくに政治生活の領域の行為や実践について。産業社会とともに生まれた古典的社会学は今日その衰退に直面している。

このテーマはあまりにもありきたりで、フランスで最近のものであるとはいえ、これを長々と論じるほどでもない。労働者階級のゆっくりとした侵食、これに結びついたユートピアの終焉、その多くが社会の概念そのものの主要なテーマに加わったが、これらが階級意識の衰退を引き起こした。労働者階級の意識は、近代社会の価値の名のもとに企業内で労働者たちによってなされた「個別の」戦いを「普遍化する」包括的な闘争という表象によって支えられた。その価値とは進歩、参加、国民的統合などである。(35) 社会的闘争の制度化と認知が、近代の産業社会の主要な特徴として認められたのは、闘争と愛着というこの二重の面によってである。さまざまな階級とはさまざまな「世界」であり、階級の位置が行為と実践を最もはっきり説明できる変数と思われた。社会学が社会的位置と態度を結び合わせる活動として現れたという意味において。「破壊的な」市場と「抽象的な」権利に対抗して社会学は「社会的なもの」への呼びかけを決してやめなかった、つまり本質的なものである社会階級への呼びかけを。このような社会の表象はすべての社会学のものではないが、フランスではとくに、六〇年代半ばからおよそ二〇年間、社会学的著作の全体的な領域を下支えしてきたし、都市社会学、教育社会学、文化社会学のかなり多くの部分が、行動と決定を階級関係および階級支配によって説明しようとめざしてきた。

おそらくあまりに単純かもしれないが、こうしたイメージは今日、行為者を同定するもっとほかの原理の出現に出くわしている。性別、教育レベル、生活様式、「共同体」などなど。労働者のユートピアにとってかわりつつあるのが、新たな社会運動の自然主義的およびネオ共同体主義的な夢想である。社会問題のイメージそのものが企業から都市へと、つまり労働や搾取から社会参加や分断化などへと移動した。生産組織に関連する不平等に、排除による裂け目が折り重なる。社会的支配は経済的勢力だけに還元されることはもはやできない。消費の諸様式が、マルクスよりトクヴィルの分析に近いシナリオに従って行為者たちをマス化し、そして個人化する。ポスト産業社会の概念が広く多義的で曖昧であるとしても、われわれを産業社会から遠ざけることで、古典的社会学が「社会」と呼んでいた表象からもわれわれを引き離しているのだ。(36)

II　個人の批判

1　個人に対抗する個人主義

古典的社会学のいう個人、パーソンズやデュルケームやエリアスのいう個人は、その人格を構造化しさらに自律した個人として自ら生きることを可能にするようなシステム、つまり価値や規範の身体化によってのみ存在する。しかし個人のこういう定義は、ほかの二つのイメージによってたえずバランスをとっていた。その一つは「倫理的個人主義」[37]で、デュルケームによれば現代の「宗教」である「利己主義」は、行為者をシステムから引き離すがゆえに、社会的一体性の存在そのものをたえず脅威にさらす。そこで問題となるのは、トクヴィルによってアメリカで発見された民主主義的な個人である。「大きな社会」から切り離され私的な情熱や利害に専心し、新しい不平等を生み出し、一般的な利害に背を向け、自らを生み出した民主主義にとって脅威となる。[38]デュモンがこの個人主義の勃興を描いたのは、デュルケーム的な視点に身を置きながらでもあった。そこでは主体が社会への距離を置くときだけ自らを経験し、社会的一貫性を脅かすような独立性を求め、その反動として、近代的な全体化的《トータリテール》運動を生み出す。[39]これと同様に古いのが個人主義の第二のバージョンである、ホモ・エコノミクスである。市場の発展に結びついており、自分の利害だけに導かれる合理的行為者で、マンドヴィルの寓話の道徳にそって共通の財をそれと望むことなく作り出す。古典的社会学は明らかに、こうした行為者の概念に対抗して作り出された。この二つの個人の定義は今日も社会に関する表象と哲学の中心になっている。これらが古典的社会学の原則を脅かし弱体化させる。古典的社会学が連続性の原理を打ち立てたその場所に、行為者とシステムの間の緊張、つまりは断絶を導入することで。

いくつかの社会学的パラダイムの革新あるいは再発見に努める前に、個人主義は社会的行為者についての一つの言説として現れ、古典的な個人の姿に対抗して行為者を描き出す一つの方法となって現れる。このテーマは新しいものでない。あるすばらしい本の中ですでにリースマンは、古典的な個人がいかに「内＝決定（intro-déter-miné）」され、プロテスタントモデルと資本主義的蓄積の必要によって、生産と投資の倫理によって生み出されていたかを示した。(40) 産業社会から消費社会への移行が、新しいタイプの個人、「異＝決定された（hétéro-déter-miné）」個人を生み出したのであろう。自己同一性をそこから打ち立て、自己の行為をそこから方向づけるはずの本質的な価値のいくつかを自分のものとすることができない個人である。この個人は広告刺激の受容体となり、メディアによって操作される同調的な傾向によって動かされ、認められたいという目の前のつまらない欲求によって動く。要するに近代の個人主義は、自分自身の生を作り出した個人を破壊し、古典的社会学の主体は空虚で穴を穿たれた。個人の行動参加も関心ももはや本当には本人に属さない。なぜなら個人は社会の本質的な価値を内面化しなかったのであり、それが個人を自律した存在としている価値なのだ。個人はもはや、ヴィクトリア時代の道徳の神経症を引き起こしたような規範的内面化の過剰に苦しむことはないが、アイデンティティの危機に苦しむ。というのも個人は、消費による当面の満足以外に自分自身がなんであるかをもはや知らないからだ。正当性を求めることは虚無へとつながり、自分自身に決してぴったり合ったことがないという感情に行き着く。「偽りの自己」の羅列である。行為者とシステムは分離し、もっと正確にいえば、個人主義の勝利のために個人はもはやいなくなる。こういうタイプの批判は、急進的であれ保守的であれ、二〇年以上たった現在、後継者を見いだしており、アドルノとホルクハイマーというフランクフルト学派の分析だとそれよりさらに古くからということになる。それは一次元的人間を描いたマルクーゼにも見いだされ、衝動の抑圧が弱まって、文化産業への従属が生み出され、その反動で昇華や憤慨の欠落が生じる。[41] 同じテーマはラッシュによるナルシシズム批判でも展開されている。個人主義は個人を高めるものでなく、それを破壊する。なぜなら自己への言及は空虚となるからだ。[42] 個人主義の勝利が自己言及的な個人を生み出し、そこでは非社会的な主観性の脅迫的な探求が、啓蒙主義人間の、アメリカの民主主義の、あるいはピューリタン的確信の「誠実な」主観性を破壊する。こうしたタイプの個人主義はブルームが「武装解除した精神」と名づけたもの、つまり引き受けることが不可能な急進的相対主義や、絶対的透明性の探求、社会や民主主義の存在そのものを脅かす無関心な離脱などへ向かわせる。[43] 正当な個人からなる共同体の呼びかけが破壊的なものとなり、権威の正当な基礎づけの拒否が、権威主義的なあるいはカリスマ的な権力へのより卑屈で攻撃的な依存へと向かわせる。[44] 教育的理想の中では、教養ある人間に、感受性豊かな人間、感覚的人間が取って代わるように思われる。教育は人格化によって置き代えられねばならない。というのも社会的自己は幻想として現れ、それに正当な私を置き代えねばならないからである。こうした言葉は流行りの心理的文化の用語であり、子どもの人格が社会化に賭けられていると主張する。「本当の自己」とは制度や押しつけられた役割に対立してのみ明らかにできる一つの衝動である。[45] こうした語りはしばしば批判的で、秩序への回帰を呼びかけることが多いが、[46]「魔法にかかった」ような響きをもち、古典的で自律的な個人、つまり啓蒙主義の個人の死の中に新たな自由、より正統的な個人主義を見いだすのだ。[47] いずれにしても古典的社会学の個人、つまり社会の内面化によってしか存在しない個人の衰退をそれは記録し、たとえ全面的に社会的であるとしても主観的には「自由」で自律した行為の原理をそこから作り出すことになる。それこそがまさに神秘なのだ！

以上で取り上げた分析はその重要な部分において、「プロの」社会学の領域に厳密に入っているわけではない。それらは社会哲学や道徳的批判あるいはエッセーの領域にむしろ属している。しかしだからといってそれらを無意味と考えることはできない。たんに世論の雰囲気に還元できないような社会的変化を証拠立てており、もっとアカデミックな社会学的思想や著作に反響をもたらさずにおかないからである。ここで考えているのはベルの基礎的な著作である『資本主義の文化的矛盾』だ。(48) 近代性は複数である。政治生活は平等によって導かれる。経済は効率性、道具的理性に従い、禁欲主義の価値と異なるやり方で、競争とパフォーマンスとの価値に従う。結局、主体や人格のイメージを定義する文化とは、感覚や感情的経験の中で自己表現あるいは自己実現の価値によって担われる。最も本物で個人的な経験の探求において文化的近代性をよく体現したのがボードレールである。芸術的および身体的経験の多様性の中に「多様な個人性」への呼びかけを行ったのが彼だ。自分の能力とパフォーマンスそして感覚の最適化が近代の至上命令なのだ。(49) 公衆は私的なものへと横滑りし、私的なものは内的なものへと向かう。つまりベルの目から見ると、それは虚無なのだ。近代史は政治的、経済的そして文化的次元の切り離しによって、つまり役割の炸裂によって支配されている。個人のアイデンティティはもはやいかなる中心的原理の上にも依拠しない。社会的役割と人間とが分離し、人格の死を意味している。ポスト産業社会ではもはや個人がいない。近代性が、もはや啓蒙主義や進歩の理性ではない道具的理性に直面するがままであり、ニヒリストな文化が主体の「本物の」経験以外に原理をもたないからである。個人の死を意味する近代性の危機に対抗してベルは、「復古」を訴える。共同体と宗教の回帰だ。

行為者たちは記号に騙されてはいない。記号は、現実の使用価値をもたない刺激でしかなくなっている。ボードリヤールが描いた広告ボードの点在する砂漠のように、近代は、もはや風景ですらない世界、感受性の「反射」を打ち立てる。(50) 本物の探求は世界のリアリティさえも疑問視し、文化が世界への関係と経験との一貫性をもはや構築できないからだ。それゆえクンデラが説明しているように、もう小説は書けないのだ（以上のコメントは、ポストモダン的なシックの表現であり、そのことに注意を促すのはもっとシックだ。なぜなら「ポストモダン」においてはだれも騙されないから(51)）。

近代への批判に捧げられたトゥレーヌの著作は近代の二重性というテーマを再び取り上げたが、それにかなり違った意味を与えるためであった。(52) 一方で勝ち誇る近代とは理性の支配と同一視され、自然の法則、歴史、社会の作動そのもの、そしてロゴスの支配であるとされた。他方その影で、近代性は主体への呼びかけでもあり、全体的理性に抗して個人や真正性への呼びかけである。それは、理性という大きな形而上学に対し個人的経験や信念の肯定である。この緊張を最もよく体現したのがデカルト的二重性だ。理性や自然の諸法則に行為者が一致すればするほど、近代性の危機は自己という観念、自分自身のマスターである行為者という観念の破壊を引き起こした。ポスト＝ニーチェ的なニヒリズムに鼓舞されたこの危機は、歴史的あるいは個人的主体の死を、つまり古典的社会学の個人の死を呼び起こした。そのときこの個人は魔法を解かれたのである。トゥレーヌはこの個人の死の亡骸の上に主体が戻ると述べたが、この回帰は自足的な社会という概念に反して起きるもので、自律した活動として、社会の諸法則に還元できない。ベルの保守的ペシミズムを選ぶか、トゥレーヌの闘争的オプティミズムに近いと感じるかはともかく、同質的な社会的なものから作り出された個人という古典的な形象は、もはや受け入れがたく思われる。

フランスにおけるジンメルの「再発見」は、古典的社会学の個人という表象の衰退という同じ雰囲気によるものと思われる。この「再発見」というメジャーなテーマは、行為者とシステムとの分離そして距離というテーマで、六〇年代の機能主義および社会学的構造主義が長い間主張した公準に対抗するものだった。[53] ジンメルによれば、すぐれて近代的な経験とは、文化的社会的客観性と個人の主観性との分離の経験である。古典的社会学が決定的な類縁性を打ち立てたまさにその場所で、逆に、不連続性の経験が生じている。この距離は、個人的利益を一般的利益に対立させる距離ではなく、近代性の動きそのものに結びつけられている。それは啓蒙による解放、利害と情念の認知、自分の生の作り手たろうとする欲望を、社会の有機的全体性に対立させる。「私は、社会と個人との衝突が深くそしてとても広い範囲で起きているのをみる。個別利害の形ではなく、個人的生の一般的な形態のもとで。社会は全体性や有機的生命を鼓舞するが、社会のメンバーおのおのはこの全体の一つの諸要素を成すだけである。社会の部分としての個人はいくつかの機能を果たさねばならず、その力のすべてを用いなければならない。これらの機能を最大の能力で果たすため個人の才能を変更するはずだと考えられている。しかしこの役割に対抗するのが、自分自身の個人性の表現としての統一性と個人性へ向かう人間の傾向である」（ジンメル『宗教の社会学』、ニスベット『社会学的発想の系譜』より）[54]。この個人性はジンメルが「気性」と名づけたものに対応していて、芸術作品がその最も正確な表現である。個人的理想は自然状態から引き離されていて、各自が例外的なもので「なければならない」からだ[55]。社会的客観性と個人的主観性との分離が「道徳的アンチノミー」を生み出す。労働、自然、権威、宗教、建築、愛などが形式をなし、その中で個人的経験が決して自らすべてを知り尽くすことはない。トクヴィルにみられたような、私的なものと大きな社会との切断だけが問題なのではなく、個人的行為そのものの中に組み込まれている裂け目が問題なのだ。ここで疎外は社会の不在でなく、アノミーは人間をその作品から切り離す搾取でもない。それは世界の客観化に依拠している。しかし文化の悲劇は必ずしもドラマとして生きられるわけではない。それはノスタルジーの様態、すなわち共同体への失われた愛着への夢としていっそうよく現れる[56]。異邦人が近代性の紋章のように思われるのはこうした理由からである。その「あやまち」にもかかわらず、異邦人は「本国（メトロポリス）」に、つまり社会の中にとどまる。異邦人はどこかほかの文化に属するものではない。社会の真ん中で、その個人性によって社会から分離されている。ある種の「保留」によって、身を守るための無関心さによって。まさにそこに、主観性の発達の代償がある。古典的社会学のいう個人の衰退は近代性の危機のしるしではなく、主観性と客観性との分離のメカニズムであり、近代性そのものの中に書き込まれた分離として現れる。これと対照的に古典的社会学は、行為者がシステムであるという公準を作り、この近代性の科学主義的な表象として理解されることになる[57]。

2　行為はプラティック（実践）である

古典的社会学のいう個人の破壊は、前節と対立するもう一つの違う道をたどり、自己や個人を幻想であると非難する批判的社会学の形をとる。この知的論理は、フランス社会学においてブルデューのおもな著作に具現されているのだが、古典的社会学に最も近い位置を占める。デュルケーム、マルクスそしてウェーバーという三重の庇護を追い求めるのだが、それぞれに非常に個別的なつながりを認めている[58]。

プラティックという概念は「主観主義」と「客観主義」との、行為者の視点とシステムの論理とのオルタナティブを乗り越えるという意志から生まれた[59]。このように提起された問題は、古典的社会学の問題のまま、とくにパーソンズの次のような問題のままとどまっている。個人の自律した活動とシステムの一貫性をどうやって結びつけるのか？　ブルデューは行為を、すでに全体的に描かれた役割の適用すなわち「実行されている儀礼」とみなす客観主義を拒否すると同時に、自らの意図によって動く自由な行為者を認めることを含意する主観主義も否定する。行為は機械的でもなければ、厳密に合理的というわけでもない。個人がパスカルの賭けのように自由を選択する場合でさえ、この自由が実現するのは、社会的儀礼への従属つまり「炭焼きの信念」［フランスの古くからの表現で、頑固である様をさす］によるのだ、とするのに吝かでない。すなわち信念の「形式」がその「内容」を決める。

こうしたオルタナティブに対するブルデューの答えをわれわれは知っている。プラティックとはハビトゥスの実現であると。それはつまり、早くから獲得されたコードと性向の全体であり、個人が多様な状況の中でこれを実行に移す。このような全体が「客観的に『規制され』ている『規則的な』行動を生み出し、だからといって規則への従属の産物であることなく、オーケストラの一人の指揮者によって組織された行為の産物でもないのに集合的に息のあったものとなる」[60]。行為は拘束への応答ではない、したがって行為は一つの行動でない。というのもハビトゥスはプログラム化であると同時に戦略でもあるから。社会的合理性が「思慮にもとづくもの」でないほど、必要となる戦略である。個人は、ライプニッツにおける指揮者のいないオーケストラのように、社会的全体との一貫性の原理を打ち立てるハビトゥスの上に作られたモナドとして現れる。社会的秩序とは「脳の中で支配する秩序である」、というのも「客観的諸条件がこの条件と客観的に並存しうる諸性向を生み出すから」「必然性が美徳を作る」。行為者たちが述べる戦略は行為者自身のハビトゥスを隠すが、このハビトゥスが今度は行為者の戦略を隠す。社会関係を組織するさまざまな「界」〔領野〕において、人びとの戦略は本当の戦略ではなく、相手の一撃を計算するプレーヤーたちの戦略であり、実際は行為者たちのハビトゥスの中にプログラムとして含まれている。したがって、最良のプレーヤーたちは、ハビトゥスを最も強く内面化した人たちであり、最も柔軟かつ適切にこれを実現する人たち、すなわち「ゲームの感覚」を本当にもっている人のことである。「不意を突いて網をかける」には自分の身振りを計算してはならない。戦術的予測の中で身動きがとれない相手よりうまくゲームの図式を内面化していなくてはならない。

　この理論は新しい客観主義へ、そして個人の終わりへと、古典的個人のもつ自己の批判へと寝返る。こうした自我は必要な「幻想」となり、プラティックが効果的に機能するためにハビトゥス形成の条件について記憶を失うこと、そしてプラティックの実現を指令するシステムや支配の論理に対しては盲目で幻想を抱くことが前提される。「真理についての無知が真理の一部となっている」。実際にハビトゥスは「それ自身の再生産の諸条件を保証する」傾向があり、個人とは個性的なスタイルにすぎず、プラティックの効率性そのものによって再生産される不平等なシステムの中での固有のゲーム感覚にほかならない。行為者はとても強くシステムに同一化されており、この社会学者の一元論はたいへん根源的であるため、ハビトゥスは原因であると同時に結果として現れる。こうして社会階級は従属変数として、同質的なハビトゥスに客観的な全体として把握され、同時に独立変数ともみなされる。あるプラティックは客観的な階級によって生み出されるハビトゥスだからである。

古典的な個人の姿から遠ざかる様子が最もはっきり示されたのは、行為の定義をプラティックの用語で行うことによって生じた認識論的姿勢においてであった。プラティックに必要な盲目さのために、しかもそれは原因についての無知だけではなかったが、教育的な改革への欲求が幻想や保守主義にすぎず、あるいは自分自身に隠された利害にほかならなかったので、社会学者は行為者と手を切らねばならず、それは決して主体ではなく、エージェントなのだ。彼は「決定論を告知し」、「社会学は自由の幻想から開放することで自由にする[61]」。

このようにして古典的社会学は追及され、魔法を解かれる。というのも個人の自律性が価値の承認や利害の合理性に結びついているのではなく、プラティックに必要なフィクションにほかならないからだ。エージェントたちの批判的活動、非難は「不誠実」によるもので、そこでは、それと認められず、認められることができない利害と無知とが混ざり合って、いっそう効果的になっている。客観性と主観性の絶対的な一致が自己を幻想にしている。つまるところ唯一の本当の個人、可能な唯一の主体とは「卑俗な」ハビトゥスそして「卑俗な知識人的」ハビトゥスから離れた社会学者で、客観化を可能にしているのは、自分自身の来歴と、多様なハビトゥスを例外的に横断したことによって可能になった固有の自己分析のおかげである。ポパー的認識論から最も遠いところに位置する社会学的分析の証明と有効性を基礎づけるのがまさにこれである。

古典的社会学は個人の自己を信じていた。合理主義的個人主義に反対しながらも、啓蒙主義の楽観論の一部を分かち合った。しかし、社会システムが支配の論理だけへと導かれるや否やこの個人は罠となる。社会学はこの幻想を、芸術、政治的選択、好み、批判的活動そのものの中で追跡しなければならない。

大学の最初の課程で、社会学の理論的炸裂の程度を示すには、一般社会学の導入の講義を一回やれば十分である。おそらく古典的社会学の虚構によって、かつての社会学的潮流の多様性や争いを低く見積もるほうに向かってはならない。しかしこれらの潮流は比較的単純で、構造的な論争をめぐって組織立てられていたといえる。秩序／進歩、統合／闘争、全体論主義／個人主義など。これらの大論争がすべて尽くされたわけではないが、現代のフランス社会学の著作はもはやこれらの大論争で説明できるものではない。現れている多様なパラダイムがそれぞれ自律し、とくに隠れた対話のルールに従って必ずしも応答しあわなくなっているからだ。

しかしながら、これらの理論の大半に共通のある特徴が存在する。(62) それは行為の理論として自己を規定しているという特徴だ。これらの理論それぞれが一つのイメージから出発して作り出されている、あるいはむしろ行為者たちの活動の一つの定義、一つの人間学、そして行為者とシステムとの関係についての一つの表象から作られている。社会の本質に関する六〇年代の議論、たとえば大衆社会か産業社会か、産業社会か資本主義社会かは、社会学者たちの理論的著作の副次的なレベルへ後退した。もちろん論争は存在するが、社会的行為の性質についての議論として現れており、今度はこれが社会学や社会的事実の読解への参入の方法になっている。すでに古くなったがアメリカの理論的潮流がいくつか大西洋を越えて、大きな成功を勝ち取った。ジンメルのような社会学の創始者たちのいくつかが再発見され、再び読まれており、正当性の新たな準拠の基礎となっている。

これらすべての行為パラダイムはまた、一つの共通点をもっている。前章でわれわれがスケッチした古典的社

Ⅲ　行為のいくつかのパラダイム

Sociologie classique
古典的社会学
|
L'action est connaissance
行為は認識である

Communication
コミュニケーション
|
L'action est interaction
行為は相互行為である
|
L'action est langage
行為は言語である

Rationalité
合理性
|
L'action est stratégie
行為は戦略である
|
L'action est utilité
行為は効用である

会学の諸原理を大なり小なりはっきりと拒否していることだ。より正確にいうと、それらは七〇年代の「構造主義」やマルクス主義の社会学によって与えられた「主体の死」のイメージと行為者という概念そのものの拒否によって、古典的なイメージを投げ捨てる。行為者とシステムとが正確にカバーしあっているという意味での行為者を拒否するのだ。今日活力ある理論のほとんどが、ブリコーによって「回帰する超機能主義」と呼ばれたものを否定している。この拒否のもたらす結果について一致をみることはないもの(63)。社会的行為が一つの幻想で、「隠れた神」として現れるシステムの諸要請によって全面的に決定され、その意図は社会学者のみぞ知るという主張を、これら行為の社会学は放棄する。「すべてがあたかも……であるかのように」という言い方は現実の行為者やその表象や目標なしで済ませている。これらは純粋な機能的必要性か、それ自体必要な擬似餌として把握される(64)。この批判的なイメージに対して、個人にイニシアティブと選択の能力を認めることが必要であり、それゆえ個人にシステムに対する一定の距離を帰属させることが必要だ。とにかくこうしたイメージの拒否を共有することで行為のかなり違った定義へと導かれる。すべてを尽くすことはできないが、われわれに可能なのは、人に伝える場合の簡便さを考えて、一つの言葉で形容できるいくつかの定義を明確にすることである。

　私はこれらの定義を古典的モデルの分解の二つの流れに位置づけよう。コミュニケーションと現象学（しかしゴフマンは現象学の支持者であると認めるのは難しい）、および合理的行為の流れである。

1　行為は認識である

現象学とくにシュッツの見方から、バーガーとルックマンは、社会学の対象が行為者たちがリアリティとくに社会的リアリティを定義するやり方についての研究であると考えている。[65] しかしバーガーとルックマンがアプリオリに主張するパースペクティブは現象学のインスピレーションによるもので、もたらされる回答はまだ古典的社会学に近い。

「日常的なもの」の社会学を定義しながらシュッツは、「慣習」について研究しようとはまったく考えず、「生の主観的経験」、「共通の感覚」についての社会学、ある社会のメンバーたちの通常の認識についての社会学を考えていた。メンバーたちの経験は言語やリアリティについての組織的なカテゴリーを通して客観化され、これが非常に多様な対象や関係を分類し提示させる。このパースペクティブは行為者の周りにのみ集中しており、その「理論的構成」を分析する必要がある。これが社会的リアリティつまり社会システムの役目を果たしている。各自は能力をもっており、「自覚をもたない知識人たち」で、「類型化」の活動を通して相互行為や日常の状況の実践対の中でリアリティを構築する。

バーガーとルックマンはこのプログラムを再び取り上げ、それよりずっと古典的な問題設定のほうへ「引き込む」。類型化は時間とともに安定化するさまざまな制度を通してなされる。制度がすでにそこにあるとしても、行為者たちの活動によって生み出されるのであり、彼らが日常生活の流れの中で制度を実現する。行為者は自分に先立って存在するカテゴリーの中で自身の歴史や世界を解釈し、現実を組織するやり方と定義される役割や制度のカテゴリーの中で解釈を行う。システムの統合は規範や究極的な価値を経由するのではなく、共通の認識を経由する。だから「正当化が制度的秩序を説明する、その客観化された意味作用に認知的有効性を与えることで」[66]。この視点が実証主義との本当の断絶を打ち立てるとしても、それは古典的社会学に強く結びついたままであり、ブルデューがその客観的バージョンを提案したのとある程度同じやり方で、主観的なバージョンを提起している。古典的観点との近似性は社会化が占める位置によって明らかになる。たとえ、より柔軟で動的な二次的な社会化であっても、中心的役割を演じている[67]。バーガーとルックマンに再見されるのは古典的な理論における社会的役割の概念的装置が大半で、所属集団、身分的一致、役割の一貫性などである。そこではミードの読解が非常に「機能主義化」されている。たとえばアイデンティティについての疑問「私は誰なのか?」は統合の用語で論じられ、彼らの言葉によれば、この問題はうまく社会化されなかった個人にしか現れないのだ。「主観主義」への回り道がウェーバーとデュルケームをつなぎたいという欲求によって支配されたままである。シュッツの影響が奇妙にも縮小されているとすれば、この横滑りがすでに古典的社会学から遠ざかっていることになり、行為者たちの活動そのものの中で社会の認知的構成が繰り返し主張されることによってにほかならない。

2 行為は相互作用である

「相互作用論」という言葉のもとに社会学の中で整理されるすべてを数行で提示することは不可能である。ブルーマーからゴフマンを経由してパロ・アルトのグループまで……。社会的行為を命令するのは役割や規範や価値でなく、対面的な関係で、行為者たちはその中で自らのアイデンティティを固定し他者のアイデンティティを実現しながら戦略要素や能力を利用する。そこでは社会や個人といった概念が基本的というにはほど遠く、「社会的リアリティ」と呼ぶものが相互作用の産物にほかならないからである。

相互行為を、そこでシステムのメカニズムが働いている一つのミクロ社会学的レベルと考えるのでないなら、厳密な意味でそれは相互作用論ではない。相互作用論の対象は、社会システムという観念で呼ぶ必要のない独立で根本的なリアリティと考えられている。ゴフマンが楽しそうに述べているのがそれだ。「私は社会生活の構造について専念しているのではなく、社会生活の個人的経験の構造について考えている。私は個人的に社会を優先し、個人の参加を二次的なものと考えている。だからこの作業は二次的なものしか扱わない(68)」。行為者とシステムが分離しており、個人は社会的なものの内面化によって定義されない。本当のところ、「重要」でないのはシステムなのだ。

ゴフマンの行為者は相互作用によって定義され、その中に行為者が参入する。しかし行為者は社会の規範も究極的価値もめざさない。たんに成功を求め、それによって他者に認めてもらおうとする。成功は包括的な客観的指標に依拠するのではなく、相互作用を維持し自分の優位をそこで受け入れさせる能力にかかっている。さらに回避や作法のさまざまな戦略を必要とするのは、相互作用そのものを維持する必要性からである。したがって行為者にとって主たる問題は「体裁」であり、日常生活の中で自己を上演することであり、日常性が上演そのものとして機能する。この体面とは古典的個人や自己の表現ではない。というのも体面の後ろには何もないからで、ゴフマンの読者は「動機づけ」なき世界、「内面性」なき世界の中で動いている。ゴフマンに影響を与えている演劇的メタファーをさらに続けるなら、仮面の後ろに人物はいないし、出会いの「表面」の向こう側に何もない。相互作用は交差し調和し合うところのすでに組織立った行為から生ずるのではなく、他者による認知という以外に目的のない自己呈示の空間と固有の時間の中で展開する。個人は「いろいろな役割の企て」として現れ、その目的とは他者によって信用されることである。役割の内面化が効果をもつのは、信頼性にとって必要であるから。いいかえれば、行為者はうそを演じている。行為は最初の単位ではない。それは限界と賭金を決める相互作用の中にしか存在しないからである。「人びとの関係の最も奥深い性質は、肌のすぐ下、つまり他者の肌である。……自己とは、彼が社会的活動の組織化の中で占める位置を人びとが解釈する際に個人についていいうるもので、表出的な行動によって確かめられる解釈である(69)」。

なぜゴフマンの理論が皮肉なものと取られたのか簡単に理解できる。「ほらこれが社会の見取り図で、そこにはいろいろなシーンがあるけれど、プロットはない。この社会学には歴史もなければ筋書きもないのと同じで、『性格［キャラ］』（演劇で使う意味での）もない。はてしない適応が続くだけだ[70]」。しかしラペロニが強調するように、第二のゴフマン、『アサイラム』のゴフマンがいる。彼にとって全制施設が個人を破壊する[71]。相互作用が烙印を押すとき、それは個人の「表面」を破壊するだけでなく、その「自我」と呼ぶべきものに到達する。一方が動員する権力と他方が示す抵抗は行為者のゴフマン的イメージを「再び社会化する」。だが、個人も社会もない彼の著作の中心的な流れはそこにないといわねばなるまい。結局、古典的社会学によってこれらの概念に与えられた意味の中にはないのである。

3　行為は言語である

シュッツの意図はバーガーとルックマンの著作よりも、社会のメンバーたちの言語活動の中に社会的なものを構築する共通の真の能力を見いだそうとするエスノメソドロジーの中に、ずっとはっきり主張され現れている。そこでは古典的社会学との断絶がもっとずっと根本的である。しかもガーフィンケルの著作が役割としての行為への批判から始まっていることは周知のとおりだ[72]。規範が近似的なもので、差異化されており、行為は「社会」そのものの象徴的な表現であり、リアリティの構築である。しかもそれはこの「リアリティ」について可能な多様な表現の一つなのだ。慣習的に「システム」と呼ばれている社会秩序は、なされている行為の遂行であるが、科学者からみてシステムの「本当の」リアリティという仮説が、この秩序の実現にとって有益なものではない。社会が良き秩序をうち立てたとされる根源的なカオスや万人の万人に対する戦いは存在せず、社会という観念は行為を考察する方法の一つであり、それを記述し説明するものだからである。活動は人びとの「エスノメソッド」に依拠しており、人びとは言語の中でこれを実現する。「……ある集合体のメンバーたちが日々の生活の中で諸状況を組織化し管理するという活動は、一つの状況を記述可能なものにするために用いられる諸手続きと同一である」[73]。この活動が「社会的実現」であるという定式化はこのように説明できる[74]。行為とはこの活動そのものの遂行にほかならず、行為者の反省（レフレクシヴィティ）は言語の中にあるのであって、主体／客体の切断にあるのではない。これは可能な構築の一つにすぎず、「説明をする」ための数あるやり方の一つである。もっと正確にいうなら、社会的行為は物語を組織化する一つの形式であり、行為、意図そして記述の「文法」をもっている。行為者たちは記述のいろいろな手続きを動員する。

行為者とシステムの二重性を拒否することでエスノメソドロジー的方向性はラディカルな行為主義（アクショナリズム）と行為の非決定論を生み出し、活動が他者への説明を含んでいるという意味で社会的であるとした。この活動は、「即自的な」リアリティすなわち「即自的な」社会秩序が存在するということをまったく必要としない。たとえば会話は言語の見出し（インデックス）的性質から出発してリアリティを生み出し、言語的なノウハウに関連するのであって、先立って存在する社会的ルールの適用に関連するのではない。唯一の制約は相互理解可能性だけで、記号を超えたリアリティは存在しないのである。

現代社会学の領域の中でこの行為の概念は確かに、古典的社会学から最も遠くに位置しているもので、行為者のいかなる「内面性」もシステムのいかなる「外在性」も含んでいないからである。人びとが「社会」と呼んでいるものは、いくつもの記述のやり方の一つにほかならず、社会学者は、行為者たちが説明を行うやり方を説明するにすぎない。社会学者は特殊な認識という特権をもつわけでない。古典的社会学への批判はその概念や理論の分析によってよりも、実証的認識論のきっぱりした拒絶によってなされ、純粋な社会学という名のものとで社会学の領域そのものからの出口へと向かったように私には思われる。

4 行為は戦略である

クロジエとフリードベルクは『行為者とシステム』において、行為の戦略的概念から出発して一般社会学を打ちたてようと努力した[75]。行為者は自分のさまざまな利害、それについてもつ知覚、そして組織のルールによって方向づけられる。行為者が選んだわけではないが、プレーすることで変更が可能なゲームの空間に位置する戦略的要素である。個人に提供されるチャンスと追求する目標に比べて限定された合理性がそこから生まれる。戦略的要素の合理性は限定されており、行為者たちがすべてのゲームの条件を知っているわけではなく、システムの秩序の中で行為者の決定の結果がどうなるかすべてを予測することができないからである。しかし各自は自分の交渉能力に見合った権力を利用する。他者はたんに障害であるだけでなく、戦略の資源でもあり、これにより、盟友とライバルからなる諸関係の情動的な両義性が説明され、他者は次々に盟友になったりライバルになったりする。

行為者たちの戦略に対しシステムの論理が維持され、ゲームは組織された世界の中で構造化される。「システム主義なしで相互作用が現象学的解釈を乗り越えることはない。……戦略的な証明なしにシステム的な分析が投機的であり続ける[76]」。ゲームが可能であるのは、システムが決して全体的なものでなく、戦略の領域である不確定性のゾーンがシステムにより作られるからである。だから各自は一定の権力をもつが、それは戦略的な権力であり、行為者たちが「個人的な利害」と行為者が支配する重要な不確定さとの「関連で」諸手段にのみ働きかけるためなのだ。したがって、ゴフマン流の相互作用の純粋なマーケットもなければ、機能主義にみられるようなシステムの純粋な支配もない。ゲームのプレーヤーと制約とが同時に存在する。行為のこのような戦略的概念は二つの視点の結合に書き込まれている。すなわち戦略とは合理的で構造は文化的である。社会学者の説明もまた二重だ。システムの分析は演繹的で、行為者のそれは帰納的である。前者から後者への移行は行為の世界とシステムの世界に同時に属している権力とゲームという概念によって生み出される。社会的統合は社会的規範によっても合理的個人の間で交わされる契約によっても実現されない。個人の出会いの交じり合ったゲームによって実現される。古典的社会学の中心的原理だった行為者とシステムの二重性が、それらのかつての統一性に置きかえられる。

5　効用の原理

エスノメソドロジーが、現象学や言語哲学を通って古典的社会学からの急進的な脱出の道だったとみなされるのとまったく同じように、方法論的個人主義は合理主義的個人主義の道をたどるはっきりした運動の中に登録される。逆のやり方であるが、どちらの場合も行為者とシステムの結合はもはや本当の意味をもたない。

全体論主義社会学への批判はブードンによって根源的な個人主義へと向かい、パレート的な論理的行為のモデルが非論理的行為へ、社会的行為へと拡張される[77]。主観的だが合理的な利害の評価に依存する個人的選択から出発しなければならない。行為者は制限された合理性によって導かれる。というのも行為者は自分の行為が他者にどういう結果をもたらすかについて優先的に考えないからだ。しかしこの功利主義は、個人が厳密に経済的とはいえないさまざまな利害を追求するという事実によって大きく緩和され、ブードンはそれに対し「もっともな理由」という、とりわけ広い概念を当てはめる。「もっともな理由とは、行為者にじっくり考える時間があり、そういう解釈に身をゆだねることが好きなら、自分自身で作り出すであろう理由なのだ[78]」。ブードンが「方法論的な」個人主義と形容するのは当を得ている。なぜなら彼は十分に抽象的で一般的な功利主義的人間学に依拠しており、きわめて多様な動機づけをそのもとに包摂する。それは確かに厳密な意味での功利主義ではない。

このような視点の本当のオリジナリティは、クロジエと近い行為者の概念にあるのではなく、システムという観念をさまざまな個人的行為の創発的効果として再構築したことにある。社会秩序とシステムは、個人的行為という原子の配置から生じる、構成の一つの効果である。構成の効果が現れるのは、個人がめざす利益に反して「予期せざる」ものであるかどうかは大して重要でない。ブードンはいっそう意図的に「マクロ社会的諸現象」について語るのだが、社会システムは、経済的均衡の秩序における価格の戦略のようにさまざまな個人的戦略から生じる。つまり市場における「大きな均衡」のように諸個人の限定された計算から現れる。社会学の最も古典的な概念が次のような視点で解釈されている。社会的身分は位置による制約として定義され、変動は創発的な効果として、イデオロギーは行為者たちの位置の効果との関連で合理的な信念として、集合的行為は個人的諸利害の集積として、逸脱は合理的な計算として……。

方法論的個人主義の長所の一つはすばらしい理論的優雅さにより、経済的分析のモデルを社会学の中へ取り込むことで、行為者からシステムへの移行を保証することにある。[79] そうしながらこの方法は、「全体論主義」よりも一元論によって特徴づけられていた古典的社会学の中心的な諸原則と手を切る。

行為に関する以上の理論について意図して平明にほとんど批判をまじえず提示したが、その目的は社会学という領域の炸裂を明らかにすることであった。[80] このテーマについて方法の観点もしくは社会の表象という観点から論じたとしても結論はそれほど違わなかったであろう。いろいろな視点のばらつきを次のように解釈できる。概念の歴史という視点もあれば、いっそう社会学的な視点つまり、社会学理論を、それを生んだ社会的文脈に結びつける社会史の視点もある。これらはここで取り上げた視点とは異なる。

もっと正確にいえば、社会学の現在の炸裂、そこから生じる諸要素それぞれよりも、この炸裂そのものが社会学が今日研究しなければならない社会的行動の性質についてわれわれに多くを知らせてくれる。まだ曖昧であるとしても理論が「現実」の証拠と一定のつながりをもつと考えられている限り。古典的社会学から遠ざかることが意味するのは、社会と行為者が分離していること、行為がもはや「中心」をもたないこと、行為の論理の多様性が今日では社会学的分析の最も重大な問題となっていることである。もし行為という言葉が使用不可能になるほど多義的でないとしたら、炸裂した社会学というこの「ポストモダン的」一覧表が、社会と行為者の古典的な姿からの脱出を最もよく示すものとして考えられるはずだ。明らかに、とても漠然としたこのような説明が社会学的思考そのものの中に非常にしっかり組み入れられている。社会学理論と社会の状態とが「なんらかのつながりをもっている」という考えは、知識社会学にほとんどコミットせず、それに等しいわけでもない。しかし同時に、社会学と同様、社会的表象と実証的方法との間へはまり込んだ他の人間諸科学には拒んだ一定の地位を、社会学者が社会学に対して認めることなくしては、こうした考えを厄介払いすることができないのである。

＊＊＊

ある学問領域を提示しようとすると、かなりしっかり確立されたポジションの空間を生み出してきた類縁性と濾過の作用を低く見積もる傾向があって、いくぶんか恣意的で「スコラ的」になりがちである。しかしおもな問題点があるのはそこでなく、社会学の危機という概念そのものにかかわっている。古典的モデルの危機はパラダイムシフトというクーン的な観点の中に記されている。この場合それは、ある種の社会学の危機にすぎない。しかしこの楽観的なイメージ、すなわちさまざまな断絶からなる一つの歴史のイメージが、ここではなんのかかわりもないことを認識すべきである。なぜなら、その拡散が法則となり、さまざまなモデルの結び合わせが古き統一性に置き代わるからである。この場合、ある社会学の危機が社会学そのものの危機でもある、すなわち近代性についてのあるタイプの社会的思想の危機、連続性をもった自己充足的で包括的なモデル、たとえばニスベットのいう社会学のプロジェクトそのものの危機でもある[81]。社会学はそれが鍛えられてきた知的社会的諸条件や文脈が消失した後も生き残れるだろうか?

古典的社会学の炸裂は論理的に考えて、否定的な答えへと向かうはずであろう。結局、社会学が、地理学や心理学のような「クザン的」学科［一九世紀半ばのフランスの哲学者ヴィクトール・クザンがこれらの新しい学科を振興したことに由来する］に比肩するような運命をたどるのをアプリオリに妨げるものは何もない。これらの中心的原理はそれぞれに固有の専門化の中でバラバラになり、その間での対話はしばしば困難以上のもの、たいていは不可能なのである。

しかし私はこうした立場をとらない。なぜなら社会的行為についての反省が今日ではパラダイムの多様性を乗り越えて、社会学的思考の統一性の原理を打ち立てるように思うからである。まさにこの多様さこそ重要であり、「オリジナル」で創造的であるがゆえに神話的な一つのモデルのバラバラにされた諸要素を見いだすよりも、私たちの社会の歴史によって少しずつ分離されてきた行為の論理を裸にすることとしてこの多様性を解釈することを、むしろ私は選択するだろう。実際に中心となるテーマは、社会についての古典的な観念の枯渇であり、その結果、この概念に正確な意味を与えることを受け入れることになる。もし「社会」がもはや適切な表象でないとしたら、それがもはや一つのシステムと同一だとすることができないとしたら、もしそれが中心も統一性ももたないとしたら、行為の論理の拡散こそが原則だと考える必要がある。行為パラダイムが複数あるということはこの変化の結果である。これが、経験の概念を古典的社会学のいう行為の概念に対立させるよう「経験的に」いざなうのだ。しかしそれと同時に、「トータルな」社会学という中途半端な野望を拒否しなくてはいけない。行為のさまざまな論理を一つに結びつけるために。これならそれほど野心的でない計画だ。

第3章

社会的経験と行為

社会的経験の概念を私が採用したのは、いくつかの経験的研究の中で出会った対象の性質を指すのに一番適切だと思われたからである。そこでは社会的行動が、内面化された諸コードの純粋な適用とか、行為を一連の合理的決定とみなす戦略的選択の連鎖とかに還元されるとは思えなかった。しかしまた、こうした行動は、継続的な相互作用からなる日常生活の連続する流れの中へ溶解するのでもない。それは安定した、しかし互いに異質な諸原理によって組織化されている。この異質性そのものが経験について語るよう促すのであり、社会的経験が行為の複数の論理の結合によって定義される。私がとくに集合的行為および、多少なりともマージナルな若者たちの行動について考察したからといって、経験の概念を、組織性を失って脱構造化した危機の状況のためにとっておこうとするためではない。あるいは、若者の「モラトリアム」に結びついたある種の自由の幻想によってもたらされる不確かな行動のためにおいておこうというつもりもない。私たちが研究した移民や教師たちもまた、同じ分析カテゴリーに属している。(1)

社会的経験は古典的な「社会」の表象がもはや適切ではない場所で形成される。そこでは行為者たちが行為の複数の論理を同時に管理せざるをえず、この論理は社会システムの多様な論理へと送り返される、それはもはや「一つ」のシステムではなく、自律的な諸原理によって構造化されたいくつものシステムの共存である。[2] 経験を組織する行為の諸論理のコンビネーションは「中心」をもたない。それは、どれか一つのあるいは基礎となるいかなる論理にも依拠しない。その統一性が与えられなくなるほど、社会的経験は必然的に諸個人の活動を生み出していき、批判力や自分自身への距離が生じる。しかし自己への距離、行為者を主体に変えるこの距離はそれ自体が社会的であり、行為の論理や合理性が互いに異質であることによって社会的に構築される。これこそいま私たちが展開しなければならない分析の諸原理なのだ。

I 社会的経験

よく使われる経験という概念は曖昧で漠然としている。なぜならそれは矛盾する二つの現象を喚起するからであるが、これらを結びつけることは重要だ。まず第一の意味として経験とは体験の一つのあり方、行為者が自分の主観性を発見しながらも本当には自らのものにならないほど十分な強さで感情的状態によって侵害されることをいう。こういうふうに私たちは美や恋愛や宗教などの経験という言い方をよく使う。しかし「生きられたもの」についてのこの表象は、それ自体が両義的だ。一方でそれは特段に個人的なものとして現れ、極限において言葉に尽くしがたいもので、「神秘的」そして非合理なものとして、唯一の「存在」およびその固有の歴史のロマンティックな表出として現れる。他方で経験は社会による個人的意識の包摂とみなされる。デュルケームやウェーバーが語った社会的なものの始原的な「トランス」として、そこでは個人がその自我を忘れ去り共通の感情つまり「偉大な存在」の中で融合する。それは感情として感じ取られる社会、もしくはカリスマ的感情によって生み出される愛などにほかならない。

経験のこうした情緒的表象とともに、第二の意味が並存している。経験とは認知的活動であり、現実を構築する一つのやり方、とくに現実を「証明し」たり、実験したりすることである。経験が悟性や理性のカテゴリーから出発して現象を構築する。もちろん社会学者にとってこれらのカテゴリーはまず社会的なものであり、リアリティの構築の「諸形式」である。この観点からみると社会的経験は「スポンジ」ではない。すなわち情緒や感覚を通して世界をわがものにするやり方ではなく、世界を構築する一つの方法である。「生」の流動的性質を構造化する活動である。これら最初の経験の定義を次に定式化しておこう。

1　行為者は完全に社会化されているわけではない

行為の概念が意味や有効性をもつのは、行為がシステムの主観的なバージョンに還元されない場合、つまり行為者が完全には社会化されない場合に限られる。しかしこうした命題は、陳腐さの最も少ないものだが、多くの問題を引き起こさないわけにはいかない。というのも行為の社会化されない部分が社会的に定義され構築されることに変わりないからである。もし行為者が完全には社会化されないとしたら、行為者に先立って「自然な」あるいは還元不可能な諸要素、たとえば霊魂や理性といったものが存在しているからではなくて、社会的行為が統一性をもたず、唯一のプログラムといったものに還元できないからである。

ここで想起せざるをえないのが、行為の「超社会化された」概念に向けられた批判である。それらの概念は行為のトータルなプログラム化を公準とし、ガーフィンケルの有名な表現を借用すると、個人を「文化的愚か者」

にしてしまうものである。また一方で、行為の純粋に戦略的な諸概念も、同じようにこうした批判を必ずしも逃れることはできない。個人による決定の自由がまったく理論的なものとみなされる。なぜなら個人は自分の利害や好みとの関係で選べるものだけを選ぶからである。功利主義の主体は必ずしも構造主義の主体以上に行為者であるとはいえない、つまりこの主体が自分のために作られた状況の中でゲームの唯一の可能性をもつにすぎないということが証明されるなら、である。この種の合理性は、ある文化的コードへの従属とまったく同じように強固に決定されている。自然や社会の法則と異なって、経済の諸「法則」は自由選択を強要する。行為者たちが社会的に支配されている場合、出口となるのは、自分の自由を証明するため自殺する賢人と同じぐらい抽象的な一つのオルタナティブである。普通はさほど自殺しないものであり、経済的「欲求」によって押しつけられる拘束から自由に外へ出ることはほとんどまれなのだ。「擬似＝社会的な」この行為者は「過度に社会化された」ライバルとまったく同様さまざまな法則に従属する。(3)

全能の文化を自律した理性に対立させるあまりにも明瞭すぎるイメージに対して、社会的経験の中に完成されざるもの、不透明な何かが存在するということをむしろ強調するのがいいだろう。なぜなら行為者の主観性とシステムの客観性とが絶対的に適合することなどありえないからである。ジンメル流にいえば、全面的な社会化という考えを拒否するべきなのだ。「個人がまるごと社会化されるやり方は、個人が社会化されないやり方にも依存している」(4)。近代の社会的経験を特徴づける異化的な感情を、このことが説明してくれる。個人が「世界の中に入った」とき、定義からして、個人は完全にそれに適合していたわけではない。個人としての自己を見失うなら別だが。いろいろな文化的シンボルがそれ自身にしか回送されない記号であるということが起きてくる。古い言い方をすれば、交換価値を超える使用価値はもはや存在しないとか、社会的関係の背後に客観的な参照物はもはや存在しないということになろう。行為者たちは全面的にコミットするわけではなく、われ関せずという部分を作って、役割や道具的理性が要求するものに対して過度にあるいは不十分なやり方で対応する。

われわれが行った観察からとても単純ないくつかの例を紹介しよう。教師の社会的役割が教師たちのアイデンティティを構成すると長い間考えられてきた。もっと単純にいえば、役割が人物を生み出す。つまり文化的コードと人格との融合である。教師は「本当に」教師だったのであり、その主観性は同時に、職業的使命の表象と同僚たちや行政そして生徒や親たちからの十分に確立された社会的期待によって形作られてきた。せいぜいのところ教師を「演じ」ていたのであり、サルトルのいうカフェのボーイと同じで、他者がそう信じるように自分でもそのことを信じるに尽きていた。さて今日の教師たちが個人的なあるいは集団でのインタビューで示すイメージは、これとかなり異なっている。(5) 教師たちは自分の役割について話すのでなく、経験について語る。というのも話の中心を占めるのは、自分たちがそういう人物ではないこと、全面的な役割への固着によってよりも自分を役割から距離を置いた個人として構成していることである。それはどうしてなのか？　実際にその経験はつながっていない二つの世界の間を、つまり行為の二つの別種の論理の間を揺れ動いている。一方で地位ということについて語り、他者への関係や行動、議論や正当化の様式を固定する一つの組織のメンバーとして語る。他方で仕事のことについて語る。生徒たちの中に、自分の地位の定義に対応するような態度や期待を見いだせないので、この仕事は自分の人格の試練として、つまり私的というよりずっと内密な経験としてこれを生きており、その中での参照基準、他者による認識の基準となるものは地位の次元から分離されている。さらにいえばこの仕事は、そのような地位を忘れ去ることによって、つまりその否定においてしか可能にならないように思われる。それは永遠に解釈し続けることであり、学校の目的、正義の規範に関する内面での社会的議論として、ほとんどルーティン化していない活動として描き出される。したがって、教師の地位が苦しみや価値貶下（「教師は誤解されている」）を生む場合に、この仕事が喜びや苦しみを与える試練として現れても、この仕事について説明する能力のない地位という言葉に移し換えることはできない。反対にこの仕事は、人格の破壊として描かれたり、その地位が防衛的あるいは保護的な様相のもとで要求されることにもなる。一般的にいえば、地位の次元に結びついたイデオロギー的政治的コミットメントは、この仕事の選択に関係しておらず、個人のあまり社会化されていない部分に依存しているように思われる、そちらのほうがより「正当」だとか「合理的」という意味ではないが。(6) そのようなあり方はしばしばこうして生きられているとしても、必ずしも学校制度の危機に結びつくものでない。というのも以上のような二重性もまた、矛盾しあう要求を管理しなければならないシステムにおいて、広い意味で機能的なものとして現れるからであり、その機能的統一性や掲げられる目的性は多様化している。(7) いろいろ考えた末、個人の主観性とその役割の客観性とのある種の分離が働いていると考えざるをえない。この距離は幻想とはいえず、もはや本当の意味で制度として現れてこないような学校での機能作動の一つの様式である。社会化は全面的なものでなくなっており、個人が社会的なものを逃れているからではなくて、その経験が、一致をみないような複数の登記簿に記載されているからである。まさにそれこそが、個人の自律性と考えられうるものを基礎づけている。

もう一つの例について考えてみよう。こちらも同様にありふれたものだが、「ガレー船」[デュベの同名の著書に由来しており、フランスの郊外地区の若者たちが定職に就けず、地域に押しとどめられたままの状況をさす]に乗った若者たちのケースで、若者たちは非常に強いスティグマ(烙印)を受けている。(8) 大都市郊外のこれら若者たちは失業や学業の挫折や一定の貧困の犠牲者というだけでなく、自分たちが生きている地区の悪い評判に結びついたネガティブなステレオタイプ全体に支配されてもいて、人種差別や警察の予測などもそうである。若者の大半が、犠牲者とか不良という役割を内面化しており、自分たちを排除するいろいろなカテゴリーに愛着を示す。若者たちは「疎外」されていて、自分自身の不幸に責任があると自らを考えており、押しつぶす運命の犠牲者として振る舞うという意味である。とくに、学校によって与えられる自身のネガティブなイメージを受け入れる。無能、意志のなさ、「馬鹿」などなど。学校が若者を成功させようと「躍起に」なればなるほど、このスティグマに抵抗するのは難しくなる。要するに押しつけられるスティグマに同調的に自己規定する。(9) しかし全体としてみれば、コントロール装置の実態を適切に記述できるスティグマの理論が、すべて受け入れられるわけではない。というのも、若者の大半が正当にもこのスティグマに抗して自己を打ち立て、それを迂回するからである。最もよくある態度は、同調の行き過ぎによってこのスティグマを無力化することである。若者たちはスティグマにおまけをつける。つまり暴力や非行や、努力の拒否を「やりすぎ」て、スティグマの中身を空にしてしまう。押しつけられた人物像に過剰に同一化し、烙印を押す人びと自身によって「耐えがたい」とか「どうしようもない」とみなされることを目的としている。社会的コントロールの道具であるスティグマは、過剰そのものによってその意味から逸脱し、それを作り出す人びとに逆襲する。この態度はある種の尊厳を再構築することをめざし、外から押しつけられるアイデンティティの諸カテゴリーとは独立した固有の自己を打ちたてようとする。これらの若者たちが鍛える社会的ゲームはとても極端なので、「ありそうもない」ものとなる。ある程度まで、法をかいくぐるようにスティグマをかいくぐるということがある。[10]いいかえるなら、最も絶対的な支配でも行為者たちの経験を、押しつけられる役割へと還元するにいたらず、おそらく社会的にだが、固有の主体性が構成される。

この主体性は純粋に個人的な事柄ではない。しばしば社会運動は怒りによって、押しつけられた役割や利害のカテゴリーや支配へ反対する集合的経験の証言によって進められる。トンプソンがアルチュセールへの回答の中で「人間的経験」というカテゴリーを作るよう提案したのはこうした意味であった。それは、ある社会階級が、与えられる運命に対抗して作り出す、はっきりしない状況や感情の全体を指し示すためである。[11]個人の物質的および象徴的な利害をまとめあげることによってのみ集合的行為者が形成されるだけでなく、システム自らが作り出すものに、すなわち秩序であれ市場であれに、これらが還元されないことを示すことによっても形成される。この意味で社会運動はまさに模範的予言説の一部を含んでいて、そのおかげで行為者たちは、自らを定義しようとする社会的諸カテゴリーを逃れる。ただし当然のことながら、この逃避それ自体が社会的なものでないということを意味するわけではない。

以上でみた二つの非常に異なるケースで、「制度」の機能主義も極端な支配も社会システムのいくつかのカテゴリーの中だけで行為者のアイデンティティを構築するにはいたらない。こうして開いた裂け目は、よりよい適応を保証する、役割への距離として解釈されてはならず、個人が自分の固有の行為を打ち出すべきだという必要性を強調することで、行為の「古典的な」カテゴリーから社会的経験のカテゴリーへ移行する招待として解釈されるべきである。

2　主観性からの出発

社会的経験の社会学の対象は行為者たちの主観性である。この理解社会学は疑いと素朴さの戦略を二重に拒否することを必要とする。つまり完全に盲目の行為者と完全に明晰な行為者というイメージの拒否である。選択したこの立場は、人間的条件に関連した存在論的な公準に依拠しているというより、方法上の必要性に依拠している。というのも行為者たちの主観性、世界や自分自身について抱く意識が、行為の社会学者が利用する本質的な素材だからである。このプランの上に立って、「現象学的」社会学の公準を追求する必要がある。この素材はたえず自らを説明し正当化する行為者自身によって解釈された社会的行動にほかならず、そこにはしばしば、行為者の行動が自動的あるいは伝統的だということがふくまれており、いいかえれば、それらはあるがままのものである、なぜならそうあらねばならないものであるから、ということになる。しかし伝統の世界から、そして行動の自動的と推定される性格から遠ざかるとき、行為者たちはやはり自らを説明し正当化し続ける。そうする時間や暇があるときだけではない。研究者やほかの人たちから問いを投げかけられれば十分なのだ。この点については、最も客観的な事実つまり客観的な諸方法に従って分析する目的で構築する事実もまた、一つの活動の産物だということを思い起こす必要があろうか？　それらが一つの結晶化であり、その社会的生成が忘れられているのだと？[12]

行為者たちの主観性は「生きられたもの」についてのあまりに漠然とした柔らかなイメージと同一視されてはならない。すなわち、社会によって統御された「正当な」人格を表明するとみなされる感情の絶え間ない流れや反映としての意識というテーマを同時に想起させるようなイメージである。これに対し、個人によって表明された自由の感情を真摯に受け取る必要がある。それが「本当の自由」の表明だろうという理由ではなく、それが経験そのものを証明しており、複数の論理を管理する必要性を、そして一つの証拠であり「ドラマ」でもある行為の知覚を証明するからである。もちろん社会学者はこの「証拠」の中にいろいろな「賭け」や社会問題を読み取るだろう[13]。征服者たる自由の感情の英雄的なイメージとは反対に、行為者たちはこの自由をむしろ苦悩や選択不能、選択の結果に対する心配といった形式のもとで経験する。行為者はそれをやはり「否定的」に表明し、自分の計画を通してみられる拘束や障害を非難する。一般的なやり方で行為者たちは主体としての活動を幸せよりも苦しみの中でいっそう自発的に生き、自分の人生の作者でありたいという欲求が、遂行することであるよりも一つの倫理的プロジェクトとなる。

自由という感情による回り道は、経験が言葉で尽くせないものだということ、それが一つの「本質」の表明であるということを意味するのではない。社会的なものに先立ってすでにそこにある存在の「本質」だというようなことでもない。社会学的観点において主体性は、世界の秩序つまりロゴスへの愛着が失われることで生み出される社会的活動とみなされている。このような意味で、経験の領域を近代的な二元論の結果と考えるのはばかげたことではない。それが主体と個人と自然の法則との分離を導入したのであり、主体性という空間をこうやって創造したのである[14]。神の存在は二つの異なるやり方で証明される。まず理性によって、神は自然の秩序と混同される。そして信仰によって、そこでは神が感情的な経験として与えられる。この信仰は純粋に個人的かつ十分に社会的な経験である。したがって予定説へのプロテスタントの信仰は、自己から自己への関係として、苦悩に満ちたあるいは信頼にあふれた経験であったにほかならない。この種の経験は、世界の外にいる個人や聖なるものの世界に長い間とって置かれてきたが、おそらくそのレベルを落とし、「卑俗化」して、共通の社会的経験、熱したというより社会化された一つの経験となっている。

恋愛感情についてこれと似通った説明を展開することもできる。夫婦制度に対抗して長い時間をかけて構築されてきた恋愛感情は、ドニ・ド・ルージュモン［スイスの文筆家、一九〇六―八五］のいうところを信じるなら、非社会的な経験として、極端で破壊的な情熱として現れた。社会に反してしか愛することができず、「自分のために愛されたい」と望み、美しい愛とは不幸なものでしかありえず、生を破壊する短い情熱の一瞬でしかなかった。愛が結婚の中で堕落するだけでなく、それは苦しみの中でしか経験されない……。すべての西洋文学が、希少で社会にとって根本から危険なものとして愛のレトリックや悲壮感を創造してきた。企業と家族との分離、そして夫婦関係に基づく家族の自律とともに、愛はより社会的で平凡なものとなり、とくにそれは社会的に必要なものとなった。というのも、聖別化や経済的制約そして集団の圧力よりも、愛がカップルおよび家族の持続の基礎となるからである。つまりある「感情」が制度の安定性を保証するのであり、いかにして愛が作られ、家族において、それ自身の安定に寄与する感情と利害の経済が創出されるかをド・サングリーが示している[15]。このような発展の効果の一つはまさに離婚率、自由な結合、ひとり親家族などの顕著な増加である。純粋に主観的で間個人的なアプリオリな一つの経験はもはや社会の片隅にとどまっていない。それは日常化し、一つの制度の安定性を支える。それと同時に、愛の感情の社会的テクノロジーの卑俗化が進行する。女性雑誌、「心理＝ショー」［八〇年代フランスで放送された夫婦関係に関するテレビ番組］、夫婦アドバイス、性教育などである。

このようなやり方で、すべてがずっと主観的になり、個人的経験はいっそう社会的になる。経験はより「操作され」、コントロールされ、他者たちの視線にさらされる。しかし同時にこの経験が行為者の目に正当であるとうつるのは、それが「正当な」経験、すなわち一人の人格の表現として生きられる限りにおいてである。

3　社会的経験は構築される

社会的経験は感情や情動を受け取るスポンジのようなものでもなければ、流れでもない。一個の存在や純粋な主体の表明というものでもない。それは社会的に構築されている。われわれが経験について知っていることは、行為者たちによって語られたことであり、この言説は経験の社会的カテゴリーの借用である。ジンメルははっきりと経験の概念を、カント的なアプリオリな概念との類縁性の中でとらえた。「それのおかげで社会が可能になるアプリオリな条件に関する問いを、カントと類似のやり方で位置づけることは容易に思いつくだろう。というのは、そこでもやはり個人的な諸要素が与えられていて、感覚的知覚の場合がそうだが、それらはある意味でつねにお互いに切り離されており、バラバラな諸要素の個々の存在を、はっきりと定義されている諸形式の中で、はっきり決まったルールに従って他の諸要素と関係づける意識のプロセスによってのみ、一つの社会という統一性の中でそれらの総合の経験を作り出す」[16]。いいかえると、社会的世界の概念は唯一で一貫したものと考えられるが、それは自分の経験の作業を定められた諸形式から出発して組織化する個人の作業（ワーク）から生まれる。

社会的経験は事物や感情を指し示す一つの認知的コードを必要とし、利用可能な文化的ストックの中からしぼり出して事物を同定する。ほとんどの場合に経験が純粋に個人的だとわかっても、この個人の目からみて、その経験が存在するのは他者によって認められる限りにおいてでしかない、つまり他者によって適切に確かめられ分かち合われる場合だけだ、ということを妨げるものは何もない。この観点からすると、純粋に個人的な経験とは一つのアポリアである。ここでしばらく宗教的経験に立ち戻ってみよう。一七、一八世紀の宗教的神秘と秘蹟に関するヴィダルの研究は、世界からの解脱として現れる実践や恍惚が現実には非常にコード化された言葉で記入されているのはどうしてかを示している。神が直接に自然をめざすものであるため、すぐれて非社会的であろうとする「言葉」を話す預言者の身体という言語は、社会的な言説であり続け、幾人かの信者たちによって話され、理解されるし、それに固有の儀式や固有のコードを伴っていて、身体のコードかもしれない。[17] 恋愛の言説以上にステレオタイプなものはないということも観察できる。なぜならそこでは、すでに利用可能な言葉しか話さないように選択しており、詩人の言葉やすでになされた告白の言葉などである。あたかも最も個人的な経験が最も使い古された決まり文句の中でしか認められないかのようであり、だからといってそのことが情緒的価値を出し尽くしてしまうことはない。

カッシーラーが指摘するように、啓蒙主義の近代性は理性と利害の支配を祭り上げただけでなく、「正直な」感情や情熱の支配をも打ち立てた。[18] この理性の権力が、道具的合理性の形態のもとで広がったのと同様に、個人の文化的自律性を強め評価する個人的経験のコードも発展した。今日では、心理学的な言説の陳腐化や、それほどの広がりはないが、社会学的言説の日常化が経験のある種の文法を提供している。たとえば個人の表現として生きられている職業が、どれほど人間科学のカテゴリーを通して他の人びとに与えられているかをみるには、一団の教師やソーシャルワーカーたちのいうことを聞けば十分である。精神分析学的言説は自己流のありふれた表現様式を生み出し、たとえば無意識への言及がこうした表明の鍵の一つとなっている。「この手の」言い草、意識されない心的メカニズムの存在を仮定するような公式こそ、最も単純なコードの一つである。この言語をある程度習得すると主張するのは、ソーシャルワーカーの顧客たちまでだということはない。しかし、それは対話の相手となる人びとにとって自分を信頼できるものとするためにほかならない。科学的言説（これらのケースでは科学的だと想定してのことだが）は、自己自身の表象を組織化する一つの方法として、行為者たちがこれを自分のものとするが、この組織化は「客観化」と「投錨」という二重のプロセスによってなされる。自生的な認識や自己表現のカテゴリーといった鋳型に自己の表象を流し込むプロセスである。[19] 最も個人的な経験は、その証人となる社会的カテゴリーから取りはずせない。

4　社会的経験は批判的だ

ここでは、研究者としてなしうる次のような最も明白な観察から出発しよう。社会的行為者たちというのは、自分のやっていることを説明したり、なぜそうするのかを説明したり、自分を正当化ようとして、「暇つぶしをする」。こうした活動は実践の泡のようなものではなく、インタビューのような「人工的な」状況の外でも生じてきて、会話や情報交換の大半を組織化する。このような点に立つと、実践を「説明する」必要性に関するガーフィンケルの根本的な指摘に同意するしかない。一方でボルタンスキーとテヴノは、さまざまな価値がもはや自明でなくなり、「超越的」でなくなるやいなや、非常に多くの状況や相互行為においてそうした価値がたえず定義し直され作り直されることを正しく証明した[20]。同意や妥協が構築される批判的な活動が行われている様子をみるのに「緊張した」状況だけに興味をもつことは、不可欠だとはいえない。よくみられる日常的なある種の「政治哲学」を使うことで批判的活動がなされる。実際に、行為者とシステムとの一体性から遠ざかれば遠ざかるほど、共有された準拠となる世界が多様化し、個人は「熟慮する」よう強いられる。

正当化という基本的な実践の中で諸個人は、その固有の経験と距離をとり、判断し、ケースに応じて動員される多少とも潜在的な規範に訴えようとする。個人が自分の経験に意味を与えようとして、弁明したり正義や正当性や真実の基準に訴えて議論を行うよう強いられていると感じさせるには、質問を投げかけてみれば十分である。もしくは会話の流れに任せて質問が出てくれれば十分だ。このような活動の中で規範の本来的な役割は、経験に批判的次元をもたらすことだ。というのも個人は自分の経験を、他者の経験や状況の中に現れる規範的議論との関係でしか判断できないからである。

いいかえると、行為者たちは直接に愛着したり純粋に証明したりする中で生きているのではないということだ。

行為者は自分自身への距離をいつも作り直しているからだ。反省的作業は、完全にはコード化されておらず予見できない状況の中に自分がいるのだと気づいたときいっそう強まる。教師たちのケースに戻ろう。成績をつけるというような作業はある決まりを単純に適用するとされることからほど遠いもので、「手探りで」なされる多くの訂正の中で得られる距離がそのことを示している。しかし成績評価が主観的だといってはまったく前に進まない。なぜならこの主観性は孤独な熟慮として現れ、その際に教師が多くの平等性の基準を用いるからである。すなわち生徒の出来ばえや努力、クラス全体のレベルの評価、点数のもたらす帰結についての考慮などに結びついた基準である。(21) これらの操作が効果的であろうとするには、いつも頭の中に現れている必要はない。実際に、ほんのちょっとした仲間での打ち合わせやクラス会がいろいろな争点を表に出す。このとき各自が自分のことを弁明したり、用いている基準を見直したり、各自の実践の正当性をふり返るよう促される。これら実践が見かけは平静でも、行動をたんなる日課や役割の適用に還元することを禁じる緊張感に依存していることはほとんど言をまたない。各自は「なんにもならない」ような議論に苦しむかもしれない、最も一般的な原理に向かって「はい上がろう」とするしかないからだ。また同様に沈黙も悩みの種となる。その沈黙はある種の偽善や侮蔑となったり、まじめなプロがいないことの表れだと思われるかもしれない。

人びとは、役割と考えられている行為から遠ざかれば遠ざかるほど、社会的経験へ、多様な論理によって構造化された行動へと向きを変えることになり、このような反省が大きくなるといっそう考えるようになる。取り上げた例でいうと、成績評価の基準の多様性がますますオープンにそして矛盾するものになり、教師の身分だけではこの仕事を定義できなくなり、学校にとってほとんどふさわしくないような、いっそう自律したいろいろな「機能」を引き受けることになる。人間教育、職業訓練、エリートの選抜などである。

必ずしも批判的である必要はないが、永続的な批判能力の基礎となる反省力を明確にするには最も闘争的な行為の諸形態を考えても役立たない。しかしながら、この批判が最も強まるのは社会運動の中においてであり、行為者たちが社会組織に抗議するために自らの経験を前進させるときである。もっと正確にいうと、社会組織を生み出している支配に抗議するために。経験の社会学は各個人を一人の「知識人」として、世界に対する自分の関係を、いずれにせよ一定程度にであるが、意識的にコントロールできる行為者として考えるよう促す。

5　経験の社会学の諸原則

社会的経験の社会学は経験を行為の論理の組み合わせとして定義することをめざす。この論理は行為者をシステムの諸側面それぞれに結びつける。行為者は、行為の異なる論理を区分するよう求められ、こうした活動によって生み出されるダイナミズムが、行為者の主観性と反省とを構成する。社会学的対象として経験を定義することは、分析の以下の三つの原則を想起させるが、これらは主としてウェーバーから借用したものである。

a　社会的行為は統一性をもたない

ここではウェーバーの立場が中心に置かれるが、その理由は、彼が「有意味的な」行為および理解社会学の理論家であるからだけでなく、多様な行為の類型学を提案したからでもある。彼によれば行為の一つのシステムとか一つの論理は存在せず、ヒエラルキー化されていない複数性がそこにある。

次の四行為の有名な区別がいっぺんに「純粋な」意味の複数性を導入する。伝統的行為、手段に関して合理的な行為、価値に関して合理的な行為、そして情緒的（感情的）行為[22]。これらの類型のそれぞれが、個人が追求している目的性に一致する固有の論理によって特徴づけられる。そしてウェーバーの解釈者たちが手段に関して合理的な行為だけを、それが最も「近代的」な行為であると同時に最も容易に「理解」できるという二重の理由から選び出したわけだ。それが最も意識的なものとして現れるからという理由で[23]。トゥレーヌがはっきり指摘しているとおり、「もしウェーバーがモーゼを尊敬していたとしても、彼はマキアヴェリしかうまく理解できないだろう」[24]。さてこのような解釈は非常に議論の余地がある。その理由は少なくとも三つある。

ウェーバーによると、行為のこれらすべての論理が「有意味的」である。伝統的行為は、ほかのタイプと同様、行為者によって主観的にめざされる。行為者が「めざす」国家や共同体について述べられたページが示すとおり、伝統的行為がより自然だとか、より自動的だということはないのである。感情的行為だけが社会的行為の限界に位置するとウェーバーによって考えられている。それは行為にも反射にも近いもので、「有意味的に意識的なやり方で方向づけられるものをしばしば超えて、限界に」ある[25]。

次に、ウェーバーのいくつかのテキストが、この類型学のまさにドラマチックなバージョンを、個人が複数の論理の間で引き裂かれていることを強調しながら示している。一方で責任倫理と心情倫理との緊張関係についての有名な分析、他方で「ユダヤキリスト教的パトスがうまく隠蔽してきた」「神々の戦い」についてのやはり有名な分析。これらがはっきりと意味するのは、再調停が可能ではないということ、世界と同様に行為が分裂しているということである[26]。古き世界の統一性の破壊は価値の戦いを当たり前のものとし、行為者にとって内面的なものとなった。世界の脱魔術化に伴い神々との和解はもはや存在せず、生はもはや全体的なものではなくなり、「生によって満たされていると感じる」ことはもはやない。このプロセスが「自由でいることの義務」を生み出したが、それは価値の多様性と行為の分裂を認めることにほかならないだろう。プロテスタンティズムの倫理は個人の道徳として、「倫理的合理化」のプロセスに刻まれており、「内面的」道徳原理を保証するが、伝統的道徳のほうは共同体の表現であった[27]。合理化は自律的な論理によって担われる「純粋な」諸領域から徐々に離れていく。ウェーバーがトルストイを取り上げたのは、科学が「本当の自然」や「本当の幸せ」について何も語らず、われわれは何をなすべきか？という本当に関心のある唯一の疑問に答えてくれないということを説明するためであった。

要するにウェーバーの宗教社会学は、多様な論理の間の「緊張」というテーマに集中している。さまざまな予言主義とその日常化との緊張、信仰と資本主義との決して完全には解決しない緊張など……。各行為者は異なる論理を採用し、脱魔術化の悲観論とならんで道具的理性が支配し、行為のさまざまな類型に関するより分析的で演劇論的なイメージが存在する。「価値の多様な次元が世界の中で対立しあい、はてしない戦いを繰り広げる」[28]。このような理論の背後で、信仰と理性が対立し、一連の反目が現れる。カリスマと合法的で合理的な正当性との反目、確信と責任の反目、国家と資本主義の反目……。

私たちはウェーバーの行為の類型学を再び取り上げるのではなく、トゥレーヌのほうをよりはっきりと採用しよう。とはいえそれがしばしばウェーバーの類型に負っていなくはないのだが。しかしわれわれにはウェーバーから、行為のヒエラルキー的でない分析的多様性というアイデアを借りる必要がある。問題となる神々の闘いは、悪魔と善良な神との道徳的な争いとしてではなく、行為の自律的で明確に区分される諸論理の間の戦いとして、われわれ一人ひとりの内面に存する。それは脱魔術化された闘いそのものである。ハーバマスがいうように、真、善、美は分離し、さらにその上それぞれについて、認知的判断、規範的判断、表出的判断の範囲［レジスター］が分離している。もう全体的な合理性もなければ社会的なものの統一性もないので、古典的社会学のいう行為は経験へと変化している。

b　行為は社会的諸関係によって定義される

社会的行為は行為者たちの規範的文化的方向性によって定義されるだけではない。「『活動』という言葉で人間の行動（対外的なものか内面の行為か、怠慢か辛抱かはあまり重要でない）を意味し、他の人びとや組織などが行為者に、ある主観的な意味をコミュニケートする場合に限ってこの言葉を使用する。そして、『社会的』活動という言葉は、ある一人のあるいは複数の人物や組織が他者の行動に関係をもち、それとの関連でこの活動の展開が方向づけられるものをいう」[29]。行為は社会的諸関係の性質によって定義される。一つの行為は主観的な方向づけでありかつ関係である。これら両者の間にはたんなる対応以上のものがある。方向づけが展開するのは、それに対応するタイプの関係の中だけであり、しかも補足的なやり方で、あるタイプの関係があるタイプの方向づけを必要とする。この二つの次元が結び合うことで、行為の一つの論理が構成される。社会的諸関係の固有性はウェーバーが「勢力（puissance）」と呼んだものの中にある。というのも行為が社会的であるのは、それがつねに多少とも直接に他者をめざす点にあるからだ。権力は一つの属性であるのみならず、社会的ポジションに依拠することのできる一つの関係であり、ある関係が均衡するということは現前する諸権力の間の均衡にほかならない。このような理由から、社会的諸関係はウェーバーによって正当性の用語で定義された。すなわちすべての関係に結びついた勢力を受け入れさせる直接には暴力的でない能力としてである。社会秩序は純粋な拘束を利用するのでもなければ、契約でも、機能の配置でも市場でもない。この最後の市場は「模範性と義務の原理のおかげで主張されるもの、すなわち正当性と私が呼びたいものに比べて比較にならないほど不安定」である[30]。

それゆえ伝統的行為はある形態の正当性から分離できない。合理的行為が合法的で合理的な正当性との関係の中で手段に対して合理的であるのと同様である。この対応関係はカリスマ的正統性のケースではそれほど明白でない。これはしばしば感情的な行為に結びついたり、価値に関して合理的な行為に結びついたりすると思われる。しかしながらカリスマについてなされた分析は第二の解決策へと向かう。たとえカリスマが感情を動員しても、カリスマ的リーダーの本当の特質は、自分自身以上のもの、個人の美徳以上のものを具現する能力にかかっている。それが宗教的、国家的、道徳的、美的な新しい秩序を、ただしつねに革命的な秩序を基礎づけることのできる価値である。「ある大義、その支配者である神あるいは悪魔のために情熱的に献身すること」[31]であるカリスマは、「ある人物もしくはこれによって明らかにされ放たれる諸秩序がもつ、聖なる性質あるいは模範的な価値へ尋常ではないやり方で従属すること」[32]をもたらす。

経験を構造化する基本的な諸論理はそれゆえ規範的方向づけだけでなく、社会的諸関係によっても定義される。事実、行為の方向づけとそれが刻まれている社会関係のタイプは、同じ全体の表と裏である。個人がコミットしている諸関係の性質を決定するのは、行為者によって生きられる意味ではないし、これらの関係が行為の意味を固定するのでもない。これら二つの分析的要素が一緒に与えられ、同じ一つの論理の中で同時に現れる。行為に意味を与えるとは、同時に、ある立場を他者に帰属させることである。

c　社会的経験は一つの結合である

社会的経験の分析は以下の三つの重要な知的操作を要請する。

まず第一は分析的次元のものである。これは、個々の「具体的な」経験の中に現れる行為の諸論理を分離して記述することをめざしている。ウェーバーの言葉を借りれば、私たちはこういえるだろう。一つの経験が行為の複数の理念型を結びつけており、この理念型を区別することが重要である、と。その際に、これらは同一の社会的経験の中に完全に混ぜ合わされており行為者たちはすべてを受け入れる。一つの社会的経験が行為のある一つの理念型に同定されるチャンスはほとんどない。

第二の操作は行為者の活動そのものを理解することをめざす。つまり行為者がこれら多様な論理を結びつけ切り離すやり方を理解することだ。この観点からみると個人はつねにある意味で何かと何かの間にはさまれ、一つのミックス空間内に、複数の論理の中間にいる。行為の理念型を知的に構築できるとしても、経験の理念型というものは存在しえない。ウェーバーの概念を喜んで用いるなら、社会的経験はつねに歴史的構成物であり、「理念型」の結合によって形成された「歴史的タイプ」である。レイノーが強調するとおり、「純粋」理念型が反弁証法的で無矛盾的である一方、歴史的タイプは複雑つまり矛盾したものでありうる。(33)

第三の任務は経験からシステムへと「さかのぼる」ことであり、行為者が個人レベルでも集合レベルでも社会システムのさまざまな論理を総合し触発するやり方を通して、これら論理がどのようなものであるかを理解することにある。社会システムは社会的行為の産物にすぎない、つまりゲーテのいうように「はじめに行為ありき」だと考えることができるにせよ、行為のそれぞれの純粋な論理が完全には行為者に属していないとみなさざるをえない。それはまず、この論理がある種の一貫性を含む、つまり合理性の一定の拘束力をもっていて、行為のそれぞれの論理の中ですべてが可能になるものではないからである。もう一つの理由として、この論理が社会システムの性質によって「決定されて」おり、そこへ送り返されるからである。社会的諸事実は行為者たちとその経験を媒介にして到達できる。

II　行為の諸論理

古典的な社会の観念が弱まると、社会全体が内在的な一貫性の原理によってもはや構造化されていないから、システムの三つの大きな類型（第2章を参照）によって形成されていると考えられるようになる。第一は統合システムで、長い間「共同体」と呼んできたもの。第二は競争システムで、単一あるいは複数の市場のことである。市場の概念がここでは経済だけの領域を超えている。これら要素の最後が文化システムで、人間的創造性の定義は伝統や功利性に完全には還元できない。もっと具体的に語るなら、あえて大雑把になるが、一つの社会構成体が一つの「共同体」から、一つの経済から、一つの文化から構成されているといえよう。これら要素のそれぞれが固有の論理によって担われ、特定の領域と空間において定義される。一般的にいえば、共同体が国家レベルだったり、ローカルあるいは「エスニック」だったりし、市場は国際的であり、文化は今日、個人個人のものである。たとえばフランス社会は、一つの国家的「共同体」と一つの経済と一つの文化を「自然に」統合する一つのシステムだとはもはや考えられない。これらすべての要素を結びつけようとする政治的で「意図的な」能力によってのみ存在する。この点で、社会の概念について当てはまることは、組織の概念についても同じである。それは「自然な」一つのシステムというより一つの「構成物」である。

各社会経験は行為の三つの論理の結合から生じる。統合、戦略そして主観（体）化である。個人であれ集団であれ各行為者は必ず行為のこれら三つの登記ファイルを採用し、行為者のめざすオリエンテーションと他者への関係を概念化するやり方とがこれらにより同時に定義される。したがってまず、統合の論理において行為者はその所属によって定義され、このとき一つの統合システムとみなされている当該の社会の中で所属を維持し強化しようとする。戦略の論理で行為者は、市場「として」概念化される一つの社会の中で自分の諸利害を概念化してこれを実現しようと試みている。社会的な主観（体）化の登記ファイルの中で行為者は、一つの生産および支配のシステムとして定義された社会に向き合った批判的主体として自らをイメージしている。

行為のこれらの論理のそれぞれが、古典的な社会の概念の中に混在していた各要素へと送り返される。実際に国民国家としての社会は、一つの共同体、一つの市場、そして一つの文化が混ざり合うまで結びつける能力をもっていた。今日ではこれらの要素が分離したために、それらが対応していた行為の諸論理をわれわれが区分する必要が生じたのである。しかし社会構成体の全体が、以下の能力の共存によって定義されることには変わりない。すなわちわれわれを「よそ者たち」に対立させる共同体的な統合の能力と、規制された競争のシステムと、批判的な能力や自発的な行為を定義する一つの文化との共存である。

行為のこのようなタイプ分けはトゥレーヌの著作からまったく直接にインスピレーションを受けている[34]。行為のこれらの論理のそれぞれが、もっと単純な分析的要素へと分解される。アイデンティティ（同一性）、対立性そして全体性という原理である。この三つの中で行為者は、自分自身について、他者との関係の性質について、この関係に賭けられているものについて定義を行う。アイデンティティ（I）／対立性（O）／全体性（T）は社会運動だけの専売特許ではなく、もっと広い射程をもった分析用具である。トゥレーヌから借用した行為の三つの論理だが、ある一点に関して彼の影響を外れる。すなわち実際に私は、これらの論理がとても広い範囲で自律的であり、それぞれの社会関係タイプの中で必ずしも相互にヒエラルキー化していないと考えるようにしてきた。しかもまさにこの理由で私は「行為」よりも「経験」という言葉を用いたいと思う。これらの論理のそれぞれの自律性をよりはっきり強調するためである。トゥレーヌがこの点で忠実であり続けている古典的社会学は、行為の諸論理が相互に必然的な関係を保っていると主張するが、これとは反対に、私はむしろそれらのつながりが、われわれが今いる社会的知的時期にあっては偶然的であると考えている。すなわち古典的社会学の時期、つまりそれに結びついていた「社会」という表象の時期のあとにわれわれはいるのだと。

1 統合

この行為の論理［統合の論理］は古典的社会学のものであり、トゥレーヌが「組織のレベル」と名づけるものに、すなわちあらゆる社会において作用している統合のさまざまなメカニズムに対応しているが、だからといって「社会」全体と同一であるわけではない。

a 統合的アイデンティティ

行為のこの登記ファイルにおいては、行為者のアイデンティティがシステムの統合の主観的な側面として定義される。アイデンティティは行為者が、役割を通して制度化された価値を内面化したときのやり方にほかならない。個人は他者に対して、自分の所属、ポジション、自分が生きている何かによって自らを一個の「存在」として、しばしば相続物として定義し、自身を「プレゼン」する。行為のこのような登録ファイルの中で人物は社会的人格に最も近い。幼少期の、子ども時代の、そしてより深い社会化を通じ、個人は他者の期待を自分のものとし、このアイデンティティが言語、国家、性、宗教、社会階級にかかわる場合には、ある種の自然にさえ変形する。生まれるや個人に多くの要素が与えられ、彼はそれを身に着けるというより自分の中に取り込む。「ベースとなるパーソナリティ」という概念が意味をもつとしたら、行為のこのレベルにおいてであり、個人が基本的な社会的コードを内面化し、さらにその破壊、あるいは告発を、自身の存在の安定した核にまで到達する奥深い脅威として生きる。この観点からみてアイデンティティは一つの属性として生きられ、それのおかげで行為者が社会的存在として構成される、社会的属性である。

　アイデンティティは、これらの最も奥底にある形態において、歴史として、台座として生きられ、その手前にあるのは野蛮か死だけであろう。どんなに近代的であれ、われわれは誰しも、名前や系譜関係、家族的伝統の幻影に非常に深く埋め込まれているので、「第二の自然」であるようないくつかの価値への愛着といったものを通してのアイデンティティ形成のかたちを逃れることはできない。しばしば統合的アイデンティティは意識のふちにとどまっている。個人の自我は自分の役割やポジションの表象にほかならず、身体や言語に具現し身体化されている。自分にとって非常に親密な関係の中に具現されているので、可能であれば、内省するだけで、いわば分析的な作業がこれを意識に上らせることができるほどである。

b　彼ら／私たち

　ミードが観察しているように、私たち（We）抜きの自我（me）は存在しない[35]。さまざまな集団や共同体が、自我をわれわれの中に固定する儀礼を作り上げている。自我を構造化するのがわれわれである。とくに通過儀礼について考えてみよう。それは個人に新しい身分を与える儀礼で、新しい人格、再生でもある。『死、サラ』の中でジョーランは、新たなアイデンティティを与えられて社会によみがえるため、子どもたちが大人になる際に名前までも失って、言葉を忘れたふりをするという、こうした儀礼の一つを描いている。[36] もちろんそうした性格の諸儀礼は、これほど「はっきりした」ものは近代社会から消滅したが、非常に弱められた代替物がいくつか簡単に見いだされよう。新入生いじめをする若者たちだけに認められる悪ふざけへの寛容さから、「家族での会食」など……。通過を示す儀礼がもはや本当に問題でないとしても、これらの機会や儀式は統合的なアイデンティティを再活性化している。自分の来歴における断絶、たとえば思春期の断絶や移民による断絶は、系譜的なつながりの危機を明るみに出し、非常に暴力的な心の傷を生み出すので、諸個人はこれらの根っこへのつながりを失ったら新しい社会に生まれてくることができないだろう。

ホガートの言葉を借りれば、彼らと私たちの対立は統合的アイデンティティに結びついた社会的諸関係の性質を示している。[37] この関係の初歩的な形式は内集団（in-group）を外集団（out-group）に対立させることで、その違いと距離をたえず主張することの中にしか存在しない。統合的アイデンティティはこの関係の中でしか維持されず、これを「必要」とし、同時にこの関係がアイデンティティを生む。他者は差異と異質性によって定義される。この現象を明らかにするのに何百という観察や分析をもち出すことができる。性の区別は対比の中にしか存在しない。国家のリアリティは差異とそのステレオタイプの中にしかない。ある組織の中のいろいろな役割は、他の組織との距離を示す象徴的な印を通してしか維持されない……。複数の共同体は、平和に共存しているときでさえ、視線を相互に交わすことによってしか維持されない。若者たちのグループの安定は、他のグループとの出会いで多少とも熱い対立を作り出すことにのみ負っている。やくざの集団はギャングらの「抗争」を必要とする。たとえ冷たい争いであってもだ。

彼らと私たちとの関係が統合の論理の中に刻まれるためには、はっきりと敵対的である必要はなく、統合的アイデンティティを維持し強化する一つの差異を認知することでこの関係が働いていれば十分である。しかしとてもよくあるように、闘争が個人の所属感情を強め、その結果、統合やアイデンティティを強化する。表出的なリーダーは、内部の緊張を抑え他者との境界線を維持する能力によって、共通感情のまわりに集団の統合を確保する。社会的諸関係はこの観点からとらえられ、たとえばアルヴァクスによれば、社会階級が距離の関係によって定義され、最も評価される活動とはこの距離をはっきり表示するもので、個人の所属感情を接合するのだとされる。[38] 生活様式が同一性を得て維持されるには、差異とヒエラルキーを作り上げる必要があり、良い趣味と悪い趣味の階梯を作り出し、このヒエラルキーを確立して個人をつなぎ合わせるいろいろな集まりを必要とする。統合の論理では、各レベルがつねにバリアとなっている。社会生活の中心部にあまり近くなければ、よりいっそう「素材のほうへ向かう」ので、アルヴァクスがデュルケームの考えをこの点で敷衍しているように、被支配的グループが最も共同体的性格をもつ。

いくつかの儀礼そのものがこうした言葉で解釈できる。つまり集団が自分たちの中にある「不純」なものを追放し、集団の統合を新たに強めてくれる敵を作り出す。[39] 各集団が現敵を「作り出す」ことを可能にするには、現実の敵をもつことが不可欠ではない。これこそまさに供犠の羊の機能であり、より広くいえば、懲罰の機能である。デュルケームが述べているように、根源的な差異を作り出すことで、罪人への懲罰が、この犯罪によって傷つけられた集合意識の再強化を呼び起こす。[40] したがって、懲罰を説明するのは犯罪そのものではなく集団の統合を保証する必要性であり、これに対応する形で、各自のアイデンティティが確保される。

c　価値

統合の論理の中で、文化は価値という言葉で定義される。この概念は特定の社会学的観点に依拠するだけでなく、デュルケームの宗教理論がその最も完成された形態と思われるが、統合の論理の中に位置する行為者たちによって採用されている視点でもある。この方向性の中で諸個人は社会を一つの建物のように表象し、共通の価値がそれを解く鍵となる。個人のアイデンティティが脅威にさらされると、直接に危機が訪れる。社会的な価値についた「傷」は事実上、各自のアイデンティティの傷となる。文化はアイデンティティの支えであると同時に道徳である。最もありふれた意味での、つまり保守的な意味での道徳であるが。

統合の論理は現実にはかなり狭小なものである。なぜなら文化的対象がこの視点では、定義上つねに多少なりとも「世界の外」に位置する一つの理想として、世界を批判することを可能にするような理想として現れないし、競合的な関係の中で動員可能なイデオロギー上の資源、すなわち資本としても現れないからである。おそらく文化とは同時にこれらすべてであり、意味のこうした多様性がさまざまな論争を引き起こしてきたことは周知のとおりである。たとえば宗教は、制定された価値の全体、すなわち社会についての聖なる表象、主体に関する倫理的な定義とみなされ、あるいはまた現実のリアリティや社会的諸関係を覆い隠すイデオロギー的リソースだともみなされることができる。(41) これらの概念のいずれか一つが他の二つを無効にできないし、また他の二つを含みこむこともない。「すべてがそれぞれ全部の中にある」という平板な主張をする折衷的立場をとらなくてもそういうことができる。というのも、宗教の定義は実践でも社会的経験においても、まさに行為のときを迎えている行為者たちによって動員される行為の論理に依存しているからである。同じ「価値」が社会的交換の流れの中で多様な論理や合理性に従って用いられうる、ということを観察するのは非常にありふれたことである。もっとほかの例を選んでみよう。

そこでしばらく学校に戻ろう。平等性の価値がそこでは「共和主義的」教師のアイデンティティの一つの柱として現れる。それは彼（女）らと私たちの間の境界をなぞり、賞賛され、儀礼化される。しかしまさにこの同じ価値が、行為者たちによって、学校に対する批判の結節点として編み上げられうる。それは結局、一つの資源もしくは奸計として動員されることになり、この平等を利用してやろうとする人びとの戦略に結びつく。つまりそこから利益を引き出そうとするのだ。相対的に安定したレトリック上の諸形式の中に客観化される「価値」の意味作用は、それが書き込まれているとはっきりとわかるような行為の論理のみに依存する。統合の論理において行為者は、秩序とアイデンティティを一緒に保証する一連の価値として文化を解釈する。以上のようにとらえられた価値が権威に、すなわち「勢力」へと直接に送り返されるのは、こうした理由からである。その勢力とは、全体の統合を維持する能力を体現している社会的立場に結びついている。

d　危機の行動

行為のそれぞれの論理には、「病理的な」側面があり、観察者の視線にとっていっそうクリアにこの論理が現れる。そこではこの論理が事物のもつ明証性を失う。たとえば統合の論理は、危機の行動に関する社会学の中でたいへん鮮やかに現れる。

古典的社会学全体が、アノミーや社会の組織崩壊といったテーマでこの観点を幅広く展開してきた。[42]「病理的な」社会的行動は社会化の欠落によるものと解釈され、これ自体がシステム統合の欠落へとさらに送り返される。たとえば青少年非行についてのシカゴ学派社会学者による研究は、この逸脱が社会化の危機から生じると説明する。それは一般に、個人の経験の組織化を崩壊させる移民という来歴に結びつく。いままでのアイデンティティ形成を破壊し、だからといって新しいそれを個人に提供できない。しかし統合の論理は「病理」だけを説明するのではなく、行為者たちの反応も説明する。ギャングたちは連帯のつながり、強固な所属を再び作り出そうという一つの試みである。ギャングたちは情動的な安全と仲間への信頼を与え、諸個人を結び合わせる目的で他のギャングたちに敵対的な関係を保つ。[43]

集合的行為の社会学における危機のパラダイムについては、すでに述べた（第1章を参照）。すなわち行為者たちはアイデンティティが組織崩壊や社会変動によって脅威にさらされるときに立ち上がるというパラダイムである。認知的不協和の理論がこういうタイプの行為の深層メカニズムを明らかにするかもしれない。統合的アイデンティティは自己を維持するために、このアイデンティティを防御するという原則に従って世界を知覚しようと努める。したがってそれは直接に「価値」へ訴えかける、つまり統合の諸原則それ自体についての表象へ、最も安定して交渉の余地が最も少ないと思われる価値にである。変形と否定の特殊な作業という犠牲を払って行為者たちは、変化する環境の中で自らのアイデンティティをなんとか維持することになる。(44)

統合の論理が古典的社会学を支配しており、たとえ私たちの引いた例がこのモデルからの借用であっても、この論理が行為者の求める一つの合理性であるという事実には固執せねばならない。行為者が社会やそして自分自身や他者に関して採用するのがこの視点である。統合のこのようなエコノミーによって打ち立てられた主観的活動が問題であり、その中で自分のアイデンティティの連続性を維持するため諸個人は世界の維持や変化をめざす。そこで、確かに、諸個人の考える自然発生的な社会学が、知識人の社会学にとても近いということがしばしばおきる。アイデンティティの危機と防御という言葉で行動を説明することは、統合的な自己同一化が脅威にさらされるときに発生する、社会的経験についての共通の言葉を分かち合うことである。価値の危機、没落、死、アイデンティティの防衛、アノミー、これらのテーマが編集者たちを潤し、カフェやサロンでの会話を勢いづかせる。社会学の要綱について書かれたいくつもの本よりずっと強く。

2　戦略

戦略の論理の中では、行為者のアイデンティティや社会的諸関係やその賭金は、この観点を分析の中心原理として採用する社会学においても、この視点に立場を置いた行為者たちによっても、たいへん異なったやり方で定義される。

a　資源としてのアイデンティティ

社会的アイデンティティは統合という観点からとらえることもできるが、社会がもはや一つの統合されたシステムとしてではなく、競争的な領域としてイメージされるようになるやいなや、行為者たちにとって一つの資源としても構築される。市場はそうした領域の一つの「純粋な」姿である。しかし他方で、この論理は経済的交換の領域に関するだけでなく、社会的活動全体に及んでいる。

行為者はそのアイデンティティを、ウェーバーが使った意味での地位（身分）という言葉で定義する。次いでそれは階層の諸理論に取り入れられ、地位は個人の相対的な立場を指し示すようになった。つまり個人が他者たちに対し、この立場に結びついた資源のおかげで影響力をもつ「チャンス」である。長い間、アイデンティティのこの構成要素は、達成というテーマの下に近代性そのものに同一視されてきた。組織や官僚制や学校の中で確立された競争のルールに沿って地位を得るということであり、あるいは経済的および政治的市場での地位である。しかし社会的アイデンティティのこの形態の定義を拡張する必要がある。なぜなら現実にはその「内実」において、統合的アイデンティティから区別できないからであり、資源としてのアイデンティティは後者すなわち統合的アイデンティティ、資産と「存在」を、競争という関係の中で資源という観点から利用する。この観点では、社会的な自己が一つの手段として機能する。ブルデューが正鵠を射たようにハビトゥスはたんなる「存在」というだけでなく、一つの戦略的資源でもある。だからブルデューによれば、戦略と統合という二つの次元は絶対的に混ざり合っており、戦略がそれ自体で一つの統合的アイデンティティであるが、われわれは反対に、自己の定義のこの二つの様式が別々であり、それが置かれている行為の論理との関連で異なる意味をもつと考える。

アイデンティティの一つの論理から別のものへと移行することは、移民系の若者たちの「エスニシティ」に対する関係によって明らかになる。一方でエスニックなアイデンティティが、自己に関する一つの定義として表れ、それは奥底にある存在であり、系譜への忠実さである。国籍の変更は家族への裏切り、そして多くの場合、自己への裏切りである。[45] 移民というプロセスそのものがこのアイデンティティを脅威にさらし、弱め、バラバラにし、負の烙印を押す。若者がこれこれのアイデンティティ「デアル」と同時に、それを再構築し、一つの文化そして明確な肯定の中で客観化すると、若者たちはこのエスニー〔民族的な共通性〕を「エスニシティ」へと変換し、集合的行為の一つの資源として利用するが、それはたんなる自己同一化の手段にとどまらず、その地域の政治的マーケットへと近づくための道具としても利用する。こうして競争や交渉のスペースの中でも自己を肯定するのだ。[46] もはや労働や組合運動を通って政治活動に入るのではなく、文化とエスニシティを通ってアクセスする。アイデンティティのこれら二つの論理は無関係というわけではない。しかし混同してはいけない。なぜなら統合のアイデンティティが強ければ強いほど、政治的に道具化されることはなくなる。それが政治的エスニシティに変化するのは伝統や自分の根っこからすでにかなり隔てられてしまった若者たちの場合に限られる。そうした伝統は若者に距離をとらせ一つの資源として役立つことができる。一般的にみて、アイデンティティを求める運動は、アイデンティティを一つの賭け、そして資源とするのだが、アイデンティティが自明的に成り立っているところには生じない。変化が作用するのは、すでにそこから隔てられ、完全にはその中に包み込まれていない行為者たちのところでなのだ。

統合的な行為の「動機」が所属の強化や確認や再生をめざす一方で、戦略的行為の「動機」は、「競合的な」諸目的をめざす、限定された合理性によって影響を受ける。いずれの場合も行為者たちの「抽象的な心理学」は同じものではない。戦略はある種の道具的合理性、行為そのものの功利性を含んで、状況によってオープンになったチャンスの中で追求されるいろいろな目的性に手段を与えようとする。だからといって、「即自的な」個人が、予期されるコストと利益を計算する、功利的なアトムとして考えられるということを意味するのではなく、この視点から状況を解釈しながら自らをこのポジションに位置づけ、その視点からこれを説明できるということである。行為者によって採用される姿勢は、凡庸な道徳性の背後に隠された人間学的リアリティを裸にすることではなく、行為のさまざまなありうる論理の一つである。[47]この行為の論理が「関与する」としても、経済という一つの領域に還元されるのではなく、それゆえさまざまな社会的実践の一つのレベルあるいは一つの領野に対応しない。モスコヴィッシが分析した活発な未成年者たちの戦略のことを考えてみよう、あるいはもっと一般的に、ゴフマンによって描き出された相互行為のことを考えてみると、その中では他者が、「ナルシス的な」有用性という諸目的のために用いられる一つの資源や手段として現れる。[48]

この視点からみると、システムの統合はそのレギュレーションによって置きかえられ、ゲームがずっと可能であり続けるようにそのルールを維持する必要性によって置きかえられる。礼儀作法や集団所属はもはや一つの規範ではなく、よく理解された利害の一形式であり、目標の追求にとって必要な一つの条件である。たとえばゴフマンは、体裁（self）を維持するために出口を確保しておくこと、ゲームを拒否する可能性、面目を失わずにゲームに負けることの重要性を示している。この礼儀作法は特別な習得によって生まれるもので、一つのゲームとみなされる子どもの遊びの習得、そこで成功するには他者をびっくりさせることが必要で、大人たちの役割をまねするのではなく予想することが必要である。しかしこのタイプのゲームは、役割の社会的統合がすでに実現されていることを前提としている。[49]いいかえると、最も明確に目的化された戦略的行為は、最低限の統合という土台なしには可能でない。会話の中で対話者たちが、その遂行を可能にするために、たえず交換の条件そのものを確立するのと同じように、プレーヤーたちはゲームを可能にしているルールの維持を確認するよう促され、そうやって最低限の統合を確かめる。[50]同時になされる統合の論理がないと、競争は戦争になりかねない。

b　競争

戦略の論理において社会的諸関係は競争という言葉で定義される。個人的あるいは集合的な利害の多少ともホットなライバル関係である。行為者たちの言葉は、戦略、スポーツ、ゲーム、パンチ、敵や味方、とくにライバル仲間といったものである。社会は競争的交換のシステムととらえられ、希少な財を得るための競争の中にある。それはお金、権力、威信、影響力、認知などである。万人の万人に対する戦いではなく、ゲームは規制されており、ゼロサムであることはほんのまれにしかない。社会学者たちは、他者との関係を描くのに戦争よりもいっそう自ら進んで、ゲームや市場といった言葉を用いる。クロジエとフリードベルクによって提案された組織的行為の社会学を考えてみよう。(51) それ［組織内の関係］は戦争ではなく競争であり、競争は敵の破壊を求めない。また共同体に帰属されるような平和でもない。なぜなら相手はライバルであるか潜在的な味方かどちらかだからである。

多くの状況下で、諸個人は、他者に対する関係をどう定義するかで二つのやり方に直面する。子どもたちのクラスの場合をみてみよう。一方で生徒たちはアイデンティティを定位する共同体を描き、他のクラスや大人たちに対立するわれわれを描く。この統合の論理は次の表象や実践を作り出す。身代わりの羊、教師と「つるむ」「裏切り」への圧力、互酬的サービス、女子と男子の統合的なライバル関係、みんなでやる大騒ぎ、贈与と貸し借りの連鎖などだ。他方で同じ子どもたちがクラスのことを自ら、ずっと競争している一つのグループ、上下関係や成績によって引き裂かれたグループとして描き、その中では各自が「利己的」な利害を追求している。非常に多くの場合、競争は音を立てず、数多くの戦略を生み出し、他者はその中でライバルか手段ととらえられている。一番できる生徒の近くに場所をとり、コピーできるようにし、仲間の連帯を裏切らないようにしながら教師に注目させることなどが必要だ。クラスはもはやコミュニティではなく連合と闘争の世界である。クラス内での社会的関係について自発的にこういう記述を行う生徒たちというのは、「良いクラス」を夢見ている。つまりそのクラスは緊張なしにコミュニティ的な統合の長所を、全員にあらゆる資源へのアクセスを可能にするオープンな競争の利点に結びつける。しかしこのクラスがシーソーのようにいずれかの側へひっくり返れば、もう良いクラスではなくなる。それ自体の統合のメカニズムによって押しつぶれた不良のコミュニティになるか、「道化師」

やおべっか使い、見栄っ張りたちが勝利をおさめる戦闘フィールドになる。クラスは生徒たちにとってコミュニティでもあり競争的な上下関係でもあるというように描かれる。これら二つの次元の記述のカテゴリーは行為者たちによって決して混同されず、その経験の証言が一つの問題の記述であり定義にもなる。

競争の論理では、マネー、市場そして経済が社会関係についてのある種の一般的なメタファーを作り上げることが可能である。そこで、婚姻の「マーケット」とか学歴「市場」、政治の「市場」について語られるが、経済的な財との正確な対応はない。市場の「論理」はそれ自体に自足する。[52]このメタファーは厳密な意味での経済を超えていき、社会関係の非常に特殊な性質を明らかにする。しかし、それはあくまで社会関係なのだ。市場が社会的連帯を破壊したというのは長い間認められてきたことである。モースによって市場と贈与の間に作られた対立を思い出そう。社会的経済の力で市場の中に贈与を再び導入しようという彼の呼びかけも思い出される。[53]マネーは社会的なものを破壊する。なぜならそれは、対象物や財を、その所有者から切り離して、社会的一体性へ利害の論理を押しつけるからである。価値が社会的主体からはなれ、自律し、それ自体のために称賛される。マネーは義務の相互依存的な互酬性を破壊し、負債の支払いを可能にするのに対し、贈与は債務と債権の尽きることのない円環の中に刻まれている。これとは反対に、ジンメルがマネーを、一般化された依存関係から離れた個人的自律性の形成に結びつけた。贈与と人格的価値との狭い円環の中に縛られた依存関係からの自律である。[54]マネーは一般性のある等価物として、欲望と、それを手に入れるために同意される犠牲との競合を可能にする。同時にマネーは負債を帳消しにするので、ある種の平等的関係を打ち立てる。それは内面的な熟慮を認め、欲望の多様さにもかかわらず交換の統一性を可能にし、すべての主観的価値が、一つの共通基準の上で競合しあえる。明らかにマネーはコミュニティ的な統合の敵だ。そこでコミュニティの復讐が始まる。マネーが「ふるさとなき人びとの祖国」であり、世界市民、であると同時に下司……。そして近代の反ユダヤ主義が生まれるのは、宗教上の「違い」への敵意よりもずっと、合理的で「抽象的な」個人主義への憎しみからである。

戦略的な論理の特異性は、統合の論理に対立する緊張の中で最も明確になる。だがその場合われわれは、二つの世界を生きる。つまり贈与と市場とを交互に、友人関係と「エゴイスム」を交互に生きるのだ。こうやってそのつど他者との関係の性質を何度も定義し直し続ける。

c 「権力」

各行為者は主体的に戦略的論理の中に位置するので、追求すべき諸目標やめざす財を定義し、他者との競合へと巻き込まれる。これら対象物の性質は個人や集団によって、その関心を引くものとして、つまり「有益なもの」として定義されたままになる。これら財の定義は確かに、行為が展開するフィールドとの関係であたかも無限に変化するかもしれない。マネー、勢力、認知といった重大な賭金と並んで、もっとほかのものが存在するということを文学から学ぶことができる。たとえば、戦略的な技巧とともに政治的駆け引きを必要とするような愛の征服である。その結果、他の人びとが欲するものを欲しがるということ、いろいろな選好そのものが競争から生じるなどを認めることになる。これらすべての競争関係にとって普遍的な等価物は存在するのか？　ここで本当であるかのように思われるのは、それが権力だろうということだ。ウェーバーの言葉を借りるなら、「勢力」、他者に影響を与える能力のことである。しかしこの普遍的な賭金の性質に関するさまざまな議論はまったく興味を引かない。こうした観点で観察する必要があるのは、価値として現れる文化的な賭金が資源ととらえられたり、もっとありふれた言葉を使うなら、イデオロギーとしてとらえられ、真であるより有益であるような観念とみなされる、ということである。有用性が優先されるので、「価値」は選好になったり、イデオロギーになったりする。前者「価値」は本当に行動を説明することはない。なぜならいったん選択がなされると、行為が経済的最適性の原理に従って展開するからである。後者「イデオロギー」にとって価値に関する言説は、情熱や正当なしかし自認されない利害というような、より深いリアリティを隠し、自分自身にも隠すことをめざす「派生物」となる。[55]

行為の本当の意味が行為者たちの限定された合理性にもとづくということを認めるなら、価値は目的ではなく行為の手段、すなわち一つの資源である。同様に、人びとを駆り立てる動員を説明するのは行為者たちによって生きられる緊張よりも、効用の追求に提供されるさまざまなチャンスである。資源動員論はこうしたタイプの分析を定式化してきた。[56]昔の群集心理学から受け継がれた危機のモデルが公準にしたのとは異なり、社会運動は非合理的でも自然発生的でもない。集合的行為へのコミットは合理的なのである。それは制度的な政治行動から切断されてはいない。根底において、政治システムへの参入あるいは決定者たちへの十分な圧力を打ち立てることしかめざしていない。社会的コンフリクトは諸集団を正面から対立させるものではなく、政治的資源へのアクセスに関して競争させる。資源の動員への活動は、諸個人の利害を一つの社会運動の中へ凝集させることが極端に困難であるということについての、オルソンによって展開された集合行為のパラドクスから出発する。[57]このパラドクスが、その疑問が無効であるとされることなしに乗り越えられるのは、「プロたち」によって提供される選択的な刺激を明らかにすることによるしかなく、これらは動員の企画者として、自身の象徴的物質的利益を集合的行為から引き出す。この運動は外部からの援助を動員し、メンバーをつなぎ合わせ、手を組む相手をみつけることができなければならない。「プロ」は「企業家」としてふるまう。人びとが運動へ動員されることを説明するのは個人の不満や相対的なフラストレーションよりも、政治システムによって提供されるさまざまなチャンスを自分のものにする可能性である。コミュニティ的なつながりとそれに重ねられた亀裂の存在もまた動員の一要素である。運動の指導者たちはそれを捕らえるすべを知っているからだ。一つの運動が成功するかどうかは、それに与えられるさまざまなチャンスの構造に依存し、いろいろな資源を動員する能力、もっと正確にいうと、コミュニティ的なつながりやイデオロギー、時には敵たちさえも資源として利用する能力にかかっている。一般的なメタファーとして、経済的な競争よりも、政治的ゲームを用いるほうがいっそう直接的でわかりやすい。

d　開放への障害

戦略的行為の社会学、ハーバマスが「成功に志向する行為[58]」として示している行為についての社会学は、アプリオリに、規範的な姿勢よりも社会的統合につながりをもつように思われる。社会学的伝統において、戦略的行為はしばしば、重大な脅威として、近代的な疎外の姿そのものとして、アノミー、利己主義、万人の万人に対する戦いなどとして現れた。もっとわかりやすくいえば、それは資本主義のイデオロギーに同一視されてきた。しかし、非難される側によくみられるこの姿勢と、戦略的行為の中核から道徳的な幻想のヴェールをはぎ取ろうという意志とは、すべての批判的立場を禁じるわけではない。各自が一定の権力を利用する「オープンな社会」の調和した均衡状態の形成をてこずらせるような伝統や阻害要因や団体主義や規則にもとづく介入を非難する、社会についてのリベラルな見方と、戦略的行為の理論は一致する。古典的なリベラリズムからフォン・ハイエク経由で「放蕩人」へいたる、功利性の探求という行為の概念、そして競争の空間としての社会の概念が、規範的な人間学からも、民主主義の表象からも引き出されることはない。いいかえると、この立場が、統合の社会学やその批判的なバージョン、つまり統合を支配と同一とみなすような考え方の「全体論主義」の批判へと向かうとしても、それ自体が一つの批判的な台座の上に依拠しているのだ。

3　主体（観）化

統合と戦略は行為の「実証的な」論理として、つまり「リアリティ」として現れる。それは、主体という観念に取りついた幻想への批判を本質的に基礎づけるほど強固であり、自我を純粋に社会的な産物へと還元するか、手段に関して合理的な行為を行為の唯一の「リアリティ」とするかによるのである。主体の社会的論理を定義することは、社会学がおもに主体の観念そのものに対抗して作り出されたためにいっそう困難であり、歴史主義の歴史的主体や理性の個人的主体が問題であるために困難となる。大筋で受け入れられているこれらの批判に立ち返るつもりはない。

それらのうちのほとんどが批判したのは「高慢な」主体であり、明晰で至上の、そしてとりわけ非社会的な、社会に先立つとされる主体である。しかしながら主体の論理が明らかになるのは、実証的な意味でこのようにしてではない。それは批判的活動の中に間接的にしか現れず、行為者がその役割や利害に還元できないということを前提とするような批判であり、統合および戦略以外のもう一つの観点を採用する場合である。こうした姿勢というのは社会学者たちが最も自然発生的に選択するのだが、しばしば否認され、行為者というものもやはり主体であるという幻想を批判するためにほかならない。ここにまさしく非難のパラドクスがある。それは主体のイデオロギーの正体をさらしておきながら、自身に対して、社会の「法則」を知っているがゆえにもしくは個人的な来歴のオリジナリティのおかげで、意識的な主体の地位と特権を自称するパラドクスにほかならない。

批判的活動は認知的であれ規範的であれ、行為者が他の論理から自分自身を区別する文化的論理の存在を前提としている。しかし彼がこの立場を採用するかしないかのうちに、これを実証的かつ完全なやり方で証明するのをやめてしまい、他のいろいろな行為の論理との緊張関係としてこれを生きることになる。確信にあふれた倫理は、予言者の英雄的な姿以外では、まず道具的合理性との緊張、あるいはコミュニティ的モラルとの緊張の中で規定される。主体が「具現化されたリアリティ」を、「純粋な」主観性としてのアートの中での固有の表象以外に本当にはもてないのは、おそらくこのような理由からである。こうしたアートの中でも、主体の定義は社会的で文化的であるとしても。

a　コミットメント（アンガージュマン）

より良い定義がないので、われわれは主体のアイデンティティをあるコミット、この主体の表象を構築する文化的な諸モデルへのコミットメントと定義してみよう。トゥレーヌはこの点に関し、人間の創造性に関する表象について語っている。自分自身の生活を築いてこれを判断していこうとする個人が依拠しているのが、この創造性である。信念の人もしくは理性の自律的な主体、労働者、正当な個人などがもつ創造性である。[59]自己や社会に対する一定の距離を導入することで人びとが社会的に「効果的」となった際に、こうした主体が一つの神話であるか幻想であるかはあまり重要でない。デュモンの言葉をもう一度借りれば、主体とはつねに部分的に「世界の外」におり、もっと正確にいうと、主体のアイデンティティは世界との緊張によって形成される、つまり、統合的な行為や戦略との緊張関係によって形成されるのである。

主体についての一定の文化的な表象にコミットすることは、ある種の未完成として、欲望されるが不可能の情熱として生きられることを意味する。自分自身の生の作者として自己をとらえることを可能にするが、それは、このプロジェクトを十二分に実現することの不可能さによって生み出される苦悩の中でしかない。主体的なアイデンティティはある種の「否定的神学」の中で間接的なやり方で経験され捕らえられるべく自身に与えられる。それは欠損としてあるいは主体の文化的表象を満たすことの困難としてである。統合の行為者が道徳的な個人であり、善を集合的な利害にそして各自の効用に同一視する一方で、主体はこのような同一視を受け入れないがゆえに倫理的な行為者である。主体は以下のことを知っているからだ。すなわち、罪人とは犠牲者のことであり、いけにえの羊が無実であり、道具的理性が理性でないことを。トゥレーヌが述べたように、「主体とはつねに悪しき主体なのだ[60]」。

アイデンティティの主観的な部分はコミットしたりやめたりすることによって感じ取られる。というもの、主体についての文化的な定義に同一化することによって、自己が全面的にわれわれやなんらかの利害に愛着することを禁じるからである。それはある種のわれ関せずといったものを喚起し、個人が全面的にその役割やポジションになることを妨げ、社会的な人格となることを妨げる。ここでミードの読解、とくにハーバマスが提案した読解が大きな救いになる[61]。自己は、個人に向けられる役割期待の内面的なコントロールとして現れ、とりわけ子ども時代に愛着を通して得られる規範的な要請の内面化による、超自我の産物である。私（I）は自己（me）に向けられた主観的なまなざしであり、距離をとることである。アイデンティティは私から自分へのこの関係の中にあり、ハーバマスが示唆したように、この両者は芸術作品の中でしか和解しない。しかしこの距離は社会的に構築されており、社会的な役割よりも「普遍性のある」規範を参照することでしか自分が構成されないから、「一般化された他者」とは社会的な役割の合計でなく、「友愛」の非社会的な表象であり、ハーバマスの考えによれば、コミュニケーションの論理の中に含まれている。個人が自分のいろいろな役割のうちの一つに完全に愛着を示すことができないのは、これらの役割を管理するためにほかならない。まさにこの理由から、「人類」というテーマが本質的な役目を担う。たとえば戦火の中で、寒さに震え明かりもなく、ベートーベンの交響曲第七番の第二楽章を繰り返したサラエボのオーケストラのイメージを私は考えている……クロアチア人、イスラム教徒、セルビア人らが人間存在としてのみ自らを定義しつつ、情感や個々の主観性そして人間的友愛として残ったものを守っていた。たとえ妄想的なものであれ、主体としての論理がなかったなら、これら音楽家たちは、演奏する力をもたなかったであろう[62]。

実在の人物というより文化的シンボルである聖人やヒーローは例外として、誰も主体として生きるのではないし、同時に、いかなる行為者も自己や利害でしかないものに還元されることはない。主体という観念への文化的準拠を必要とするのは批判的活動においてにほかならない。しかも批判的社会学のアポリアの一つがそこにある。少なくとも、その著者が真理の主体として自己を把握し、自分自身の言説を虚無的なスパイラルの中に閉じ込めることでこれが無効にならないようにしようと要求するのだが、自分自身の権威によってしかその円環から逃れられない[63]。

b　さまざまな障害

主体の観点からみて、社会的諸関係はこの主体（観）化の認知および表現にとっての障害という言葉で把握される。ここで社会的コンフリクトがアイデンティティの擁護あるいは「さまざまな勢力」の競争に要約されず、トゥレーヌが「歴史性」と呼ぶもののコントロールを賭金としている。つまり社会的創造性へ自己を同一化しようとする指導的な行為者たちの能力のことである。その最もシンプルなイメージは社会運動によって与えられ、主体の歴史的定義という名のもとに行われる支配に、つまり進歩、信仰、個人などに対立する運動である。社会紛争は主体の文化的なカテゴリーの中で展開する。信仰の名のもとに宗教的社会において設立される教会に対抗したり、理性の名のもとにブルジョワ世界における伝統に対立したり、創造的労働の名のもとに産業社会におけるその搾取に対抗したりする。労働者の階級意識はこういった行為の論理を最もはっきり体現し、コミュニティ的な所属感情や給与生活者の利害のみに還元されず、階級支配によってその意味を奪われた創造性に同一視された労働の闘争と捉えられる。製造業の支配者たちの「特定の」利害や「特定の」文化に対して、階級意識は労働の中心性と一定の自律性とを主張する。労働者運動は産業社会の最も基本的な価値、すなわち社会秩序に対抗する労働による人間の創造性への呼びかけを行う。給与生活者は労働者として、つまり富と進歩の生産者として自らを定義する中で自己を主張する。時にはメシア的なこの操作によって、社会についての全般的な批判が形成され、主体としての生命をもつ集合的行為者が形成される[64]。労働運動は「意識的かつ組織された」とくに強力な姿にほかならず、産業社会の歴史形成的（historiciste）カテゴリーの中で形成された主体の姿であった。それはまた、進歩、科学、理性に「素朴に」同一化した指導者たちのカテゴリーでもあった。

このような行為の論理の中で、闘いの相手となった社会秩序と敵とが疎外のテーマを通して描き出される（労働運動の銀河の中で搾取は疎外の特殊様態にほかならなかった）。疎外は意味喪失として、支配の効果による自律性の剥奪として現れ、支配者層あるいは「システム」が行為者を役割の担い手にしてみたり、押しつけられた限定的な利害のエージェントに還元したりする。以上の理由から、疎外のテーマはすべての社会学の中で少しばかり野心的なものとなって現れ、これらの理論のうちで最も社会学的らしからぬ章立てをなし、研究者の価値との関係を最もコミットさせ、主体として社会学者をかかわらせる。[65] 確かに疎外を分析の一つの実証的なカテゴリーとするには問題があろうが、行為者たちの間で疎外された経験という表現が相対的にコンスタントにみられるという点は確認しておくべきである。意味を奪われた人生を送っているという感情、自分自身であったことが一度もないという感情、「無力」感、自分の人生の観客でしかないという感情、お決まりの名称に還元されているから「みえない」存在ではないのかという恐れ[66]……。

行為のこのような論理だけが、社会運動の中にある「非合理的」なものや過剰なものについての説明を可能にする。それは、しばしば本当の犠牲というところまで推し進められていく自己の贈与という叙情的な幻想、この躁状態、行為の中でしか十分に存在しないという感情である。この情動的な世界全体が、一つの資源でもなければ、群集への後退でもなく、行為者が主体として自己を生きる、急テンポの瞬間として現れるのかもしれない。

c　主体の歴史的定義としての文化

文化とは一つの社会を接合する価値や規範の全体であるだけでなく、行為の象徴的な資源のストックにほかならない。社会的批判を正当とする主体の定義でもある。長い間、主体の文化的表象は社会の上に張り出していて、ずっとそれは宗教的な超越性と同一にみられてきた。理性のような普遍的価値とみなされ、すぐに至高の存在者へと姿を変えた。いいかえると主体は聖なるものであり、その正当性は社会にも歴史にも依拠しない。社会的批判は一般的な諸原理の啓発に依拠している。理性によって導かれる哲学者たちはしばしばこうした原理を「発明した」と思い込んできた。主観性のこれら「超越的」原理の消滅や弱まりが世界を全面的に脱魔術化したわけではない。ウォルツァーがはっきり示したように、社会の中にみられる文化が、つねになされる社会批判を常識というありふれた社会的経験として、いかに可能にしているかがわかる。[67]この批判的活動の中で個人が「自己と手を切り」、自らを哲学へ変形させるよう求められる。

実際に重要なのは、批判のために動員されるさまざまな価値の内容そのものというより、それらの価値が可能にする主体の定義という観点からこれらを解釈する行為者たちがどんな視点を選ぶかである。結局、宗教は民衆のアヘンであると同時にその抵抗や解放の最もよくみられる道具でもある。行為の論理の複数性をとらえるには、チリのサンチアゴ近郊に住む都市周辺住民ポブラドーレスたちが宗教的言説を、彼らの存在や権利を肯定するものと解釈するやり方を観察すれば十分だ。コミュニティや道徳的秩序に関する言説もまた、主体の定義および、その形成を邪魔する障害を定義することを可能にするや否や、解放の言説となる。[68]

d　疎外と支配

社会学理論においても社会実践においても、主体化のこのような論理に結びついた批判的姿勢について長々と論じることは不要である。本質的に重要なのは、疎外および支配についての多かれ少なかれ明快な理論だ。一般的にいって疎外は主体たる能力の剝奪と概念化される。労働者がその生産物から引き離されることであり、経済的搾取によるというより社会的諸関係の物象化によるもので、客観的なメカニズムとして表れ、まるで自然法則であるかのように個人がこれに従属する。それはまた、独立した道具的合理性を通して社会的経験の意味を洗い流してしまう脱魔術化の道であり、生きられる世界の統一性を解体する。それはフランクフルト学派の批判理論における「全体性」の喪失であり、この観点でマルクス主義的というよりウェーバー的である。さらにまた、文化が行為者にとって見知らぬものとなる客観化のプロセスも喚起しておこう。疎外のさらにほかのイメージでもある。

疎外という概念はその規範的な基礎から切り離されることがおそらくないので、「本当に」社会学的な概念だとはいえない。しかし、だからといってそれが指し示す諸現象が消え去るわけではない。それらのうちの多くが社会学の領域に十分に属している。まず問題なのは、漠然と「苦しみ」と呼ばれるものから生まれるすべての行動である。自己の破壊についての感情であり、自分自身の言語を奪われるというような、社会的支配によって生み出される破壊である。フリードマンの『分断された労働』からゴフマンの『アサイラム』まで、労働者の疎外や全体主義的経験に関する古典的研究がみられる。これらの分析すべてが統合や競争といったテーマに反して、支配のテーマを対置し、統合や利害のテーマに反して怒りや反抗のテーマを対置する。(69) 社会の経験や作用の全体を支配や疎外と同一視しないという条件のもとでは、結局それが呼びかける主体を否定することに帰着するとしても、主体化の理論的観点がそれ自身の対象と視点を形作るのだ。

＊＊＊

以上でわれわれが定義した行為の三つの論理は、しっかりと確立されている社会学の諸潮流へと容易に結びつけることができる。それら相互で論争が戦わされ、われわれが呼び起こしてもいない呪いを投げつけ合う。これら論理のそれぞれが他の二つに対して批判的なポジションを取り、一般的に、一つの中心的な点から社会全体を再構成できると主張するからだ。

しかし行為者たちの視点からすると、中心的な点というものは存在せず、ありふれた議論の中で論争は果てしない。行為者たちは次々と順にすべての視点を採用し、古典的な社会の観念や、多様な論理を包括する一つのシステムという社会の表象が消滅し、全体を一つの機械のごとく調節する社会というものが消滅するにつれて、この循環の中にいっそうコミットする。行為の古典的な形態が遠ざかれば遠ざかるほど、行為者たちはさまざまな経験にコミットし、いっそう「活発に」なる。そしてさらに遠くにある諸論理の空間をめぐり、より多様となるアイデンティティや社会関係に直面するのだ。この循環の中で足跡を残すよう選択させるものは何もなく、行為者は「まったく同時に全部」なのであり、相互の中で確立される正義や交換の規範が社会学者にとって真に社会的なものとして、「アレンジメント」として、社会的経験の産物として現れる。

第4章

社会的経験からシステムへ

社会的経験の概念は、複数のタイプの行為から個人が実現する主観的な組み合わせを指している。ゆえに社会的経験それ自体が主観的な概念だと取り違えられたり、社会システムとのつながりを欠いた完全に「浮遊した」「体験」とみなされたり、もっと単純にいえば、それがなんら社会的に「規定されない」対象だと捉えられたりする大きなリスクがある。このような危険から身を守らなければならないので、社会的経験の中で結びつく行為の論理のそれぞれが社会システムのなんらかの「客観性」の中に刻み込まれているということを思い出すことにしたい。ここでいう客観性とは、システムの「実在」性に関するいかなる公準も参照してはいない。それが意味するのはたんに、社会的経験を構成する単純な諸要素が、行為者に帰属せず行為者に与えられるということであり、行為者に先だって存在し、文化や社会的諸関係を通して、状況や支配による制約を通して行為者に押しつけられるということである。それゆえ、行為者の経験の川上では、社会的なものの「知」の問題、すなわち行為からシステムへのさまざまな接続のメカニズム、つまり行為とシステムを結びつけるさまざまな「因果」関係の性質に関する仮説が提起されることになる(1)。

一般的な意味で、行為がシステムの主観的な側面であると考えることはつねに可能である。しかしこの主張が古典的社会学への回帰を意味することは決してない。というのも、必ずしも行為の統一性を前提にはしていないし、それゆえ行為およびシステムに共通の中心的原理という考え方を原則として主張しているわけでもないからである。またこの主張は、一つのシステムの多様な論理が、機能的なヒエラルキーをなすというパーソンズ流の考え方も前提にはしていない。行為のさまざまな原理同士の異質性は、そのままシステムの異種混交性へ、そして行為論理のさまざまな「決定」メカニズム同士の異質性そのものへと送り返されるのである。このような複数性こそ、たんなる「エージェント」ではなく「行為者」について語ることを可能にするものである。なぜなら、一貫した経験と固有の行為能力を構築するということが、この複数性ゆえに一つの課題として生じるからである。いいかえれば、行為者が自分のものである経験を構築するのは、システムの多様な諸局面によって与えられる自分のものではないさまざまな行為論理からであり、これらの諸局面は社会の機能的統一という古典的なイメージが遠ざかるにつれて分離してきたものである。行為の諸論理の形成についてのこの「因果的」説明は、自律的な経験の形成を禁じるものではない。まったく異なる知的文脈でレヴィ＝ストロースが述べているように、「個体が消滅するときに消え去るものは、さまざまな観念と行動の総合から構成されている。その組み合わせはそれぞれ独占的でかけがえのないものであり、各々の種類の花から生じるものが、すべての種類の花が用いるシンプルな化学物質を基にしていてもやはり独占的でかけがえのないものであるのと同じである(2)」。ここでいう花の「種類」と同様に、社会的経験は客観的な諸要素の主観的な組み合わせなのである。

I　行為からシステムへ

行為の論理はそれぞれ一つの「因果性」のタイプの中に登録されており、それぞれが従う説明の様式は、通用している社会学的認識モデルよりも、問題となっている社会的メカニズムの性質そのものにもとづいている。統合の論理は本来的に社会化のプロセスに依拠し、さまざまな因果的あるいは構造的な説明形式を参照する。戦略的行為は、さまざまな状況の制約を通してシステムに結びつき、その説明様式は相互依存システムのモデルに依拠する。(3) 主体性についていえば、それは主体の表象と社会的諸関係との緊張によって社会的に定義される。ここでのシステムとの接続は弁証法的なタイプとなる。(4)

以上の説明を図1で表すことができる（システムの「環」は網かけ、行為は太字、因果関係は「　」で示した）。

1　統合システムと社会化

古典的な社会学的伝統の重要な部分を基礎づける説明、すなわち個人の社会化による行為の説明について長々と立ち返る必要はない。社会的行為者たちが自分たちの統合を「めざして」いるということをたとえ認めたとしても、それでもやはり行為者たちがそうするのは、自分たちの人格の維持・他者からの承認・永続性を保証してくれるさまざまなモデルやコードに、その人格の一部を同一化しているからなのである。主たる社会学的問題がさまざまな社会的行動の安定性の問題であり、行為者たちにとっての問題が社会的アイデンティティの維持であ

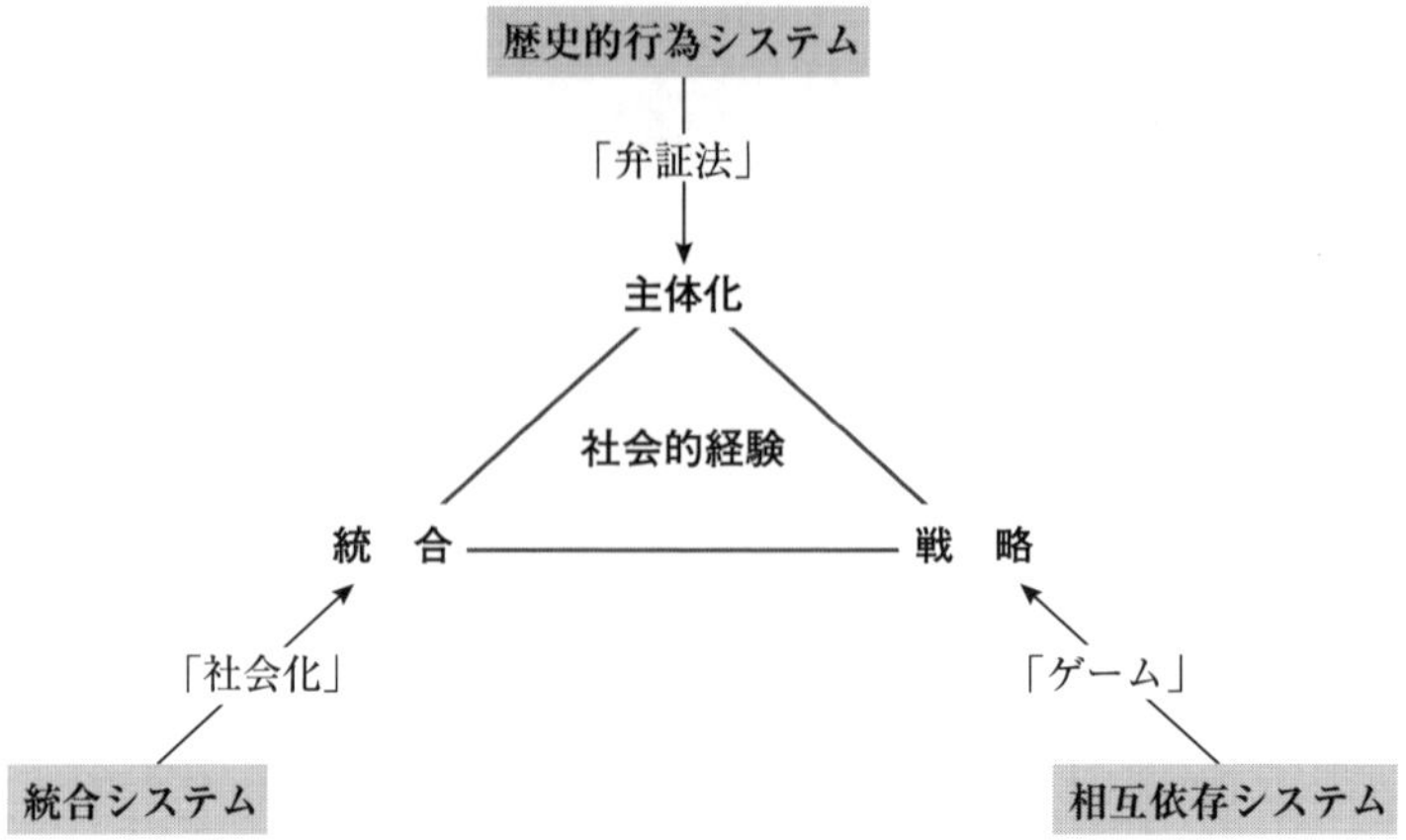

［図 1］

る以上、社会的行為の重要な部分は、行為者たちが同一化するさまざまな文化的モデルの実現によって説明されることになる。それゆえに「古典的社会学」と呼ばれるプログラムの大部分は、社会的交換と社会の継続性とを同時に可能にする共通の文化的コードの社会化、習得、再生産についての社会学なのである。規範とその習得プロセスのほとんどが行為者たちの意識に現れないからといって、規範や習得が無意識的なものだという主張に必ず促されるわけではない。規範の多くがたんに意識されずルーティン化しているだけであって、「深奥にあるコード」というような考えに対しては慎重になるべきである。諸個人はたいてい自分のしていることを説明できるし、自分が自動的にしていることでさえ説明できるのだ。(5) たとえば経験豊かな運転手は運転中に自分のしていることを忘れるし、本当に意図しているのは自分の所作のわずかな部分だけである。それでも、もし機会が与えられればそれらを説明することができる。

行為が統合の主観的側面と理解されるとき、さまざまな社会的行動を説明するためには、それらの行動が一致しようとする文化的モデルを引き出す必要がある。とりわけ行為者たちがどうやってそれらを習得し維持しているのかを述べなければならない。この社会化が、一方で教育として、他方で社会的コントロールとして、統合の論理のさまざまな基礎を保証しているわけである。すでに長く論じてきたように、社会学はたえず行動の観察から統合システムの分析へと「さかのぼり」、社会化をさまざまな行動と客観的諸条件との間の媒介変数としてきた。文脈と結びついた選択の合理性を超えて諸個人の行動を説明するものは、社会化であり、期待であり、プログラム化された野心であり、コードである。このタイプの説明の利点は二つある。

まず強調する必要があるのは、その心理学的な本当らしさである。最も微妙な心理的弱さ・苦痛は諸個人の経験する最も繊細な社会的断絶の効果にほかならないことがよくある。諸個人が抱えるアイデンティティ間の葛藤は内面化された社会的断絶にほかならない。外に位置するのか中に位置するのか、同調的か逸脱的かといったことは、たいていの場合、行為者の選択によるのでなく、その人格にかかわる苦難に結晶化するような個人的な来歴の結果であり、集合的な変異の結果である。「心理学的」か「社会学的」か決めかねる有名な二つの著作でホガートが示したのは、小さい頃労働者へと運命づけられた社会化の堆積が社会移動の個人的な履歴の中で完全には消え去ることがないのはどうしてか、であった[6]。一度も本当に「自分の居場所」にいたことがないとか、労働者文化と大学文化のどちらにも十分愛着を感じたことがないといった不幸は、英国社会でのさまざまな自己同一化と社会化を組織する社会的隔たりの効果として説明される。フランスに生きるアルジェリア人の若者たちの帰化という問題に関する論文の中で、サイヤッドは、「［フランス］国民化」とその若者たちが呼ぶものが、自分たちの子ども時代と家族に対する、そしてアルジェリアの歴史に対しても裏切りとして生きられていることを描き出す[7]。若者たちはたいていフランスにうまく同化しており、アルジェリア戦争を知らず、時にはアルジェリアの政治体制や伝統にまったく共感をもたず、むしろフランス人になることに関心ももっているのに、裏切り、恥ずかしさ、躊躇を感じている。なぜなら若者たちは自分が選んだのではない文化と歴史を身にまとい、しかもそれが自分たちの人格の一番奥にあるからだ。社会学はこのタイプの実例を多数挙げて、自分たちの地位、好み、関心がどうあれ、各自が一つの社会、一つの言語、一つの文化、一つの身体図式を受け継いでいることを示す。それらは自分が作ったものではないのに、自分自身のものとなっている。このような仕方で統合の論理は確定され、さまざまな文化的社会的な用具のストックが供給される。そして、それらを基にして統合化作用をもつ一つの論理が構成されることになる。たとえ近代社会では統合のメカニズムのますます大きな部分が構築されて与えられる部分はますます少なくなる、つまり業績達成が属性帰属より優位に立つことを認めたとしても、行為者たちを統合するさまざまなモデルが一つの統合システムの構造に送り返されることに変わりはないのである。

　このモデルの第二の強みは、認識論的かつ方法論的なレベルにある。このモデルはさまざまな社会的行動についての因果的な分析を可能にする。つまり一方の諸個人の行動と態度、他方の諸個人の行動と社会的な地位、それらの間に相関関係を打ち立て、二系列の現象間の対応関係を明らかにする。一方は客観的で行為者たちから独立しており、他方は主観的である。さまざまな規範とモデルの「所与」の性質が、その二系列のデータの間に類縁関係の原則を確立することを可能にする。そして多変量解析の統計的技術は、こうしたタイプの因果性を確立される相関関係の精緻さを通して明らかにできる。そこで観察されるさまざまな強い一貫性は、それらの規則性を機能的および構造的な解釈の中に書きくわえることも可能にするだろう。だが、因果的モデルから機能的解釈への移行は論理的な必然ではないから、その頻度がどの程度のものかよく確かめる必要がある。たとえば教育社会学では、さまざまな不平等がしばしばシステムの目的性の観点から解釈され、相関関係は原因に変わり、原因は目的性となっている。だがその目的論的横滑りは論理的必然というよりも因果モデルの外挿なのである。

2　相互依存システムとゲームの制約

統合の論理を説明する「全体論的」タイプの因果性と並んで、行為者の戦略的な諸概念が、少なくともその最もラディカルなものが、しばしば「非決定論的」行為の理論として現れる。自律的で合理的であれば、個人は提供される機会に応じて選択を行う。状況と行為との間に観察される相関性は異なった社会化から生まれるのではなく、その状況と結びついた諸個人の選択から生まれるのだ。[8] ここでは、システムのモデルはもはや機能的統一のモデルではなく、さまざまな個人的行為の相互依存性というモデルである。この分析方針は、必ずしも厳密な功利主義ではないにしても、かなり明確に経済学的モデルからの派生である。ここでは行為の複合効果として派生するのがシステムであって、その逆ではない。つまりその構造は、さまざまな個人的行動の「複合」から生じるのである。今度は行動が「状況」を作り出し、その中で行動が形成されるのだ。それゆえ、先ほどの因果関係がひっくり返されている。説明の原理はおそらく社会化のモデルと非常に異なるが、「自由」な行為というイメージは、たとえ戦略的行為の定義の中心にあるとしても、完全に受け入れられるわけではない。子細に検討すれば、戦略家としての行為者の合理性はさまざまな制約に従っているので、行為者の合理的戦略的な志向性から奪い去られるものは何もないとはいえ、この行為の戦略的論理を、社会化の「構造論的」社会学の「全体論的」で「全体主義的」な因果性と対立するような、自由の形象とすることは可能ではない。このような戦略的行為とシステムの関係は、まさに個人の合理性が限定されていることから生じる。

この点に関するカイエの批判に従って、合理的で利害関係的な行為の社会学が、あまり社会化されていない行為者の概念に依拠できるわけではないということを想起しよう。なぜなら利害を定義し追求する能力それ自体が社会的だからである。[9] 実際に、このモデルはその一貫性を超えて、この場合疑わしさの残る人間学的な本当らしさの基準に従ったままなのである。ただし、そのことがモデルをまったく無効にするわけではない。なぜならその合理性は、非常に異なるさまざまな文化にまたがって現れているからである。むしろより疑わしいのは、限定合理性という概念が、個人の行動すべてを特徴づけられる行為の一般的な等価物として機能しているという事実である。社会学者は個人の行動を決してそのようなものとしては研究しておらず、むしろ凝集や相互依存の一効果として考えられるシステムのさまざまな「均衡」を明らかにすることで、個人の行動をマクロ社会学的なデータに記録された事後的な諸効果の分析から推論しているのである。このような社会学が行為の社会学として姿を現すとしても、研究の手続きの現実においては、社会学者は行為者からシステムへと向かうのではなく、さまざまな集合的状態を合理的な個人的行動の産物として分析しているのである。多かれ少なかれ盲目的な社会化によって「あたかも……であるかのようにすべてがなされる」という決まり文句の隣に、ブードンのいうような「もっともな理由」によって「あたかも……であるかのようにすべてがなされる」が並び置かれることになる。行為者たちは自分の置かれた状況の中で、もっともな理由に従って、つまり「行為者がその状況について考慮する時間とその解釈に打ち込む意欲をもつのであれば、自分自身で思いつくであろうもっともな理由」に従って行動している、ということで十分だとされる。[10] しかしながら、行為者が自分にとってより良いほうを行うと主張する点で、この合理性は事実上、論点の先取りを行っている。つまりこれはきわめて抽象的な心理学に依拠しており、システムが市場に比肩できると考えるような説明の論理にとってしか有効なものではないのだ。

知ってのとおり、この説明は政治的選択に適用されている。ダウンズは、投票を政治的社会化の観点から説明することに、とりわけ「ミシガン・パラダイム」に反対して、有権者が一連の効用計算の結果として投票するのだと強く主張した。[11] つまり有権者の選択が有益であるかが決定的であり、そのことに象徴的かつ社会的な優位が与えられる。ピッツォルノは、行為者に事後的に付与されるこうした合理性概念の限界の一つを強調した。仮に行為者が本当に合理的なのだとすれば、象徴的で「非合理的な」動機のためには、とりわけ社会的な所属を表明するためには投票しないことになるが、実際には投票しているのだ。[12] インドの農民たちと避妊に関するブードンの有名な例は、十分に説得的とはいえない。[13] これら農民が中絶を拒否するのは、変化に抵抗するよう促す単純な文化的「反射」が理由ではないと考えることは、おそらく賢明で正しいやり方だろう。しかし、中絶を拒否するのは子どもの数の増加が高齢化による貧困から守ってくれるからであり、合理的でもっともな理由にもとづいている、という説明だけでは不十分であろう。たとえば、子どもたちは文化的財でもあるし、また性的行動の変化は心理的および社会的コストの上昇をもたらすし、女性の地位にも影響を与えるからだ。さらにいえば、他のケースでは、農民たちがまったく同様のもっともな理由から選んだのは避妊のほうだった。つまり子どもが少なければずっと土地を分割せずに済み、持参金も少なくてすむからである。フランスの農民たちは、そのことを家族計画よりずっと前から知っていたのである。行為者の意図を本当に理解しようとする方法を経ようとしないなら、その方法はもっとももな理由の一般的な等価物によって不要とされ、行為者の限定合理性が自明のものとなる可能性がたいへん大きくなる。そして、限定合理性はパングロフ流の後づけ的な目的性、つまり事後的な合理性と似たものになってしまうだろう。同じ説明は、学業選択における限定合理性とも対立する。つまり観察されるのは、各生徒が学業的および社会的な資源に応じて選択できたものしか選択しておらず、もっともな理由というのはその際、一つの慰めにすぎないということである。また、各生徒が自分の資源をさまざまな初期の選択に応じて構成してきたとしても、それは例外的に長期に及ぶ合理性を前提としており、学業の計画可能性の不平等な配分の問題を、構造的な因果性の外に答えのないまま放置するものである。

選択機会の集合の上になされている制約と地位の配分が、戦略的選択の合理性に先んじている。いいかえると、純粋に戦略の観点からの分析を社会的対象に適用することは、行き詰まりと重大な逆説にたどり着く。キュッソンはその「非決定論的」合理的行為のパラダイムを逸脱のケースにかなり体系的に当てはめようと試みた。このパラダイムが前提とするのは、逸脱行為が他の行為と同じく自分の行いの利益と不利益を計算した上での一つの決定から生じているということである。つまり個人は自分の行為の利得をそれがもたらす喜びも含めて計算し、また不利益とりわけ非難や懲罰のリスクを計算しているとする。(14) このようなパラダイムで武装したキュッソンは、逸脱に関する古典的理論、とくにスティグマ理論を批判した。それは社会化の全能性を公準化して、自分自身について与えられる逸脱的表象に行為者が自己同一化すると考える。彼はまた非行下位文化論を、一般にあらゆる「全体論的」諸理論と同じく拒否している。彼がいうには、それらは社会的コントロールおよびその執行員たちを鋭く批判しながら、犯罪者には同情を寄せる。[15] これらの理論に対して、キュッソンは次のように主張する。「最も厳密な作業によって示されるのは、すべてのものが等しいとすれば、犯罪率は投獄の可能性に逆比例して変化するということである」。[16] ここで問題を投じるのは、この「すべてのものが等しいとすれば」という文句である。というのもそれはいくつかの領域における原則の純粋な主張だからである。たとえば刑法の厳しさとその国の犯罪率との間に定常的な関係があるとは思われない。つまりこの法律は殺人に関したいていフランスよりアメリカで厳しいが、フランスのほうがずっと殺人が少ないのである。[17] よく知られているとおり、ドラッグの売買と消費に対する厳しさ——寛容さについても同じことだが——はその効果を証明したことがない。つまりまさにその反対で、厳しくすれば、いわゆる禁止の「悪循環」にみられるように、それをあてこんだ利益を増やすことになりえるのである。その主張からは、抑圧が弱い場合より犯罪率が高まり、非行から期待される利得が安定している、というまったく証明不能な命題だけしか残らない。キュッソンがしたようにこう自問することもできよう。なぜ再犯率も同じく高いのか、なぜ犯罪へのコントロールや抑圧が、厳密に功利的な行為のケースにみられるはずのように「うまくいく」ことがないのかと。これらの疑問に答えようとキュッソンは、行為の自律的な合理性の名のもとに基本的に自分で切り捨てた社会学的説明の大半を再び取り上げる。まず第一が逸脱に走る傾向である。「ある種の個人には、多相的なやり方で顕わになる逸脱への予備性向が存在する」。[18] 合理的選択がもはや機能しなくなったとき、「犯罪的性格」が道をつけるのだ。また再犯はその選択が市場や社会組織の機会、ようするに行為者側によらないすべての物事に依存していることからも説明されている。キュッソンの考えによると、民主主義では懲罰が減少するから逸脱の機会が増える。[19] 実際、近代社会は若い逸脱者たちを「エネルギッシュに非難する」勇気をもはやもたないし、同時に社会的コントロールや自己コントロール、諸価値の内面化は減じていく。[20] 社会化、アノミー、社会解体に関するこれほど奥深くまで「全体論的」な諸理論が、とても明瞭に保守的な色調の中へと再び大量に導入されるわけである。つまり、「非行者は、安逸、放任、無関心を特徴とする教育を受けたのだ」と。[21] 非行をする若者たちが再犯するのは道徳意識をもたず、また非難にそれほど敏感ではないからだということになる。非行に向かう下位文化に固有の価値観がその理由だとも、彼は付け加えている。合理的選択モデルは、戦略的行為のパラダイムからはまったく導出されることのない社会的コントロールの理論の中で溶解している。ドアから追い出されたはずの最も伝統的な諸理論が窓から戻ってくるわけだ。その奇妙な変転の中で、それらは非常に「治安偏重的」で抑圧的な含意をたんに身にまとっただけである。行為者が「純粋な」経済的選択のリベラルモデルに一致するために、「あたかも」社会がその最も古典的な意味において十分に統合されていることが必要「であるかのようにすべてがなされる」というわけである。

これらの指摘は戦略と限定合理性の概念をはっきり拒否しようとするものではないが、すでに「市場」がそこにあり、本質的に選択の最適条件が資源配分や欲求モデル、ゲームの規則等々によってすでに固定されているという主張へとわれわれを促す。戦略的行為に関していえば、行為者とシステムの関係は市場ではなくゲームの観点から定義される。だからといってゲームの空間が個人の独創的な行動の展開にとって不十分であるということにはならない。それが展開される状況自体が競争やゲームの観点から解釈されるからである。たんにゲームのルールと制約がすでに所与のものであるというだけでない。社会的諸関係の大半がめざしているのはゲームのルールの維持や改変なのである。まさにこのような結論に向けて職業的諸関係に関する社会学は導かれており、それはさまざまな制御に関するの社会学として構築され、利害関心をもつ合理的な行為者のモデルと正統なルールによる社会統合のモデルの両方を借用している。つまり方法論的個人主義とデュルケーム社会学とによって形成される連鎖の両端をつかんでいることになる。[22] 職業上の対立関係は交渉の中で両者の間の連帯を作り出す。ゲームのルールを変容させる能力は熟慮された戦略としてよりも、たいていはゲームそのものの意図されない効果として現れるが、たとえばアダムとレイノーによって分析された「スライド・ゲーム」がそれに当たる。[23] 資本主義は誰も決定しないのに変化し、ゲームが規制されているだけでなく、ゲームを行うある種の義務も存在している。

利益率逓減の「法則」という有名な例をまた取り上げよう。この法則は各企業家の個人的で合理的な戦略から生じるのだから客観的あるいは規範的なものではないが、それを尊重しない者は消え去ることになる。[24] この観点からは退出（exit）つまりゲームからの退場はまったく理論的な可能性としてだけ現れる。実際に出ていく人びとは敗者であるか、失敗しか予想できない人びとなのである。ゲームを行う能力もまた配分されている。組織では、行為者同士の相互依存性がすべての人びとをプレーさせるが、全員が望みどおりにうまくやれるわけではない。クロジエが研究した独占状態では、メンテナンス労働者たちが一般工よりずっとうまくプレーを行うのである。[25]

自律的戦略的で合理的な行為の論理を明らかにすることは、社会化のプログラムの適用に還元されない行為の論理を明確にすることであり、それゆえ行為者たちに先行し押しつけられるゲームのルールや制約の中にこの戦略が刻まれていることを禁じるものではない。この点は、構造的制約とは人びとが一緒にプレーすることを可能にする一つの文化だとクロジエとフリードベルクが述べたときに強調したことでもある。[26] 戦略は合理的で、構造は文化的である。包括的な因果性を生み出すような、機能的システムや目的をもった一貫性というイメージを捨てるからといって、システムや行為の決定についてのさまざまな考えを放棄することにはつながらない。システムが相互依存の観点から定義されるときでさえ、さまざまなルールや制約が個人に課される。このような行為の登記簿上では、ゲームのメタファーに支配される混合的な解決策にしか向かうことができず、行為者の合理性と、ゲームを強制しプレーの能力を不平等に配分するさまざまなルールや状況の存在とが接続されることになる。

3　文化と社会的諸関係の緊張——歴史的行為システム

主体化の論理は、もちろん純粋に社会化から生み出されるものではないし、ある競争空間での諸利害のたんなるゲームというわけでもない。行為者が主体として明確に現れるのは本質的に批判や距離、アンガジュマン［コミットメント」においてである。つまり、あらゆる場合に批判を可能にする十分に一般的な原則に訴えることによって、自明性や物事の秩序から距離をとるのだ。しかしそうだからといって、この種の自己決定が社会に何も負っていないと思われるままにしておくことはできない。主体による懐疑がこの世界に入り込むと批判はありふれたものとなる。たとえ賢者でないとしても、各人はすべてが既成のものではないとみなすことのできる主体、つまり「知識人」ではあるのだ。主体の表象、魂、理性、個人性、自然権は、社会的活動から生まれる。そうした活動こそ「歴史性」とトゥレーヌが呼ぶものである。[27] 牧師、司祭、芸術家、そして知識人たちが、社会批判を構成するための価値や諸要素を定義する。というのも、これらの価値は社会統合の共有された信念やイデオロギー上の資源であるだけでなく、それはまた、創造性のモデルや生み出される文化的自律性に決して完全には調和しないこの社会に対する批判の要素でもあるからだ。

固有の生を導く能力および欲求としての主体の活動は、さまざまな「価値」への呼びかけと、その実現への障害の定義とを同時に含んでいる。過去・支配・秩序自体がこの主体の「実現」への障害を生み出し、主体は批判を行うために世界の外に自らを置くことができる。この脱出の動きは、しかし非社会的な自由の表出ではない。もう一つの意味システムを「発明」し事象を作り出す「純粋」な予言者というウェーバー的なイメージは、おそらく例外だとしても。主体の批判的活動が展開されるのは文化的な真空の中でも社会的な真空の中でもない。意識の隠された内奥においてでさえ、内省とは内面化された社会的対話にほかならないのだ。

批判の三つの可能な道、つまり発見・発明・解釈のうちで、ウォルツァーが述べたように、最初の二つは非社会的なものであり、場所をもたないものとして現れ、言語と価値を通してしか社会的ではない。[28] 発見はそれまで隠されていた普遍的原理の開示に依拠しており、発明は社会的制約を宙づりにして社会を括弧に入れ、その特定の利害、支配、特殊な文化などを括弧に入れる。発見や発明を行うのが知識人たちであり文化のスペシャリストたちであるとすれば、批判的活動の要点は解釈によって、審判と批判の諸原理が住まう世界においてなされる。

ボルタンスキーとテヴノが非常に重要な指摘を行っているように、批判的活動と正当化される同意の探求は利害や力関係の仮面にも規範の適用にも単純化されないし、批判によってもたらされる正義の要求はイデオロギーではないのである。[29] しかしこの活動をその下にあるいろいろな原因へと帰すことなしに、かといって葛藤や力関係や奸計もなしに、それほどうまくいくのだろうか？　得られた配置や均衡は諸個人の地位や資源と無関係なのだろうか？　「偉大さのエコノミー」によって、ウォルツァーの言葉を借りれば、われわれはもはや解釈よりも発明の中にいないだろうか？　たとえ主体の論理が定義上、無意識のコードの表現でもプレーヤーの戦略的能力でもないとしても、文化と社会的諸関係の緊張関係、共同体と市場の緊張関係によって社会的活動ではあり続ける。ただしこれらの緊張関係は、システムの一つの状態として、回答ではなく疑問として行為者に与えられるのだ。

　批判的な距離をとることはそれに先立って対象への愛着を前提とし、価値の転回が物事の既存の秩序に対して宣言される。ウォルツァーが述べたように、怒りを覚えた人は共通の道徳に呼びかけ、批判が社会的諸関係を諸価値と対立させる。「われわれが距離をおくのは、かかわり合いにではなく、権威と支配に対してなのだ」[30]。この批判的活動を最も志向する諸個人がしばしば愛着と距離の混ざった立場にあるのは、まさにこの理由からである。モーリスが観察したように、戦闘的な労働者たちは、階級文化とその共同体によって完全に「包摂されている」わけではなく、彼らは他の人びと以上に産業社会の諸価値にひかれており、その愛着が彼らを社会的に「ずらす」のである。なぜなら彼らはしばしば社会空間をその人生の遍歴の中で旅し行き来しているからである。[31] 六〇年代のラディカルな学生運動研究の中でケニストンが示したとおり、学生インテリゲンチアは大学の伝統的価値に強い愛着をもち、しかもしばしば政治的にラディカルな考えをもった家庭の出身である。この愛着が大学や社会への批判を生んだわけだ。[32] これらの学生は周縁的であるがゆえに批判的になったのではない。彼らが時に「周縁的」になったのは、まさに批判的だったからである。[33] こうして主体の批判的活動は、一つの社会運動の「形態」をとりうる。なぜならそれが、支配関係として定義される社会的諸関係と文化との緊張関係の中におかれるからである。ここで重要となるのがトゥレーヌ社会学の中心点である。すなわち、社会運動が共同体の防衛にも諸利害の集積にも還元されないということだ。社会運動は主体の文化的イメージに呼びかけ、社会的支配に、あるいはもっと広くいえば、主体の実現にとっての障害となるものに対抗する。

しかし社会運動という概念は曖昧である。なぜならそれは主体の文化的イメージと社会的諸関係との緊張から生まれる行為の一つの論理を指すと同時に、多少とも組織された集合行為も指し示すからである。ところでトゥレーヌ自身が強調するように、多くの集合行為は社会運動ではない。ただし、とくに社会運動の論理は、「英雄的」で「意識的かつ組織化された」ただ一つの結晶化であるというよりも、さまざまな行動の中にいっそうありふれた形で拡散している。諸個人の行為の共有化と動員という集合行為の問題と、行為の特定の論理の表出という社会運動の問題は、分析的に別のものである。

4　諸システムの複数性

「因果性」のいくつかの類型化を介して、行為者からシステムへと簡単にさかのぼったわけだが、そこから判明したのは、社会総体の統一性が存在しないこと、しかし行為の各論理は社会システム「それ自体の」自律的な諸要素へ送り返されるということである。といってもその際、社会システムは、これらの論理の特定の配置だけしか指し示さない。つまり統合システムの論理、相互依存システムの論理、歴史的行為システムの論理という配置だけである。もしこれらの要素間のヒエラルキーや機能的関係という考えを拒否するなら、それは社会の「古典的」観念が枯渇したのに対応している。社会システムという概念はもはや、これらの要素が共在していることの簡単な証明だけしかもたらさない。社会が「全体を成す」という事実は、それが一つのシステムであることを必ずしも意味しないのである。

これと同様に、行為のさまざまな論理や対応する諸システムの提示の仕方がトゥレーヌ理論に非常に近いままでも、次の重要な主張については隔たっている。すなわち多様な「水準」のヒエラルキーを支配する歴史性の中心性という主張である。それが歴史的行為の諸システムを、マルクス主義理論におけるさまざまな「生産様式」と等価な、社会類型として構築し定義することを可能にしてきた。だが、一つの中心原理の周りに組織される社会的行為という表象が受け入れられなくなったときには、自己中心化的なシステムという考えもまた放棄する必要がある。行為の多様な論理の分離は、社会構成体全体の諸要素の分離にほかならない。すなわち、統合システム、相互依存システム（「市場」ただしたんに経済的というだけではない）、そして歴史性の定義である文化と支配関係との緊張、それらの間の分離である。以上のことが社会の「自然」で「ノーマル」な統一性を前提とし続けるような危機や矛盾を主題とするものではないにしても、われわれのいくつかの結論は、ベルの結論とほとんど似通ったものになるだろう。彼の結論とはすなわち、主体のイメージとしての文化が生産や経済的政治的競争の世界を規定する諸価値から分離し、また「ネオ共同体主義」的になった統合の諸様式からも分離するというものである。[34]それはまた、ハーバマスが提起したモダニティについての次のような分析からも浮かび上がる。つまり、文化は規範や抽象的な価値に訴えかけ、社会は形式的で合理的な手続きに依拠し、人格は「抽象的な個人的関心が自己実現へと送り返されるほど、自分自身を引き受ける主体の個人化へ」向かうのだと。[35]

この主題がそれほど独自なものではなく、すでに増大する多様化の現象として、近代化の表象の中に現れていたことは認めよう。とくにウェーバーは、以下に述べるようなさまざまな「純粋」な領域へと社会的実践の多様な圏域を自律させる合理化プロセスの次元を主張した。すなわちマキャベリにとっての政治、一九世紀の芸術のための芸術、資本主義、そしてとりわけ倫理的合理化であり、それは個人を自分自身の行動の主体、自律した個人、「自由に」愛着を抱く諸価値への関係の唯一の判定者にしようとするものであった。[36]このような主題が独自なものでないのは、今日、「ポストモダン」と呼ばれる表象の多くに再発見されるからではない。もしこの概念につきものの混乱がなければ、われわれはその旗印の下に参じることもできただろう。しかし「ポストモダン」と呼ばれるものはしばしばモダンなもので「しか」なく、分裂の増大、大きな物語やメタ社会的な保証者の消滅といったモダニティの表象の中にしか存在しないように思われる。ポストモダンの旗印がこれほど多くの潮流やさまざまな理論を指すので、いずれのポスト・モダニティが問題となっているのかよくわからないほどだ(37)。ポスト・モダニティを危機、デカダンスであるとしたベルのそれかもしれない。またラッシュのそれでもありえ、彼はポスト・モダニティを後期資本主義、消費の支配、イデオロギーと革命的運動の消失と同一視した。彼の言うポスト・モダニティでは社会的経験の断片化があっても、社会システムが一つの支配原理を中心に組織されることを防げないのだ(38)。

それゆえさまざまな行為の論理の異種混交性は、社会というものを中心の欠けた一つの全体として考えるように促す。社会全体のレベルでの規制が存在せず、要素の寄せ集めが明らかになる。この全体性と経験の主観的意味との間に一致はない(39)。社会的経験が行為の諸論理の組み合わせであり、その意味が諸個人の組み合わせのワーク（作業）から生まれてくるのと同じように、「社会システム」や「社会」と呼ばれるものもまた諸要素の組み合わせであり、その統一性は行為者の政治的能力に由来するのだ(40)。認識論的な用語でいえば、行為論理のこのような多様性は、説明タイプ自体の多様性を受け入れるよう促す。なぜならあるシステムの性質を定義するということは、そのリアリティを表象するというだけでなく、その理解可能性のあり方――ベルトロのいう「社会的なものの知」――の選択でもあるからだ。それゆえ、システムの一般理論の一つに与するよう勧めるのはもはやあまり妥当なことではない。必然的にとても広範囲に及ぶ一般理論の性質が、最も大きな有用性をもつとはもはやいえなくなっているからである。他方でもし行為からシステムへとこれほど「遡及される」ものとして、説明プロセスの多様性を認めねばならないとしたら、折衷主義を良いことだとするのも不可能である。まさにその反対で、さまざまな合理性や「リアリティ」の諸次元を区別し分離することが、「複雑性」という口実のもとにすべてを混ぜ合わせることより適切なのである。

いくつかの理論的要素を提示してきたが、ここからはいくつかの概念をもとにして、それらを展開し例証していく必要があるだろう。最も古典的な概念の中から私は以下の二つを選んだ。社会階級の概念と制度の概念である。それらは社会学の文献や、ある部分は私自身の研究、もしくは私が参加した研究から借用された事例をもとにしている。

II 炸裂した階級の行為

社会階級という中心的な概念は、長い間、古典的社会学の、とくに「左翼的」な社会学の中で、「全体的」概念の一つとなってきた。諸階級は説明されるべきものであると同時に、個人の行動や集合的な行動を、「最終審級」においてであれ、説明するものでもあった。この概念の重要性は、たんにイデオロギーや「傾性」の問題ではない。なぜなら、産業社会において社会階級は、行為のあらゆる登記簿に登場し、共同体の消失後に個人の統合を保証する集合的なまとまりとして現れると同時に、生産関係における共通利害の集団として、また歴史の主要な集合的行為者としても現れてきたからである。近代的な労働分業が階級を作り出し、社会を分断するとともに諸個人を統合してきた。それはまた政治的表象、すなわちユートピアやイデオロギー、歴史や歴史の意味を指導するような利害関係も生んできた。マルクス主義の伝統やダーレンドルフ、あるいは『産業社会講義』を著した際のアロンによると、階級とは、すべての行為の論理が混ざり合い重なり合って現れる、産業社会の中心的な

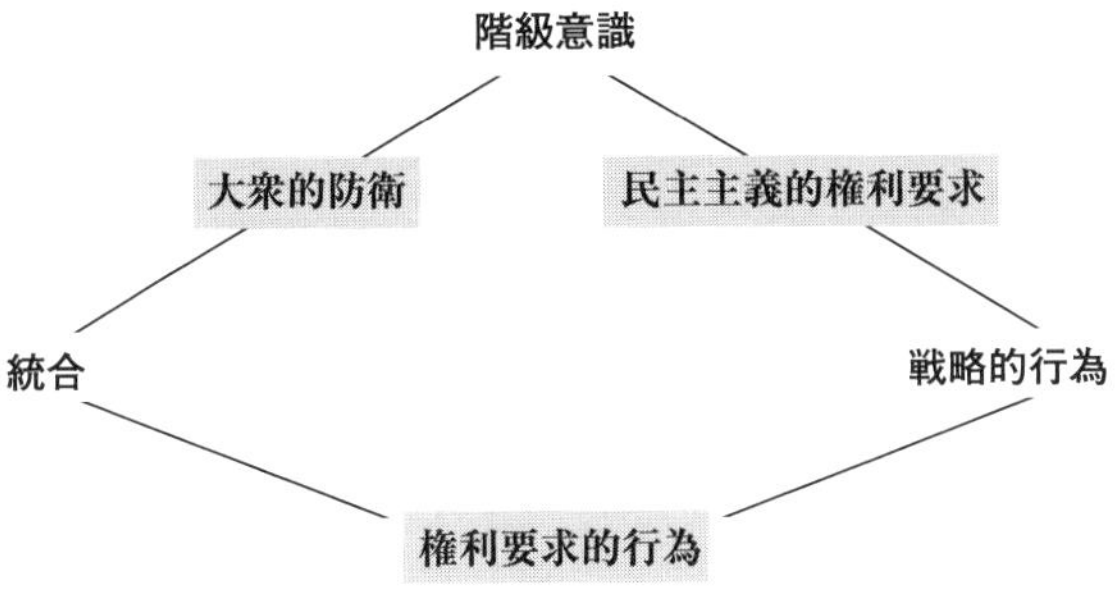

［図2］

「登場人物」である。[41] われわれが示してきた概念一式を用いて、社会階級と階級行為の「全体的」概念は図2のように表すことができる（行為の「純粋な」カテゴリーを太字で、その実践的で統合的な諸次元を網かけで表している）。

1　共同体としての階級

社会階級は、トクヴィルが理解した意味での、民主的社会の構造化の様式として、秩序と世襲的階級制《カースト》を引き継いだだけではない。それはまた共同体に取って代わり、同じ文化と生活様式を共有し、同じ集団に結びついていると感じる諸個人の統合の枠組みを作り出す。階級意識とはまず集団への帰属意識であり、階級関係は何よりも社会的距離と連帯の感覚を通して表明される。すでに引いたとおり、アルヴァクスの理論はデュルケーム的な社会の概念と階層理論の接続に努めた。[42] 労働者たちはたんに社会の「底辺」へ追いやられ支配されるのではない。物質のほうへ向かい自分たちの労働によって「脱社会化」され、社会生活の最も活発で濃密な中心から切り離されるのである。労働者たちの生活様式、消費の仕方、食習慣は、共同体や暖かさ、そして人びとを結びつけるものに価値をおく。労働者たちの余暇は労働作業を日曜大工へと延長するという有益なものであるが、集団を強める共同体的なものでもある。たとえばカフェや街角における共同性、そしてサッカーも付け加えておこう。[43] この労働者の社交性は選択的な親近性よりもはるかに融合のほうを向いている。この階級文化は、共同体のさまざまな美徳を中心としており、一人抜き出ることは禁止され、近接性の社会的コントロールが保証される。[44] 公と私の断裂がはっきり主張されるが、それは私的なものが集合的規範に従うという条件の下であり、うわさや人がどう言うかがこれを監視する。都市では労働者の世界が一つの「社会」を形作り、多くの場合、ほかとは切り離される。つまりその共同体は、しばしばスティグマを押されつつも、同質性に価値をおいて、さまざまな結びつき、評判のコントロール、他の人びとへの距離感をとおしてその維持に努めるのである。ベルギーのとある製鉄の町で行った調査の際、住民たちは、「自分ら」の若者たちの行きすぎ、土曜の夜に出かけて騒いだり「酔っぱらったり」することを、警察や判事に押さえつけられ、中産階級のあまりに上品な理想や規範に従わされている若者たちの、当然の楽しみ方だと解釈していた。[45] 労働者地区はたいてい孤立し、町の他の部分から切り離されて、工場のとなりや鉱山の掘削地のすそ野に作られていた。シレジアでは、鉱夫たちが自身のことについて、自嘲気味に「部族」という言葉で語った。[46] もちろんこのような共同体的な側面は、産業社会の歴史や都市の組織化のタイプに応じて大きく変化する。二つの国民という主題が形成される英国ではそれが非常に強かったし、いまでもそうである。アメリカでは、労働者階級が長い間移民たちの移動の場であったから、これに比べてずっと弱い。[47]

リプセットが庶民階級の権威主義の理論を打ち立てたのは労働者階級のこの側面からである。[48] 共同体と同一化される階級意識は、自分たちの価値を守り、脅威となる次のようなものに反対することしかできない。文化的なリベラリズム、外国人への寛容、性的役割の変化などに。それゆえこの労働者階級からできた政党は、自分たちを体現する党首に対する愛着で、権威主義的な色調を帯びることがある。しかし、あまりに大雑把な分析は事実に裏切られることも多い。たとえばとりわけナチズムの勃興のようなケースでは、私的な保守主義は必ずしも政治的権威主義に変化しなかった。[49] とはいえ組織化された階級の行為が共同体的な意識にたとえ還元されなくとも、非常に強く結びついていることは明らかである。共同体的意識は、脅威にさらされている地域や企業の生存の闘いにおいて、動員の重要な構成要素として、あるいは本質的な側面として現れる。しかし共通の利害や権利要求に開かれたさまざまな機会についての認識の仕方もまた、動員の決定的な要素である。

文化的総体、言語、所属感覚としての社会階級の概念化がおもに「典型的な階級」である労働者階級に関する諸研究によって支えられてきたとはいえ、同じ説明は他の社会的カテゴリーに関しても導かれる。つまり中産階級、「高級住宅街」、貧しい人たちなどのカテゴリーに関してもである。政治的な態度や選択、好み、教育スタイルなどは再生産される階級所属が多様な形で現れたものである。この観点からみると階級は相互に対立しあうというより互いを区別しあうのである。

2　利害の総体としての階級

社会階級を理解する第二のやり方は、共通利害によって定義されるグループを作ることである。つまり階級とは分業や不平等な資源配分に結びついた階層の尺度上での共通の位置に応じて同じ利害を共有する個人の集まりである。階層が語られる際には一般に、ウェーバーに倣ってさまざまな層が必ずしも決まった分類基準に従って序列化されるわけではないということが認められている。階層の部分的重なり合い、地位の非一貫性、階層移動のチャンスは、これら多様な階層に多かれ少なかれ「リアリティ」を与える諸要素である(50)。

しかし、「階級意識なき階級は存在しない」のであり、一つの階層が階級となるのは、それが利害の共通性に関する一つの表象をもつ場合に限られる。マルクスからオルソンに至るまで問題はまったく同様である。すなわち階級利害の定義、とくに共通の利害について行為者が抱く意識の問題なのだ。階級行為とは必然的に組織化された集合行為であり、分かち合われた利害を守り、活性化することをめざす。こうした観点では、集合的利害の意識が自明のことであるとはいえず、資源動員論があるグループの集合行為の能力における共同体的感覚の役割に光を当てたし、「亀裂の重ね合わせ」や選択的誘因の役割を明らかにした[51]。しかし共同体的な所属が階級行為の一つの資源だとしても、それは中心的な原則ではない。なぜなら主たる問題は共有された利害についての意識の問題であり続けるからである。階級間の関係は与えられた場での競争の関係である。そしてその場の性質が階級行為の展開において中心的役割を演じる。ショーターとティリーが、フランスにおける一連のストライキおよび労働者の動員に関する研究の中で示したのがまさにこれだ。一連のストや動員は経済変動との結びつきが弱く、政治的および制度的システムによって提供される機会や開放の度合いにいっそう直接に依存していたのである[52]。実際、潜在化され続ける可能性のある階級利害の表出を促すのは、プレーヤーたちの置かれた状況およびゲームの性質である。

この観点からいうと労働者の行為は、経済的な権利要求という言葉で分析される。つまり労働組合の役割は、労働者の労働力を最も高い価格で売ることである[53]。しかしこの厳密に経済的なイメージは、ストライキの強度と頻度が集合的交渉の制度的枠組みに依存すればするほど、まったく不十分となる。階級行為は、職業関係のシステムに書き込まれているし、それはまた政治的なものでもあるのだ[54]。このタイプの分析では、本当の行為者は階級というよりも利害集団であり、組織であり、活動的なマイノリティたちである。それはレーニンがとくにはっきりと述べたことである。

3　社会運動としての階級

社会階級という概念に関する最も古典的な論争の中で、社会学の歴史を通じて展開されたものが以下の二つである。第一は社会階級の数に関するもの、第二は階級利害の概念についてのものである。階級の数については、マルクスのいくつかのテキストがよく対置されてきた。譲ることのできない紛争にコミットする二つの基本的階級しか存在しないと主張するにせよ（たとえば『共産党宣言』がこれにあたる）、社会がもっと多くの階級を擁し、農民たちのような「客観的」ないくつかの集団は共通の利害についての意識を欠いているという理由で一つの階級とは考えられないと主張するにせよ（『フランスにおける階級闘争』を参照）。一方、階級利害に関する論争は、直接的な利害についての意識つまり個人的利害を集積させる能力としての階級利害の定義に対して、「歴史的役割」についての意識あるいはそれほど時代遅れになっていない言葉を使えば社会全体に関するラディカルな紛争についての意識としての階級意識の定義を、対置した。この論争は明らかに、利害の共同体としての階級に対して、歴史的行為者つまり社会運動としての階級を、アロン流にいえば「意思としての階級」を、対立させるものである。

階級行為のこのような論理は、利害の共通性や対立関係というものを踏み越えている。というのもそれは労働における紛争的関係を、支配および一般的な紛争の原理へと拡張するからである。ヨーロッパの産業社会においてこの論理は、社会についての主要な批判的表象を作り出し、階級支配の具体的形態として機能主義的秩序が解釈された。労働と資本の対立はもはや企業の中だけに限定されず、都市、文化、教育などの中にも見いだされる。労働はたんに最も良い値で売るべき経済的な財であるのみならず、一つの価値、「人間学」であり、そのうえに労働者の尊厳と自律性を呼びかけるオルタナティブなユートピアや主体の定義が打ち立てられる。産業主義的な諸組織の支配に対抗して誇り高きアイデンティティを支えるものとしての労働というテーマは、とりわけトゥレーヌが労働者意識の変容についての分析の中で強調したものである[55]。たとえば労働運動は、改革主義的であれ革命的であれ、労働者だけの利害、とりわけ組織された労働者だけの利害を越えた政治的勢力になることにあこがれをもっている[56]。二〇世紀のヨーロッパ社会の政治生活は、労働運動とその「仲間たち」が指導者階級とその「仲間たち」に対立する断絶をめぐって組織されてきた。認知的で同時に規範的でもある観点からすれば、社会というものが一つの主要な紛争のまわりに組織されていて、その紛争が社会を分割しつつも交渉や制度システムの開放性、すなわち「進歩」と呼ばれるものによって統合することもできると考える、「普遍的」な観点を採用する能力が特別な社会的行為にはあったのである。これらのイメージや概念全体が非常にイデオロギー的に、時には危険にみえうることは今日ではあまり重要でない。忘れるべきではないのは、たんなる労働や不公正の問題を超えるような野望をもつ運動を作り上げた、これらのイメージや概念のもつ能力である。

4　分離

階級のこれら三つの側面間の緊張関係は長い間、社会学上の論争と研究を育んできた。いろいろなマルクス主義者がたえず、「短期的」な経済的利害の意識と「歴史的」な階級意識との結びつきと緊張関係という問題を提起してきた。「社会民主主義的」な権利要求行為と革命的政治的行為をはっきり分離したレーニンの対応が思い出される。党と組合「との」結びつきや役割に関するさまざまな議論はすべて同じ問題に属する。六〇年代になされた論争は、労働者階級の「ブルジョワ化」、共同体的感覚の希薄化とそれが階級意識に与える影響についてのものであり、階級のさまざまな側面の連続性の欠落という問題もまた提起した。[57] フランスでは同じ時期にマレが「新しい労働者階級」につながる以下の問いを提起した。すなわち労働者の文化が、その貧困ととりわけ関係する共同体的特殊性を失い、テクノロジーがチェーン方式から流れ作業へと生産関係を変化させ、熟練工が技術者へと変化するときに、階級意識はどのように変化するのかであった。[58] これらの議論すべてが示しているのは、ある次元の行為から別の次元の行為への移行は自然には起きないということであり、また多くのヨーロッパの産業社会では、階級行為の統一性が中心的な政治的社会学的問題だったということである。というのも、その「経験的」な議論を超えて、社会的諸関係や政治生活の構造化そのものが問題となったからだ。

社会学的分析における社会階級の概念の重要性は、われわれが提起したばかりの三つの論理の統一性もしくは統一したいという欲求にもとづいている。産業社会で社会階級の概念がこれほどの重要性をもったのは、行為の三つの論理の連続性という強い原則への信念によってであった。この共同体は、利害集団としても社会運動の行為者としても考えられていたのである。

この確信は厳密にはイデオロギー的なものではなかったし、産業社会のいくつかの面がこのような表象を裏づけているように思われたと確かにいわねばならない。われわれがそう考えたのは、労働者階級が社会階級のこれら三つの概念の間のゆるぎない結束として現れていたような産業セクターに関する調査からである。ロレーヌ地方の製鉄業の町ロンバやベルギーのワロン地方の製鉄業のセレンあるいはペリグー地方の鉄道員の住む地域では、共同体的な一体感は、文化的な大衆化によっておそらく脅かされてはいたが、異論をもたれることはほとんどなかった。労働者組織によって労働者意識の存在として示される利害の同一性についても同じくそうであった[59]。これらの社会や赤い郊外［共産党の基盤となった、大都市郊外地区］の歴史的形成の中では、労働者の経験は一枚岩のように与えられたのである。つまり労働者組織は、共同体的でしばしば保守的な強い所属感と、一つの紛争としての社会の表象を組織しつつ一つのプロジェクトを担う階級意識とを、「一緒に維持」したのである。行為者たちはそこではまずもって、共同体に根ざし、党や組合によって組織され、ユートピアを担って進歩に自己を同一化させるような「人物像」として現れる。このイメージは明らかに単純すぎるが、労働者階級の中では中心的な参照点として、諸個人が一致し社会の発展について判断する出発点となる規範であり続けた。この当時なされた諸研究によれば、労働者たちは工場の生活を地区の生活と結びつけ、集団の防衛を社会の批判と結びつけ、そして「特定の」利害を全体社会的な闘いと結びつける活動家として自らを定義したのである。この世界は表象においても社会変化においても非常に急速に崩壊したので、以上の数行の文章自体がすでに古臭く、劇画的で、せいぜいノスタルジックなものに感じられるほどであるが[60]。

八〇年代初頭に行われた調査になると、活動家としての労働者たちは行為のこれらすべての構成要素の分離を証明しただけであった。もはや誰一人として階級行為の多様な意義を結びつけるには至らず、その経験は、相互に強め合っていると思われた論理すべての分離によって支配されていた。労働者はもはや一つの「人物像」ではなく、自分たちの世界の炸裂によってばらばらになった行為者であった。世界の終わりというこのドラマティックな意識の中で、労働状況の諸要素の分裂に応じて、行為が社会的経験により置きかえられる。あたかも自分たちの世界の解体の中で断片化してゆくのが労働者たち自身であるかのように。

労働者たちがいうには、共同体としての、そして文化としての労働者階級は衰え、対照的な二つの動きに従属していく。労働者の砦や地区が崩壊する中で、一方で、資格をもつ専門工たちや比較的保護されたセクターで雇われてきた事務労働者は、中流階級内の下位部分として生きていく。その生活と消費の様式は、社会的距離や労働者アイデンティティ肯定の刻印をそれほど受けず、相対的な消費水準として規定される程度である。ある人びとは一戸建て住宅地区へと「登りつめ」、他の人びとは集合住宅の労働者的というより大衆的な世界に住み続けざるをえなかった。地区と工場は分離され、「階級の」余暇はメディアの提供するモデルの中で希釈され、子どもたちは学業上の大衆化にとらわれて長時間の勉学をするものと考える。他方で、労働者階級のその他の部分は新たに「下層プロレタリア化」し、仕事や資格よりも相対的な排除によって定義されるようになっていく。[61]今日では「郊外」の世界を通して知られているが、そこでは社会的、政治的、経済的な参加の欠如が労働者階級に属する感覚よりも大きくまさるのだ。その共同体的つながりは作り直されうるものであり、ほかのいくつかの原理、「なわばり」やエスニシティといった原理へと訴えかける。この下層プロレタリア化によって脅かされていると感じ、労働者階級のいくつかのセクターは排外的あるいは人種的な共同体意識に閉じこもる。そしてしばしばみられるように、その共同性が最も強かったところで、このような転倒が最もひどいのだ。[62]共同体としての階級は無数の差異化のヒエラルキーの中に拡散するか、「純粋な」共同体への欲求の中で自律化していく。

広い共同体的つながりと「普遍的」な階級意識から分離した権利要求的行為もまた、一連の特定化された防衛的あるいは労使協調主義的行為へと自律化する。「階級の観点からの」組合運動は退潮傾向になる。観察されるのは、組織的な諸問題のいっそうの自律化であり、大きな圧力をかけるのに戦略上好位置にある限定されたグループの諸利害を守るよう組合行為を促すのだ[63]。このグループは、呪術のようなやり方でしか、「大衆や階級の基盤」へと訴えかけられない。またしばしば、とくに公的セクターでは組合行為が各企業の公的サービスの地位と「使命」を守ることと同一視される。たとえば国鉄、フランス電力公社、あるいは国民教育省などだ[64]。これら二つのタイプの行為は、近代化をめざすフランス労働者協議会（CFDT）の内部的緊張が示すように、しばしば矛盾するがそれだけではない。それらの行為は、新しいプロレタリアートをまったくほったらかしにしている。フランスの組合運動主義の危機を越えて、労働者の階級意識は特定の利害意識や排除の感覚へと分解している。とりわけラ・サンテ刑務所やパリ交通公団でのいくつかの紛争の中で現れたさまざまな協力関係にみられたのは、階級行為の再生ではなくむしろいらだちを伴う協調主義的な抗議であり、また女性たちのような、長年マージナルだったグループが組織的な集合行為に参加する様子であった。

この二〇世紀末の最も重要な出来事はおそらく、共産主義的世界の消滅、解放闘争の枯渇、ネオ共同体主義運動の隆盛である。一つの帝国の瓦解、一つのイデオロギーの退潮、政治的敗北や地政学的転倒など以上に、失われたのは全体的な社会運動というテーマである[65]。すでに六〇年代と七〇年代は左翼主義の時代、すなわち労働者階級なき労働運動の時代、土台なき前衛の時代、革命的人民なき革命的「中心」の時代であり、ズレもなく行為者もいない絶対的秩序として社会をとらえる社会思想が押しつけられた時代であった。いくつかの状況では、主体なき運動のその「純粋」な論理がテロリズムへと至った[66]。産業社会の只中では、労働運動の諸価値そのものが、そのタイプの社会［産業社会］の中心的諸原理の表れだとして、「脱物質主義的」文化に依拠する新しい運動によって糾弾された[67]。それらの新しい運動の大半が「本当の」社会運動として自己を打ち立てられなかったというのは事実である。同様に今日の失業の強い影響力が労働運動に新しいチャンスを与えることもなかった。脱産業社会の中で支配の新たな諸形式が産業的な階級関係を変容させた。また市場の一般化とさまざまなテクノクラシー的装置が、産業ブルジョワジーの「中心」権力に少しずつ取って代わりつつある。

労働者階級の構成要素の相対的な一体性にもとづく古い労働行為は、行為の諸論理の複数性によって諸個人が拡散しているように感じ、自分たち自身から分離させられていると感じるような社会的経験へと場所を譲ることになる。そして、諸個人は、社会の中で自分の経験の統一性を打ち立てなければならない主体として自己を生きる。その社会はもはや生産関係を「中心」とする統一された一つのシステムとして自らを提示することはない。後でまた述べるが、このことは階級や支配の関係の消滅を意味するわけではない。しかし社会的諸関係の複数の次元が、そのうちの一つが他を圧するということなく形成されるようになる。また産業社会から生まれたさまざまな人物像や人格性も拡散していくが、それはある社会領域から別の領域への連続性の原理が必ずしも存在しないからなのだ。もし労働者階級と労働者たちがつねにいるとしても、その階級は「全体」的な世界としては枯渇しており、そして労働者たちはもはや、長い間、産業社会および赤い郊外地区の「労働者」とされてきたもの、そこには神話と現実が混ざっているが、には同一化できない。社会的統合は利害の競争から離れ、今度はその競争が批判的かつユートピア的能力から分離することになる。

III　学校とは制度か？

制度の概念は、社会階級の概念よりもずっと多義的なものだが、社会階級の概念とまったく同様に社会学理論の中心であった。社会化の制度として学校を分析するにあたり、学校というものを、文化を伝達し資格を配分する役目を担った社会化の装置という、比較的限定された意味で理解することにしよう。きわめて大まかに定義するならば、社会化の制度とは価値を規範と役割に転化させる機能をもつものであり、こうして生じた規範と役割が、今度は個人の人格を構造化することになる。つまり社会化の制度は、価値を制度化しなければならないのだ。教育システムに関していえば、このきわめて一般的な機能は、分化した諸要素に特化しうるものである(68)。

　デュルケームが強調していたように、学校教育はそれが「意図的」なものだという点で、家族内でなされる教育とは区別される。学校教育はまた、たんにある文化の再生産をめざすだけではなく、あるタイプの社会や個人を生産しようとする、一つの文化的モデルと同一視されるものでもある。この視点からすれば、カリキュラムの選択はつねに恣意的なものを一部含んでいるし、学校とはすべて、主体に関するあるいくつかの概念に訴えるものである。だが学校は修道院のような共同体ではない。なぜなら学校は所与の社会的ヒエラルキーから出発して、学校的ヒエラルキーと資格とを生産するからである。この二つの秩序の関係に関する研究は、学校により生産されかつ再生産される不平等に関する研究として、長らく教育社会学の中核となってきた。つまるところ学校は、ある組織を媒介としながら、一つの教育的プロジェクトと社会的ヒエラルキーを関連づけているが、こうした組織の生活上の規則や規制の形式、役割の配分により、デュルケームが述べたように、ただ一つの家族よりも「より広範な」一つの社会の中へ、子どもたちや若者たちを統合するという機能が保証されている。手短かにいうと、学校制度は三つの機能を保証している。つまりそれは教育の機能、選択の機能、社会化の機能である。この三つの機能は互いに序列化されており、価値を規範に、規範を役割に転化させるという伝統的なイメージに帰着する。われわれは高校での学校経験について実施したある調査から、この学校についての表象を大きく転換させるにいたった。というのもこの調査によって、行為者の視点からすると、この三つの機能が統合されてはおらず、一つの全体を形成していないということ、すなわち実はこれら三つの機能は非常に強力な緊張関係にある、ということが指摘できたからである(69)。つまり制度とは、統合された諸機能をもつ「一枚岩」としてではなく、比較的不安

定な構築物として、一つの配置として現れるものなのである。(70)

1　調整された制度

二〇年前［一九七〇年代］の大激動が起こるまでは、学校は大きな緊張もなく自らのさまざまな諸機能を接続することができたという点で、一つの制度として現れることができていた。フランスでは、学校の選抜機能は相対的に「調和的」なかたちで管理されてきたが、それは学校制度が大規模な社会的分化とおおよそ対応する、多様かつ互いに分離した数々の学校を併設させることで形成されてきたという限りにおいてである。(71)相次ぐ改革や次々と進む「奨学生」の導入にもかかわらず、「小規模高校」を前身とする高校は、「ブルジョワ」の子弟の受け入れを使命としていた。社会的選抜の本質とは、じつは高校それ自体の前段階で実現されている社会的選抜のことであった。一九六二年時点でもなお、「優秀」な生徒と認定された管理職の子どもたちのうち、八九パーセントが第六学年［中学一年］に入学したのに対して、まったく同様に優秀とされた労働者の子どもたちでは四二パーセントだった。「平均」とされた生徒でその割合は、［管理職の子どもでは］六四パーセント、［労働者の子どもでは］一四パーセント、そして「劣等」とされた生徒では同じく五〇パーセントと二パーセントであり、その差は拡大する。(72)フランス共和国の小学校は長らく初等教育に限定されてきたが、それは庶民向けの学校であり、大部分の生徒たちにとってはそれが就学のすべてだった。その際に思い出すべきは、一九三〇年代に、全体のちょうど半数の生徒たちが初等教育修了証書をもっていなかった、ということである。その当時、初等教育への就学を決定していたのはもっぱら出自であり、非宗教的学校創立の父たちが有していた共和政的なエリート主義は、社会移動というプロジェクトとまったく一致しなかった。(73)これら二つの学校間にあるコレージュ［中学校］という媒介的なシステムによって、中産階級出身の劣等生の子どもたちと、庶民階級出身の子どもの中で最も才能豊かな生徒たちとが、より長期の就学を受けていた。もし彼らが奨学生になることができた場合、その中で最も優秀な者たちはリセ［高校］への進学を希望することができたが、彼らはギリシャ語やラテン語、そしてその「遺産相続者たち」［ブルデューの同タイトルの著作を参照］が支配する正統派の履修コースからは長らく排除されたままだった。労働者の子弟で最も優れた者たちに関していえば、いくつかの専門学校に受け入れられており、その結果こうした専門学校は将来の労働「貴族」を一部形成していた。このシステム全体が、学校的選抜の前過程に位置している社会的選抜によって特徴づけられるものだが、こうしたシステムの全体により学校的競争がわずかにしか引き起こされないことで、高度な資格の一定の希少性が保証されていた。学校は才能豊かな生徒たちを、コンクール［全国学力競技］や奨学金という手札により優遇することができたのであり、学校はこの手札により、あれやこれやのシステムに到達する機会をきわめて不平等に分配する社会と向き合った、正義の世界のように感じられていた。[74]

同質的な学校的大衆と直面した伝統的な学校制度は、教育的な野心をはっきりと肯定できる状態にもあった。高校は、偉大なる文化と人文学的教養とを支持し擁護していた。つまり高校の文化的な偏向は、経済や技術に背を向けるものだった。[75] 中等教育と高等教育の卒業証書の希少性は、高校の価値を保証していた。初等学校は、すでに識字教育が非常に進んだ社会の子どもたちに対して、読むことだけを学習の目的とはせず、何よりもフランス共和国を創造し、旧体制のフランスに対抗する理性と啓蒙の価値を奨励していた。[76] 教授［高校教員をさす］は文化と知を体現していたし、小学校教諭はデュルケームがいっていたように、「聖なるもの」をもっていなければならなかった。先生の威信はその生活水準に由来するというよりは、彼らの多くがすべてを負っている制度を通じて、彼らが体現する価値に由来しており、彼らはしばしば元奨学生だった。

結局、知育（インストラクション）か徳育（エデュケーション）かという教育論争を通して打ち立てられた大きな対立の中で、学校は知育の側に立っていた。学校は、固有の規則と固有の価値の上に閉じていたのだ。学校は子どもにも若者にも実際は関心をもたず、彼・彼女らの中にある成人的で理性的なものにしか注意を向けなかった。この学校は男性と女性を分離しており、集合生活の中であるタイプの人間を育成することをめざすアングロサクソン的あるいはドイツ的な教育モデルからは距離をとっていた。後者は共同生活、スポーツ、生徒同士の信頼関係など学業的ではない訓練を通して責任感を学ばせるものであったのだ。

こうして生まれたのが、非常に強く規制され、社会移動をめぐる競争に対して全面的に閉じられた制度である。この制度は、はっきりと定義された教育プロジェクトを中心に同質的な人びとを受け入れており、自身も制度により厳しくコントロールされた同質的な教師たちによって実現されていた。学校文化、資格の分配、教育が一つの全体を形成していた。教師は高校では「人格者」だった。プラトン的なモデルに従うと師への愛は、師がもつ理想への愛、さらには師が体現する価値への愛になったのだ。つまり教育の理想は、画一的であまり勉学的でない生徒を生み出すことをめざしていた。(77) 生徒たちの馬鹿騒ぎそれ自体が、こうした制度の規制の諸様式の一つとして現れることがあった。それはシステムに脅威を与えるというよりは、学校の統合に必要な遊びや共犯関係を生徒たちに認めるものだった。(78) 教師や生徒、そしてその家族たちの期待は調整されており、学校の黄金時代というイメージが次第に形成されるまでになっていた。ただし黄金時代といっても、そこには学校に関する深刻な社会的分断や閉鎖性、さらには先生と生徒の関係に大きな距離がみられた、ということを忘れてはいけない。

こうした調整された学校制度のイメージは、批判的社会学によって告発されることがなかっただけでなく強化されることすらあった。(79) ハビトゥス、アスピレーション［野心］、言語コードの力により、学校文化が社会的不平等に自発的に適合するという「再生産」の主題は、学校についてあまりに完全に適合したイメージを提起するため、学校の中で生じる葛藤や批判も理性の狡知としてこの統合に関与していると思わせるほどだ。「国家のイデオロギー装置」という概念が学校に適用されることで、それ自体がこのような説明をさらに強める。なぜならこの概念により学校制度は、社会階級の正統な生産という機能的な究極目的論に従属させられるからである。(80)

2　学校はもはや制度ではない

「制度」という用語を、われわれが先ほど選択した比較的狭義の意味、つまり中心的な価値をめぐる強力な機能的統合の能力という意味で理解するなら、学校はもはや制度ではない。以上のことから、学校により生み出されている危機感を説明することはできるが、だからといって学校が「機能して」いないと述べることと同じにはならない。ただたんに学校がもはや制度としては機能していない、ということである。

　学校の大衆化は、資格配分の諸様式を根底からすっかり変容させてしまった。いかなる生徒であれ、男女共学の中学校で同一の競争からスタートするという点で、就学は長期にわたる選抜試験と結びついており、そこでは生徒や家族の能力、野心、資源、戦略的能力が必要不可欠な手段となる。行為者の視点からすれば、選抜の本質はもはや学校の前段階ではなく、まさに学業の只中で展開されるのだ。つまるところ、たとえ学校的不平等が社会的不平等の大部分を再生産するとしても、学校的なヒエラルキーが生み出される方法は根底から変容してしまっている。学校のコースを通じてずっと計測され蓄積されてきた小さな差異や隔たりにより、最終的には数々のヒエラルキーが生み出されるが、そのヒエラルキーとは、まさに無限に断片化されたシステムの中でこそ感じ取られるものである。それはある種の学校的な「市場」の中に位置づけられており、この市場の中では、多様な科目や履修コース、学校施設がじつにさまざまな価値を獲得しているのだ。また教育社会学が、学校における不平等の「生産」過程をより詳細に研究するために、巨視社会学的な大規模調査を少しばかり軽んじているのは、たんなる知的流行の効果によるのではない。学校が受け入れている不平等を「加速」したり補強したりするのは、ほとんどの場合学校自体であり、それは多様な相互作用を通してなされているように思われる[81]。学校像は変化したのであり、もはや不平等な社会の只中にある公的な正義の孤島ではない。学校はそれ特有の不平等と、それ特有の排除を生み出している。明らかに学校の大衆化は教育と多様な学校的大衆との間にある従来の調和関係を崩壊させた。中学校、リセの第二学年、そして大学の前期課程は、学生大衆内の異質性、生徒の学校規範への違和感、生徒の「レベル」を前にした教員の当惑、生徒らの苦悩などの諸問題が増加する学年だと認識されている。

学校が大衆化したために、つまり卒業証明書の数の増加が社会的に重要な唯一のものである卒業証書の相対的な価値を変化させたために、(82)あるいは徳育と知育の間にある境界線がすでに長らくかき乱されてきたために、教育モデルと学校の目標との相対的な同質性は激変してしまった。学校に関する政策と論争の性質がまさにこのことを示しており、数多くのモデルが次々に交代したが、これらのうちのいずれかが全面的に優勢になったということはただの一度もない。つまりそれはまた、こうした学校施設での生活を通して行われる論争や時には緊張が示しているとおりであり、とくにこうした緊張は、どのような「プロジェクト」を企画するかと問われた際に明らかになる。(83)学校は一連のジレンマにとらわれているように思われ、そこから抜け出すことは困難である。ある人びとは学校がそれ自身をみつめ直し、閉じたとはいわないまでも、少なくとも独立した制度としての使命を再び見いだすことを要求している。しかし学校へのこうした回帰を望む人びとは、伝統的な学校文化の支持者たち、つまり共和主義的で公正な学校文化の支持者たちと、人格教育的な学校の支持者たちとに分裂している。前者は学校的ヒエラルキーと学校的ルールとを肯定しながら、成果を追求することを重視し、後者は子どもや青少年に重点をおいて、ただたんに「勉学的」ではないものや、生徒たちに彼らの家族や社会がもはや提供できないものを提供するような学校のあり方を夢想する。したがって、教員室で用いられているカテゴリーを使うならば、こうした葛藤のもとでは、「反動家」たちと「教育家」とが対立している。また、学校が社会や経済に対して十分に開かれていないことが非難される、ということも生じている。教師、さらには保護者や生徒たちの多くが、経済の要請に対応した学校、つまり功利的で効率的な学校を希望している。つまり、IUT［工科大学校］やBTS［高等技術者免状］の成功、つまり徒弟制という繰り返されるテーマはこの動向を支持している。しかし、ほかの人びとによれば、学校が開かれているというテーマは、学校の社会的かつ統合的役割に訴えかけるものだと理解されてはいるが、「困難な地区」の住民からは、きわめて縁遠いものだとみなされている。つまり、統合的な伝統をもう一度見出すということが重要になるといえるが、それはやはり「共和主義的」なのだ。この際、「リアリスト」たちは「社会的援助者」に反対する。さまざまな教育モデルが乱立していることで、学校システムは部分的な調整の方向へと向かっており、誰もが自分のものだと引き合いに出すほど十分に使い勝手のよい共和主義的伝統が、おまじないのように呼び出されるにとどまらず、たいていは学校施設ごとの水準で、時にはクラスごとの水準ですらこうした調整がみられる(84)。

中学校から大学にいたるまで、自らの目標や、大衆および環境への適応様式の一部を定義するように求められているこうした学校は、その価値や機能によるというよりも、うまくかみ合った行為を生み出すその能力により、クロジエが定義した組織というものにいっそうはっきりと対応している。したがって、いわゆる学校の危機が問題ではなく、価値を制度化する装置として認識されている組織モデルの終焉こそが問題なのだ。全体の凝集性が、行為者間の協調および制度上の価値に対する行為者の個人的な愛着とから生じているとした「系統的」あるいは機械的なモデルは、より「政治的」なモデルに取って代わられている。こうした政治的なモデルのもとでは、行為者間や行為者が求める数々の目的間の異質性にもかかわらず、さまざまな行為間の調整は環境という制約への適応や、諸行為を調整するまさに政治的な能力によって生じているのだ。

3　文化に関する論争

いくらか単純化することを私に許してもらえるのなら、階級や制度といったさまざまな概念は、分化の過程に支配されていると認めることができるだろう。こうしたことは、文化の概念にはそれほど当てはまらないように思われる。というのも文化の概念はそもそも社会学の領域では引き裂かれた概念であり、さまざまな意味の違いをめぐって議論と呪いの言葉の応酬が続けられてきた領域だとすぐさまわかるからである。フォルカンは、イギリスの学校カリキュラムに関する論争を取り上げた著作の中で、文化の定義をめぐって形成される知的で社会的な葛藤を見事なまでに明らかにしている。(85)

ある人びとにとって学校文化とは、「偉大なる文化」、つまり次のような営為により「自然と」選択されてきた認識のストックにほかならない。その営為とは社会やさらには人類が、科学と審美的で文化的な偉大なる伝統とを構築することで、自らに向けて実行してきたものである。マンハイムが定義したような意味で、ユートピアこそが重要なのだ。この文化は世界に適応すべきものではなく、それは特定の文化、つまり数々の社会階級やメディアの文化の「上部」に置かれた、自律的な「集合的主体」の姿を浮かび上がらせている。「教えることは、抵抗することである(86)」という有名な定式によれば、こうした文化とはまた歴史と同一視されるものであり、批判的思考、普遍的な規範、「内決定された」主体性を生み出す意志における歴史性と同一視されるものなのだ。

明らかに、こうした知のヒエラルキー化が実はイデオロギー、つまり多かれ少なかれ、いわゆる特定の文化の素朴な普遍化にほかならならず、最終的にこうした普遍化とは、このような文化を生まれながらに継承している人びとがもつ、学校的かつ社会的な特権の維持にほかならないということを、学校的な競争や功利性の用語を用いて説明する人びとがなんの困難もなく明らかにしている。そこで文化とは、戦略的な効果の角度から一つの資源として認識されており、この議論において文化の「偉大さ」は必ずしも疑問視されてはいない。万人が文化を獲得する際に社会的に障害となるものすべてが明らかになっている。機会の平等という観点にたつ人びとは、マルクスが人間の権利や啓蒙について描いた判断を、いくらか取り入れることになる。ただしその際マルクスは、こうした理想との対立を強調していたのではなく、労働者が本質的に政治参加から排除される資本主義社会において、ブルジョワ的人間の抽象的な表象として現れうるものに敵対することこそを強調していたのだ。

この論争の第三の原理は、諸文化どうしの異質性とそれらを対等に尊重することを強調している。この観点からすれば、偉大なる文化もまたある特定の文化にほかならず、あらゆるものにモデルとして課せられるものである。ここで人間学的な意味でいえば、文化とは存在と行為の様式および世界についての表象の総体として理解される。これは、文化主義的な人間学の伝統における文化と対応している。つまり文化とは「共有されており、特定の社会の構成員が伝達する、知識、態度、行動の慣習的なモデルなどの源泉である」[87]。偉大なる文化も他の諸文化の中では個別主義的なものでしかないため、各文化の自律性や非ヒエラルキーの原理は、多様な文化に開かれた学派の形成を示唆している。明らかにこうした姿勢は、偉大なる文化と批判的な普遍主義の両方とも対立しており、これらが市場文化、道具的理性、そして支配者の文化に還元される普遍的な文化の名のもとに、現実の諸文化を破壊すると非難している。

こうした論争の形式は完全に新しいものではなく、すでにヘルダーが「文明」について論じた批評の中に登場している。それは、マルクスや道徳の系譜学におけるニーチェの批判的思考の中にも継承されている。より最近では歴代の文化省大臣らに向けられた批判の中に、この論争がたどった紆余曲折やその反響の跡をたどることができる。この大臣たちは順番にかつ同時に、エリート主義、保守主義、デマゴギーなどという非難を受けてきた。しかし驚くべきは、こうした論争のスパイラルがもつ継続性と規則性である。なぜなら、これほど異なった視点を提示するにあたり、行為者たちはつねに同一の概念、つまり文化という概念を使用しており、その概念は同一の対象や同一の「現実」を指示しているからである。いいかえるなら、行為者たちは、自分が選択する「価値」よりも、むしろ自分が採用する視座によって互いを差異化しているのだ。こうしたそれぞれの視座は、その都度支配的な行為の論理を働かせており、自らを他の視座と関連づけかつ対立させるものを媒介してはじめて、意味をもつことになる。論争の数々の用語から根本的に身を離すことができなければ、合意にはたどりつけないのだ。

こうした際限のない論争の中で、社会的行為者たちは三つの準拠世界に身を置いて、社会のあり方を統合システムとして、相互依存システムとして、そして主体の定義と物事の秩序の間にある弁証法的な緊張として代わる代わる考察している。就学期間が長くなればなるほど、それが社会的地位の分配において重要な役割を果たすようになり、それにつれて共通の文化の構築において重要になり、文化の専門家に対して長らく任せられてきた論争が、選択や代替案の形で行為者の経験の中に降りてくる。

学校がもはや制度としては考察されえないとしても、だからといって学校を、市場からの圧力にただ対応するだけの企業体として認識することもできない。また学校は社会に背を向けた教育的な共同体でもないのだ。ずっと以前から学校関係者が抱えてきた問題や危機感の大部分は、学校システムの「諸機能」が互いにますます分離するという経験の中に根ざしている。フランスでは、学校施設に対して認められている自律性がいまだ脆弱だとしても、それは国民教育省の官僚制の危機に対応している以上にずっと、まさにこの制度的な形式が衰退していることに対する、唯一可能な対応として現れている。学校施設のリーダーや教師たちがもつ「政治的」な能力だけが、自分たちに投げかけられる互いに矛盾する要望を一致させることができ、それによって多少とも皆が幸福になるように思われる。最も「成果を上げている」学校施設、すなわち「すべての条件が等しい上で」とくに在籍生徒のレベルのおかげで最良の成果を残している学校とは、多少は偶然の理由によるものの、共同の規範を構築しており、学校に対する「諸要求」[88]を構成しているさまざまな要因を統合する際に、こうした統合の最小限度の水準を保証できる能力をもっている。大改革の時代は過ぎ去ったが、それは改革が政治的にみてあまりに重大で危険だからというだけではなく、もはやシステム全体としては「考察可能」ではないからでもある。さまざまな「抵抗」と予期せざる効果を意識することは、重大すぎるものとなった。教育機関ごとの統一性と、さまざまな論理の多様性との緊張した弁証法をやりくりすることしか、後には残されていないのだ。

＊　＊　＊

結局ここで提示されているように、社会的経験の社会学は、行為者とシステムの分離という考えを前提にはしていない点で、古典的社会学からの断絶をめざしているわけではない。その代わりに、私はこれら二つの用語のそれぞれの単独性を拒否するのだ。行為のそれぞれの論理には、特定の因果連関により行為を規定するシステムの要素が「対応」している。統合的行為は、社会化というやり方を通して統合のシステムと対応する。戦略的行為は「ゲーム」の連関により、相互依存性のシステムの中に組み込まれている。主体化は、「弁証法的な」緊張を媒介することで歴史的行為のシステムに依存している。その緊張とはより具体的にいえば批判と葛藤である。こうした視座のもとでは、全体論主義と個人主義とを対立させるような議論はまったく意味をもたない。その反面、行為者とシステムとの統一という古典的な発想、つまり中心的な論理の存在を前提とするような発想は許容できない。行為者からシステムへ至る因果のさまざまな連関が複雑であるだけでなく、つまりそれぞれの因果連関の固有の性質を問題にしないような複雑性が存在しているというだけでなく、まさにこの因果性の論理こそが多様であり、それぞれの事例に対して特定の方法論が必要となるのだ。

より具体的にいえばこうした説明は、行為の論理間の自律性、およびシステム間の自律性が増大しているという観察に依拠しており、この自律性は同質的な全体として長らく認識されてきたいくつかの対象を通じて把握することができる。選択された事例、つまり社会階級と学校制度の事例を超えて問題となるのは、まさに社会という古典的な観念である。何よりも行為者の経験というものは、分散の経験であり、一つではない危機の経験、しばしばモダニティというプロジェクトそのものの追求にほかならない歴史についての経験なのである。社会的な生に関するさまざまな意味作用の結びつきはもはやシステムには依拠しておらず、行為者たち自身のワーク（作業）の中にしか存在せず、行為者たちはこのワークにより自らの経験を構成し、その際このワークは社会学の最も重要な対象となるのだ。

第5章
行為者のワーク

われわれは行為の三つの「純粋な」論理を抽出し、それらがいかなる点で分析的にはっきり分離されるかを示した。そして、さまざまな自律した社会的なプロセスとメカニズムにまで、つまり必然的で機能的な関係をもたない「さまざまなシステム」にまでさかのぼったわけである。次に立ち返るべきは、行為者の主体性、つまりこれらすべての論理にコミットしてそれらの拡散に向かい合う個人の活動のほうである。拡散に向かい合う個人、という表現から生じるのは、その中心で分裂しつつも、異質な諸原理同士を関係づける一つのワーク（作業）として、つまり一つの活動として構築される社会的アイデンティティのイメージである。経験の社会学の対象を構成するのがこのワークだ。ここでこの活動を組織するさまざまな規則に関する一般理論、つまりある種の文法を提示することがおそらく望ましい。これまでは基本的なボキャブラリーしかスケッチしてこなかったのだから。しかし私は抽象化や形式化をそれほど遠くまで推し進めることはできないし、それが望ましいことかどうかも定かではない。その特殊な形態にほかならないいくつかの事例から出発して、経験のワークを例証する段階にとどめることにしたい。

諸個人の経験は集合行為の川上に位置する。しかし、さまざまな社会運動において作動し、動員され、運動のもつ意味の一部を形成するのはこのような経験もしくはその諸要素のいくつかである。社会運動が特別な事件であればあるほど特定の条件と合理性を前提とするがゆえに、それがありふれた経験の諸形態から切断されていると考えるにしても、諸個人が集合行為の中に「もちこむ」経験と社会運動はやはり原則的に連続性をもつ。集合行為の社会学は、以下の二つの中心的な疑問に答えなければならない。まず第一は動員のメカニズムそのものの性質に関する問いである。そして第二の問いは何が動員されるのかを利害・連帯・文化的志向性の観点から把握し、とくにそれらのどのような組み合わせが個人から集合的なものへの移行を可能にするのかを知ることを目的とするものだ。われわれがここで関心をもつのは後者の主題である。社会的経験が行為の統合された諸形態に取って代わるにつれて、中心的な意味作用のまわりに構造化された集合的な「人物像」としての社会運動は、分断された運動へ、かろうじて接続された論理の間で拡散した運動へと場所を譲り、さまざまな志向性を結びつける政治的な能力がますます重要な場所を占めるようになる。だからといって、社会運動の中核は政治的な性質のものであるという主張や、運動の賭金は権力への接近にほかならないという主張に向かうわけではないのだ。

I 分割された行為者

1 経験の中のさまざまな緊張

経験という概念が役割や地位の概念よりも適切だと思われるとすれば、役割の概念がまず一貫性や秩序を示唆するその場所で、大雑把にいって経験がさまざまな「生きられた体験」の混ざり合い、すなわち多様性を喚起するからである。役割間の葛藤というテーマも正確にはあてはまらない。この場合、行為者はある役割からほかへと移るが、自分の経験の統一性が強く脅かされることも、その制約が一つの問題として現れることもないからである。役割の複数性がアイデンティティの連続性に影響を与えるのは、地位にもとづく場違いさといったいくつかの特別な条件の下においてのみである。すなわち、根本的に異なる合理性を諸役割が有する場合である。しかし社会的経験を構造化する行為の諸論理は、組織立ったさまざまな役割には対応せず、役割の川上に位置して、とりわけ論理相互の間に緊張を維持するのである。

緊張という概念が最もはっきりと用いられている例の一つをウェーバーにみることができる。彼が示したのは、あるタイプの宗教的論理や宗教的意味作用が社会生活の多様な諸領域と関係をもつやいなや変形し、「純粋型」の中で孤立するのをやめて、必然的にこれらの領域と対立するようになるということであった。宗教的な意味作用が存在の別の領域とぶつかっても消え去らないことからこの緊張が生じ、その間に乗り越えられないジレンマ、矛盾が形成されるようになる。ウェーバーが分析したのは救済の諸宗教のケースであり、それらは世俗的局面と超世俗的局面との間を揺れ動き、禁欲と神秘の内面的な緊張を生み出した(1)。これと同様に、聖と俗の断絶が本当には存在しないのだが、諸個人は一つの緊張の中に置かれる。つまり客観的な二元性が、心理的緊張の形をとって経験の中に現れるわけである。ウェーバーによれば、集団の統合と信仰との関係もまたこの緊張によって定義される。それは「私的な神々」、共同体の神々と制度の神々を伴うドメスティックな領域を、より普遍的な友愛の神に対立させるのだ。これとは反対に、よそ者を完全に人間的な存在とする神である。もっと正確にいうと、ウェーバーは政治的領域の「機能的な神々」、つまり集団と官僚制の利害に従属する神々、「特権的な社会階層の利害」に合った神々を、普遍的な道徳や「愛」を説く形式的な「合理性」の神に対立させる。だが、ここにみられる種々の緊張は神々や理念にかかわるだけでなく、社会生活の多様な領域を相互に対立させるたんなる矛盾でもない。すなわち緊張は諸個人の奥底にある経験や人格そのものにも達するのである。神々の闘いはまた内面的な闘いでもあるのだ。ウェーバーが強調したのはたとえば、官能的な局面を禁欲的な局面に対立させる緊張であり、その緊張は近い二つの感情を一緒に動員するだけにいっそう激しいものとなる。「まさにこの心理的な近接性が、意味の奥深い対立を自然と強めるのである(2)」。行為者たちが感じる緊張は経験のただ中に入り込むが、厳密にいえばそれが心理学的なものになることはない。なぜなら、緊張をもたらすのが個人であるとしても、緊張ははっきりと区別されるさまざまな意味作用のファイルに登録されているからだ。

ウェーバーによればこれらの緊張は、人間の活動の多様な領域を分離し経験をバラバラにする近代化の動きとともにひどくなるしかない。「脱呪術化」された経験は、一つのものとして生きられる世界の中心的な意味作用の上にはもはや構成されない。近代的な社会的経験は、以下に述べるような人間の経験の十全性と比べて断片化されている。すなわち「農民」や「封建領主」、「英雄戦士」、つまり「自分以外の何ものにも頼ることなく自分の存在のサイクルを完結させていたすべての人びとである。それぞれのやり方で、はっきりとそして純朴に自分たちの生活の結果として、この世での完成をまさに成し遂げることができた人びとである(3)」。

2 分離した自我

分離した行為者のこうしたイメージを受け入れるのに、ウェーバー的なペシミズムにとらわれる必要はない。ここで参照すべきはミードである。ただしそれは彼の理論を忠実に再現するためではなく、われわれの目的にとって本質的な側面をいくつか強調するためである。人格と社会化に関するミードの概念はきわめて社会的で、それは社会的期待の知覚、さらに内面化を通して他者との交換を人格形成の基礎としている。「他者がわれわれに話すのと同じように、われわれは無意識に自分に話しかける」[4]。個人の自我は複数の自己の内的コントロールとして構成され、子どものゲームのさまざまな様態の中で獲得される。そのゲームは模倣から始まり、より一般的なルールを受け入れ、そしてそのルールと戯れる能力へと至る。この観点から考えると、自我と自己は、エゴとアルターエゴ「他我」によって形成される対を通してなされる社会的なものの内面化として、古典的社会学の系譜の中に記されている。「個人が自分をそのようなものとして経験するのは、直接にではなくただ間接的にのみであり、同じ社会集団の他のメンバーの多様な観点、あるいは自分が属する社会集団全体の一般化された見地に立ってである。個人は自分自身の経験の中へと、一つの自己としてあるいは一個人として入っていくが、直接的にあるいは即自的に、自分自身にとっての主体になるのではなく、他の個人が自分にとっての対象となるのと同じかたちでまず自分にとっての客体となる限りにおいてである」[5]。ここから出発して、古典的社会学のモデルは、相互作用論的な転換を行う。たとえばブルーマー、およびある程度はゴフマンの視点について考えてみればよい。

しかしミードの大きな貢献は、とくにハーバマスがはっきり強調したように、社会化とアイデンティティのこのような心理社会的な表象にあるというより、社会的主体の定義としての「私」という概念、およびその位置づけにある[6]。「私」は社会的な役割や立場の複数性から生じる自我の総計ではなく、自己との距離、批判的能力として現れるのであり、より一般的で包括的な自己には還元できない。「われわれは『私』として自我に反応する」[7]。このように「意識」とは一つの「存在」ではなく、自我と「私」の間の「内的対話」によって生み出される一つの活動である。その中で「私」は「超」超自我、つまり、より強力な道徳的意識なのではなく、自我や役割、利害に対する距離である。「私」は多様な自我より大きな観点から位置づけられる。というのも「一般化された他者」とは役割や役割期待の抽象的な拡張ではなく、自己から自己への距離を、すなわち行為者からその役割への距離を基礎づけるのに十分なほど普遍的な一つの観点をとることだからである。ハーバマスはこの普遍的な観点をコミュニケーションの倫理的性質に帰しており、そこでは個人がその真の個人性を打ち立てるとしている。「私」を構成するものはさまざまな役割への愛着ではなく、それよりも大きな愛着である。「実際には、あらゆる区分（あるいは下位グループ）の中で、言語の一致を規定する区分がやはり、可能な限り多くのメンバーを包括するものであり、無限に多くの個人がある種の社会関係に入ることを可能にする。たとえどれほど間接的、抽象的な社会関係であろうと」[8]。個人が自我や社会的統合に結びついたたんなる規範を超えるような文化的な準拠を扱える限りにおいてのみ、「私」すなわち経験の主体は構成される。このことを認めるのに、ハーバマスが構築したコミュニケーション理論に依る必要はない。たとえば、「「私」とはすべての一体性の源泉なのである」[9]。しかしながら、「私」というテーマを表現することが難しいのは、社会的な役割の二つの側面である自己や自我と違って、「私」が「内容」をもたず、行為者が自分自身に対して行うワークとして、一つの活動として、一つの主体性として現れるからである。「「私」は自由とイニシアティブの感覚を与えてくれる」[10]。

　ゴフマンをこの観点から読むことは可能である。つまりセルフはここで保持すべき聖なるそして親密な対象として現れ、「外面」同士が向き合う相互行為の本当の賭金として示される。主体は本質的なものというより一つのワーク（フェイス・ワーク［face work］）として現れる[11]。自我とは「さまざまな出来事の流れ全体が含むものから集められた」二重の「イメージ」であり、駆け引きや幸運を大なり小なり伴って状況に向かい合うある種の儀礼的ゲームのプレーヤーである」[12]。この解釈は確かにアサイラム［精神病院］という全制施設についての有名な分析にもとづいていよう。その目的はたんに個人を管理するだけでなく、個人のセルフ、ミードの用語でいえば「私」を、破壊することにある。

一般化された他者の諸価値への愛着よりも、このように打ち立てられた距離のほうが、はるかに主体性を構成するのである。フロイト的諸概念の等価物を探すことと混同される危険がないとすれば、「私」というものは、自我と自我理想との緊張関係によって定義されよう。この理想の中身がどのようなものであれ、「私」とは、自律性への、つまり自分自身の生を支配する能力への欲求の形をとってしか与えられない。この点で「私」というものは必然的に「システム」に対する距離の感情を含んでいる。ただしミードによる説明の力点全体は、この距離がシステムの一効果だと証明することにかかっている。ミードに足早に寄り道したのは、私の考えを彼の歩みに刻むためではなく、社会的経験の中にある行為者のワークを表すことができる方法を、より明らかにするためである。

3　行為者のワーク

a　社会的経験の空間の中で、さまざまな緊張が行為の諸論理を結びつけると同時に対立させる。統合の論理は戦略の論理と緊張関係にあり、戦略の論理は主体の定義と緊張状態にある。そして主体の論理は統合の論理とそれぞれ緊張状態にある。経験の対象となるものはそれぞれ、これら三つの観点から代わる代わる捉えられていく。したがってわれわれ一人ひとりは自分の所属、資源、コミットメントを次々と定義することでアイデンティティを容易に演じることができる。明らかにこのような自己の呈示にはさまざまな緊張を消し去る大きな可能性がある。おおやけに自己呈示を行うことそのものが多様な諸局面に一貫性と補完性を作り出すよう促すからである。たとえば自伝の中で偶然が運命に変化し、運命が使命へと変換されるように。しかしいくつかの社会的経験に関する正確な分析によれば、行為者たちはたえずこの緊張の中を、行為の諸論理のインターフェイスの中を生きている。それゆえ大部分の個人は、自分たちが「同時に」あれでもありこれでもあると説明するし、行為者たちがそれぞれの役割にもはや「適合する」ことができない場合には、自己の「真正な」定義は、不可能な試みとして、そして社会的経験の要請として現れることになる。

社会的経験の緊張というテーマは必ずしも実存についてのドラマティックで引き裂かれた概念に送り返されるわけではない。多くの緊張が日常化し忘れられている。社会学者はこの場合、人格の調和的なある種の「分業」として現れるものの背後からこうした緊張を引き出さねばならない。ただし、もしモダニティがさまざまな活動領域の増大する自律性によって特徴づけられることを認めるならば、これら諸領域になんらかの一貫性を与えてしまうことは、アイデンティティというものが一つの存在以上に一つの問題になるという結果を生む。このような表象は、行為の中心的な一つの原理という仮説の拒否を引き起こすのと同様に、行為の「純粋」な諸論理をはっきり選り分けるに至り、したがってそれらを分離してきた緊張を増大させるのである。たとえば私が、ブルデューの作り出したハビトゥスの概念に対してきわめて批判的であるのは、まさにこの点に関してなのだ。この概念の強みと同時に、私の観点からみた弱点は、行為の二つの合理性を、混同するところまで混ぜ合わせている点である。すなわち、一つ目は文化的統合の合理性であり、もう一つは戦略的行為の合理性である。ハビトゥス概念は、文化的プログラムの再生産の論理と、競争的な「界（champ）」の中での諸利害の防衛と促進をめざす論理との緊張をすべて消し去ってしまう。戦略的行為はこの場合、文化的統合の必然性をなし、この文化の再生産が必然的な戦略を通してのみ実現されることになる。二つの論理のこのような融合は、同じハビトゥスの二つの側面なのであり、しっかり統合され再生産の上に打ち立てられた社会の中で、両方の論理を生きているカビリア農民［アルジェリアのサハラ砂漠周辺の原住民で、若きブルデューがフィールドワークを行った］やド・ノルポワ氏

「プルーストの小説の登場人物」にはあてはまるかもしれない。しかしこうした融合は、「市場」のメカニズムと社会統合のメカニズムとが分離する傾向をもつような状況では、もはや受け入れがたいように思われる。(13)

b　ミードによって提起された「私」という概念が必要なのは、社会的経験が中心をもたないからである。というのも本来的に分散している経験に意味や一貫性を与えられるのが「私」だからである。したがって、「私」は、あるいはこういってよければ、奥底にある社会的アイデンティティは「リアリティ」をもたない。すなわちそれは、社会的経験を自分の経験として構築しようとする行為者のワークにほかならないのだ。しばしば実現されるよりも要求されるほうが多い自律性の原理を打ち立てるのはまさにこのワークである。主体の死ということはありえない。たとえ主体が自分の経験に先立っては存在せず、そして経験への距離においてしか現れないとしてもである。実際に、「私」は経験の賭金として現れる。というのも、「私」と言うことができるこの能力が、たえず行為の諸論理の決定に脅かされているからである。これらの論理は、行為者をそのルーツや利害、文化の並存体にすぎないものへと還元しようとする。

このワークの中で、そして自己と距離をとることの中で、主体の文化的定義は非常に特別な場所を占め続ける。なぜなら主体化は、人間の創造性や倫理という概念に依拠しなければ、つまり自律性の定義がなければ考えることができないからである。一つのモナドとして把握された個人は、独立はしても自律的ではない。(14)自分だけで、その経験の意味と一貫性とを再構築することはできないのである。このような主張は、自律性の定義が、霊魂や理性、歴史がかつてそうであったように超越的だということを一切、含意しない。自律性の定義は、正しく良い生き方や真正さ、自己成就といった概念の中にも保持されているのである。それらは近代社会のナルシシズムや消費社会の柔らかな専制主義といったイデオロギー的で受け入れ可能な表象には還元されない。近代の歴史が社会的経験の中へ主体が「降下する」歴史であるとしても、だからといってそれは主体の死の歴史ではないのである。[15] テイラーが示したように、「真正な」社会的経験の追求という自己準拠的な理想は、個人がそのルーツや伝統の中に埋没することに抵抗すると同時に、組織や装置、広告などの合理性の中に具現される道具的理性の支配にも抵抗するのだ。[16]

自己に対するこの距離感は内省の中で、魂の内奥の分析の中で現れるというよりも、「システム」に対する違和感の中で現れる。古典的な意味での社会的行為から社会的経験を区別することを可能にする単純な指標を選ばなければならないとしたら、おそらく向かうべき方向は、この違和感の印象、愛着のなさという印象のほうであろう。個人が自分の役割、自分の利害、自分の文化にさえ完全には一致できないのは、これら三つの要素が分離していくからである。ジンメルが見事に示したように、世界は部分的に違和感のあるものとして現れ、個人は役割や関係が課してくるものには決してならないように思っている。日常的な議論や社会学的なインタビューの中で、個人が、自分たちは社会的にそうあらねばならないものではなく、自分自身であろうとするがゆえに観察者なのだと説明するとき、このような印象は現実にとてもありふれたものである。この離脱の動きの中でしか個人は自分自身でいられないのだ。

もちろん、行為者のワークについてのこれほどネガティブなイメージ、つまり「空洞」のイメージにもとどまり続けることはできない。というのも、経験の諸論理は、社会的諸関係によって、紛争によって定義されるからだ。自律性を脅かし不可能にするものに対して自律性が社会的な賭金として提起されるのは紛争によってであり、そこに含まれるコミットメントによってである。この意味でコミットメントは愛着と対立するものであり、紛争を媒介として社会的諸関係の中に主体化を導入することなのである。[17] 集合行為の幸福は、自我がより大きなわれわれによって覆いつくされること、つまり個人意識と集合意識の融合にもとづいているだけではない。それは個人の自律性がより強化されること、つまり主体性がより肯定されることからも生じるのである。この観点からみると、社会運動とは諸個人の運動である。そうでなければ、ある運動の死がこれほど多くの個人的な人格の危機をどうして生むのか、それほど多くの諸個人が運動のために、あるいは運動から自分たちが作り出す理想のために、自分の生活を犠牲にすることを受け入れるのかは理解できないのだ。

われわれが研究してきた社会的経験のいくつかを分析するために、そして行為者のワークを強調するためにこれまで使用してきた少々抽象的なボキャブラリーを、ここで捨てることにしよう。社会的経験の構築にとって支配と紛争のもつ役割を明らかにするために、これまでの章の分析を踏まえて二つの事例に言及することにしたい。すなわち社会的排除の事例と中産階級に対する学校装置の支配という事例である。

II　経験と排除

一方にある経済的機構の激変と、他方にある社会的所属や民衆文化を打ち砕いてきた大衆文化の支配とは、伝統的な社会的諸関係、つまり「搾取」の関係を破壊することはない。しかしその関係は次第に根本的なものとして現れるようになってきた、あるタイプの関係性によって少しずつ覆い隠されてきている。それはすなわち社会的排除の関係である。産業社会のさまざまなカテゴリーや紛争に、相対的な社会参加のさまざまなレベルのヒエラルキーが取って代わる。諸社会問題は生産関係によってよりも、都市問題、社会的な距離の問題、アイデンティティや統合の問題として規定されるようになる。(18)

1　異種混交的な諸行動

a　「問題地区」といわれる庶民的な郊外地区に住む若者たちについて、この若者らと一緒に長期にわたり行った研究に際して私がぶち当ったのは、若者たちの行動の極端な異種混交性（hétérogénéité）であった。若者の振る舞いを観察し、尋ね、若者たちを対話者に向き合わせる中で、私の抱いた感情は、確固とした原則や有意味なヒエラルキーを引き出すのがきわめて困難な一連の行動や言説に向かい合っているというものだった。

しばしば若者たちは完全に自分たちの内に閉じこもり、狭くはかない社交性の輪を構築しつつ、地元の顔見知りネットワークに参加しているように思われ、そのネットワークの境界をたどるのはかなり困難だった。日々の生活は目的を欠いた長いぶらぶら歩きと似ていて、会話そのものが取りとめのないように思われた。つまらない出来事や計画のない話題、さもなければただどこかのテーブルの周りや芝生の上、地下の倉庫などに人が集まるためだけの話のネタに引き付けられる。ディディエ・ラペロニら研究者チームと一緒にわれわれは、こういう小さな社交性の秘密の中に浸ろうと数日間を過ごした。これは「族」たちの「組織された」生活とはまったく似ておらず、そこにソシオメトリー［人間関係の力学］的な構造と境界線を認識するのは困難であった。[19]その点について尋ねられると、若者たちは、孤独から身を守るとか、もっと単純にいえば、暇つぶし以外の意味をその社会生活に与えていなかった。同時にこうしたタイプの関係は、組織化しようとする企てやソーシャル・ワーカーの世話になることにたいてい頑固に抵抗する。つまり若者たちが提供されたサービスを利用するのは、裏に引っ込んだ社交性の隠れ蓑にするために限られるのだ。たとえばスポーツゲームは、組織的で規則的な実施には決して変化しない。バスケットやサッカーへの若者たちの好みはスポーツクラブに役立つものではない。肯定的なアイデンティティが引き出されることはまったくなくとも、このタイプのつながりや所属感は維持され守られているのだ。

幾人かの対話者と向き合う別の場面［社会学的介入の第二段階のこと。第6章参照］では、親しさと信頼が作り出されるや否や別の世界が現れた。それは小さなビジネス、「うまい手」、ある程度合法的なやりあいの世界であり、その中で若者たちは周縁的なちょっとした企業家として現れる。若者たちは自分の地区を隠れ家としてだけでなく、「ビジネスの世界」が広がる守られた猟場としてみており、そこで、サバイバルに向けて、いろいろな活動や機会が現れる。よくあるのは、見た目を誇示したり、「はったり」をしたり、一定レベルの社会参加を生み出したり、メディアで放送されるさまざまな映像の舞台に入り込んだりなどを可能にする手段の獲得へと向けられている。

さらに別のときには、「極端」な行動が、ガレー船のような生活をもたらしているように思われた。その行動とは、身を守るために自分たちの内に閉じこもることからも、多かれ少なかれ逸脱したある種の合理性からも生じないような行動のことだ。このとき若者たちはしばしば暴力的かつ攻撃的で、緊迫した状況になった。それはシテ［問題視される郊外地区］のよそ者たちに対してだけでなく、逆に自分たち自身の関係の中でもそうである。言い訳にしかならない言い訳をもとにけんかがいきなり起こる。軽犯罪が挑発と楽しみのために実行され、盗品が「ロデオ」［盗んだ車を乗り回した後で放火すること］の演出として皆の面前で破壊される。

これらの観察から浮かび上がる問題は一つひとつの行動それ自体ではなく、それらが並存していることに由来する。このようにして若者たちはすべての行動に参加するのだが、どれ一つとして若者たちを全面的に定義するものはないのだ。どれ一つとして固有の構造、伝統、境界を有する一つの下位文化と本当にみなされるものはない。シテが収容しているのは、内に閉じこもった若者たち、逸脱する若者たち、暴力的な若者たちではなく、同時にそれらすべてであるような、他人にも自分自身にもまったく予見できないような行為者たちなのである。若者たちの経験は中心をもたない。若者たちはある行動から他の行動へと状況や機会のままに揺れ動く。まるで自律した志向性に導かれているのではなくその状況に振り回されているかのように。こうした理由から、若者たちのためのワークの大半が彼・彼女らのヘテロノミー〔他律性〕と被害者化とを中心に組み立てられるので、若者たちはさまざまな社会的諸勢力にもてあそばれるおもちゃのようにみえる。それゆえ行動の記述と並んでコンテクストや状況についての記述が、行動を説明することになるのだ。

行動のこのような異種混交性は、シテの若者たちと、複数のポジションに順に位置づけられる多様な行為者〔対話者〕たちとの関係性を観察する中でいっそう強まる。これらの人びとはよそ者であると同時に、ライバルであり、敵でもあるし、また援助や理解、権威も要求される。たとえばソーシャル・ワーカーや教師たちは、排除のエージェントや敵としてだけでなく、ガレー船でのサバイバルに必要不可欠な味方としても定義される。これと同じく警察官たちも「ファシスト」、非行の裁定者であると同時に、望ましい秩序のエージェントとしても定義されるのだ。

b　若者たちの多様な行動を、その下支えとなっている行為の諸論理に関連づけることはそれほど難しくはない。行為者たちが自分の状況を定義する仕方に曖昧さはない。

まず第一にシテの生活は解体されたもの、「アノミー的」なものとして語られる。万人の万人に対する「闘い」、定まった基準の欠如、予測不可能な行動、不安全さや「狂気」の感情。若者たちは、民衆的な共同体というしばしばやや庶民的雰囲気の漂う光景からはほど遠いところにいる。統合の論理は危機や欠乏の観点から定義される。[20]シテに対する愛着が表明されても、シテについてのアノミー的な描写が禁じられるわけではないのだ。

第二に、若者たちは自分がさまざまな「市場」から排除されていると語る。学校市場や労働市場は、より広くいえば財や若者文化の消費の場もそうであるが、いずれも一定レベルの社会参加を課すからである。若者たちは自分のことを排除されているとは認識しても周縁的だとは考えない。というのも郊外地区の若者たちの

「見た目《ルック》」に価値を認め大きな居場所を与えてくれる大衆文化には十分に参加しているからである。

最後に、この若者たちは、「社会」というものや自律性の価値を、むき出しの支配や社会的競争の暴力、そして支援といった形でしか感じていない。労働者の階級意識から排除されている若者たちは、自身についての自律的で「誇り高い」集合的な定義を、被っている支配に対抗させることができない。世界はジャングルであり、支配は特定のどのグループにも、いかなる社会的諸関係のタイプにも帰すことができない。つまり支配が個人にとって避けられないものなのに、意味をもたないのである。

このようにガレー船の経験は、これらいくつかの次元の組み合わせとして構造化され、すでにわれわれが描いたような多様な行動を作り出す。組み合わせの活動は、この場合とても不安定なものだが、行為者による最初のワークなのだ。それを以下のように提示することが可能である。

——内に引きこもった社交性は、衰弱した統合の論理と社会的排除との組み合わせから生じるものだ。弱い共同体的統合と結びついた排除はやましさの意識へと変化する。つまり失敗と排除を階級の「運命」という枠組みの中で解釈するには共同体があまりに弱いので、諸個人は自分の失敗の責任が自分にあると認識するのだ(21)。それゆえ、最低限の社交性が作り出されるのであり、その目的は若者たちをあまりに激しい試練となる排除から守ることにある。すなわち学校や職業での挫折によって、もっと広くいえばシテの悪評と結びついたスティグマによって生み出された、価値を失った自己についてのさまざまなイメージを中和してくれる一つの世界を、この社交性が作り出すのだ。

——非行行動は二つの行為の論理の組み合わせの中に書き込まれている。排除の論理と怒りの論理である。怒りと結びついた排除は、参加の欲求がたんに満たされないことによって逸脱的な同調主義を生み出す。つまり怒りがやましさの意識の方向を変えるのだ。奪われたモノを非合法的に手に入れることが眼目となる。しかし排除が怒りに与える影響は、自分たちの強さを肯定したいという欲求や、逸脱と結びついた罪悪感の相対的な中和ももたらすのだ。(22) ガレー船の中での非行は、一つの純粋な合理的活動ではなく、デモンストレーション、ごまかし、復讐などの気持ちに駆られたものでもある。ただし、しばしばこうした活動を道に迷わせるのは、このような相対的な非合理性である。

――最後に、怒りと社会解体は、行き場のない暴力、より正確にはさまざまな事物や行為者に向けられる暴力傾向を生む。すなわち警察官、教師、アパートの管理人、警備員、通行人、シテの仲間など、「挑発的なエージェント」の役割を演じる多様な行為者たちに向けられる暴力である。怒りが説明するのは、ガレー船の非合理で「劣悪な」部分である。怒りは非行のもつ合理性からはみだし、自分のことを被害者と考えている人びとにほんの一瞬、行為者として生きることを可能にさせる。一九九四年三月の学生デモにみられた「壊し屋たち」は、行為のこのような方向性を明確化した。それは「怒り」や非行、遊びの興奮が混ざったものであり、警察やジャーナリストに対抗すると同時に、相対的に恵まれた人びとの闘争と認識された学生運動自体にも対抗しつつ、公的な舞台に介入しようとした若者たちを通して現れたのだ。

2　脅かされる個人

それぞれの行動は経験の基礎的な諸局面の接続として形成される。ここで私たちの関心をひく事例では、これらの諸局面はいずれも「否定的」なものであり、欠如によって定義されている。つまりアノミー、排除、そして怒りである。それらこそ経験の極限的な形態を作り出すものである。

このような経験はまず諸個人によって人格への脅威と破壊の観点から語られる。なぜなら自分たちの「ガレー船」が右へ左へと絶え間なく傾き続ける中で、いかなる一貫した原理も感じ取ることができないからである。若者たちはグループ内の波及効果とグループ外の状況とに引きずられ、四方八方に揺さぶられながら生きており、自分が自分の人生の作り手なのだとは決して感じられないように導かれている。若者たちは、ある論理から別の論理へと引っ張られていく。他人によって、シテでの些細な出来事によって、いろいろな企業研修や「バイト」によって、出会いによって。こうした自己提示は責任のない、つまり罪のない被害者として自己を演じる「中和」の技術には還元されない。たとえこの領域では、中和の技術がなんの有効性もないわけではないとしても。

人格にのしかかる脅威はありふれた問いから明らかになる。若者たちは働きたいという自分の欲求を必ずしも明確に信じているわけではない。つまり失敗への怖れ、規則正しい生活を送ることができない、あるいはもうできなくなるのではないかなどの怖れを抱いているのだ。他人の判断や視線に依存することも極端で、すぐに苛立ちやすく、いつもびくびくしている。個人が自分自身のアイデンティティや一貫性、内実についてあまり確証がないので、この依存が社会的自我のある種の肥大を募らせている。ゴフマン的に述べれば、そこには「メンツ」と対面状況しか存在しないのである。名誉と反発のサイクルがこれほどの重要さをもつのは、自律した一つの判断を作り出す能力がとても弱いからであり、行為者たちがたえず自信のほどを確認せざるをえないからである。ゆえにその社交性はいつも、親しみと真心のこもったものからはほど遠い。若者たちはたえず互いを「小馬鹿」にし、それぞれの集まりは一人のメンバーの拒否を意味する。排除と取り込みの無秩序な繰り返しという無限の攻撃的なスパイラルの中で、数時間か数日のために一人のいけにえが用意される。「メンツ」は最高の財とみなされているが、排除され支配されスティグマ化される個人が「内側から」自信をもてず他者の判断に依存するようになればなるほど、それは壊れやすい。ゆえに、大人たちや教師などとの衝突といった若者たちの間の騒ぎの大半は、体面を保つためだというところにその口実を見いだす。たとえば、あいつはオレを馬鹿にした。オレに「ガンを飛ばし」やがった。オレに挑んできやがった。他の連中の前で恥をかかせた。俺を「あしらい」やがった等々。

われわれが進めてきた調査の中で、人格の破壊というこの苦悩を最もよく例証するのは、ドラッグに関する言説である。「ソフト」あるいは「ハード」なドラッグが重要な経済的資源であるとしても、またソフト・ドラッグつまりハーブが大人のアルコールと「同等」の社交性のメディアとして現れているとしても、ハード・ドラッグの消費は人格の「自発的な」破壊をいまだ象徴している。それゆえ若者たちが語るのは、薬物中毒の「ブラックホール」、つまりガレー船の空間からの脱出を引き起こす製品への「生物学的」依存が何をもたらすかについてである。すなわち、さまざまな人間関係の破壊、家族や友だちへのうそとつけ込み、個人の消滅。「ヤク中」とは、もう友だちがおらず、愛し合う相手もいなくなり、自分の人生がどこかにいってしまったヤツのことだ、と。このような薬物中毒者への非難は、中毒者の体現するブラックホールが、身近で脅威を感じさせるものであればあるほど激しくなる。ブラックホールは、ガレー船が主体を崩壊させていく行程の終着点として現れ、主体は社会的経験の破壊に抵抗しなくなっていく。

3　「暴動」

ガレー船の経験がとりわけ不公正で痛ましい条件の結果でありながら、容易には集合行為を生み出さないということは簡単に理解できる。連帯の感覚はもろく、とくに恥ずかしいという気持ちに飲み込まれてしまう。共通の利害意識は個人的戦略の原子化と従属関係によって打ち砕かれる。最後に怒りは、社会的な支配関係についてのいかなる集合的表象へも水路づけられないがゆえに、紛争の対極として現れるのである。[23]しかしながら郊外地区のさまざまな小規模暴動、すなわち三面記事にいろいろな噂の種を提供し、「熱い夏対策」［毎年夏になると大都市郊外地域で頻発した暴動事件に対する政策］や都市問題担当省のさまざまな政策［フランスでは内閣ごとにさまざまな省が置かれることがあり、九〇年代に都市問題を担当する省が置かれた］を多く発動させる要因となった暴動は、ガレー船によって生み出された集合行為の形態として現れることになった。つまりガレー船の経験の要素すべてが、そこに再び見いだせたのである。

暴動は、「挑発」によって外側から引き起こされる。その挑発が現実のものか想像上のものかという点は、警察官や警備員を郊外地区の若者と対立させてきた長きにわたるいざこざや反抗を考えれば、あまり重要ではない。暴動は大革命の前の「騒擾」と呼ばれたものに近く、若者たちは集まって挑発を浴びせ、遊び、怒りを演じる。しかしまた暴動は犯罪であり、スーパーマーケットから略奪し、青年会館の備品を盗み、学校を破壊する。ただしよく狙われるのは社会的施設、つまり若者たちのために設置された施設であり、思春期の青年たちが自分の地区を破壊する際には、すべての苦い思いがぶちまけられているのである。このタイプの爆発は必ずしも、最も悪化し打ち捨てられた地区でおこるのではなく、公的サービスと地元自治体による設備供給のまじめな努力が実を結んでいるところで現れるといわれている。攻撃を受ける社会的施設は挫折と不満を体現しており、いく人かの若者がその町から「出ていく」ことを可能にしてくれる施設であればあるほどそうである。暴動は、ねたみに依拠しており、それはたんなる不満であるだけでなく、不満でいることの屈辱でもあるのだ。そこでいくつかの財を合法的に獲得できないとなれば、個人はこれらを破壊し、誰もその利益に浴さないようにし、また集団のまとまりと「メンツ」が保たれるようにする。(24) 最後に、暴動は一つのテリトリーを線引きする。つまり、しばしばメディアのおかげで暴動は若者たちに一つのアイデンティティを与えるのだ。その特別な一五分が自分たちの言い分を聞いてもらう無視できない一つの手段であることを若者たちはすぐに発見する。しかし、弱まった社会的経験の融合として現れるこの暴動がその後も存続するわけではない。組織立った行為や社会運動へと変化するわけでもない。すぐに暴動は鎮静化する。出現したリーダーたちは、地元の政治的ゲームによって「吸い寄せられ」るが、「土台」[となる人びと] からはすぐに見捨てられる。その土台は暴動というその出来事を除いては存在しえないからだ。

運動の萌芽が形成されるためには、諸個人の経験の諸要素が変化することが重要である。とくに「純粋な」怒りが紛争のイメージに場所を譲り、敵と賭金の存在が動員過程を促進するだけでなく、経験を変容させることが必要なのだ。長い間、われわれの社会的歴史の中では、労働者意識がこの役割を担い、暴動や「騒擾」を組織立った集合行為へとひっくり返してきた。今日では労働運動がこの機能を果たすことはもはやできない。［次にみるように］人種差別から誘発される効果によって、その一番の鍵を握っているのは若い移民たちなのだ。

4　人種差別の役割

a　さまざまな行動の観察と利用可能な統計的指標によれば、同じ社会的カテゴリーに属する移民出身の若者たちとフランス人の若者との類似性が一般的に強調される。(25) われわれが調査を行ったほとんどの郊外地区では、フランス人の若者と移民系の若者を隔てる断絶は、両者をその周りの若者たちと区別する断絶よりもかなり弱いものであった。それが最も当てはまる領域はシテであり、その民族構成は、ほとんどの場合、同質的であるとはいいにくいものであった。「移民」という言葉が暗示するものは、シテと結びついて、記述というよりもスティグマとなっている。なぜならこれらの郊外地区は、出自やフランスに定住した歴史の古さ、抱いている将来計画などの観点からみて異質なさまざまなグループを受け入れているからである。出身文化は移住の過程そのものによって危機に陥っている。移民系の若者たちは、二重帰属という板ばさみのドラマより、しばしば文化的な危機によっていっそう影響を受けていると感じている。逆説を弄ぶつもりはないが、シテの社会解体は、ある程度は若い世代の文化的同化の現れなのである。若者たちは本質的に、同じ年齢層や社会集団のあこがれや好みを共有している。宗教的実践もすでにはっきりと「世俗化」されて、私的な領域に狭められており、その実践が表すのは断固たる違いの主張であるよりも、自分たちの出自や家族への忠誠である。同じように、配偶者の選択は家族的伝統に起因する同族結婚の要請と、自律した恋愛にもとづく選択という現代的価値との妥協として現れる。つまり家族によって受け入れ可能な集団の中からパートナーを自由に選択するが、それは出自集団と正確に同一というわけではないのである。若い女性の出生率はフランス人のそれにたいへん急速に近づいている。学業成績も正確に測定できる限りでは大まかにいって社会的な出自により決定されているようだ。要するに時間というものが移住過程の偉大な支配者なのであり、フランスで生まれた、あるいは人生のほとんどをフランスで過ごした若者たちは、自分たちの向き合っている大衆的な民衆文化の中核へと同化している。ただしこの同化は、祖国に戻ろうとする両親の計画にとっては一つの障害となるのだが。

移民出身の若者たちは、同じシテで暮らすフランス人の若者たちと同じく、学業上の不利なコースに占める割合がたいへん高く、同様に失業などもはっきりと広がっている。またこれらフランス人と同じく、強い文化的同化と弱い社会的統合との隔たりを生きている。この若者たちについて話すときに、「移民問題」といい続けていることは惰性によるにすぎない。それほど、移民系の若者たちの状況は、民衆的環境にいるすべての若者たちの状況と混ざり合っており、またこの問題は文化的性格のものである以上にはっきりと社会的性格のものなのである。さらに数年もすれば、移民系の若者たちもアメリカの黒人たちと同じく、「移民した」人たちではほとんどなくなる。それが意味するのは、十分に「フランス人」でありながらうまく統合されないだろうということだ。つまり彼らは文化の中に同化されるよりもずっと前から、生産の中へはめ込まれているのである[26]。同化と統合の間のこの「矛盾」が、父親たちの世代の状況の裏返しであることにも注意しよう。

移民の若者が、同じ郊外地区に住むフランス人の若者と根本的に区別されるのは、その生活条件よりも、被っている人種差別と凝離［セグリゲーション ségrégation］によってである。移民的経験の中で、人種差別はいたるところに存在する。それは、この一〇年以上の間にフランスの政治論争の中で移民が重要な位置を占めるようになったこと、そしてマグレブ系［アルジェリア、チュニジア、モロッコの北アフリカ旧フランス植民地三カ国］の若者男性に対する長きにわたる敵意の高まりとによってである[27]。自分のことを「よそ者として」感じ、自分たちの共同体的、文化的な違いに関する感情にもはや守られてさえいない若者たちは、まさにこのような文化的社会的な近接性によって生まれる人種差別にいっそう敏感である。トクヴィルがすでに描いたメカニズムによれば、近代的な人種差別が発展するのは、文化的社会的な障壁が低くなり、移民系の若者たちとの「違い」よりも「類似性」がより脅威に思えてきたときである。つまり、自分たちの特殊性に閉じこもっていた年配の人びとは、ジーンズやブルゾンを着て祈禱所よりマクド［マクドナルド］に足しげく通うマグレブ系の若者ほど否定的にみなされなかったし、攻撃も受けなかったわけである。しかし人種差別はたんなる言説と暴力と攻撃の問題ではない。それが本質的に現れるのは、いくつかの職への道を閉ざし、いくつかの地区や学校へ入ることを禁じる凝離の中なのだ。もっと巧妙なのは、人種差別がはっきりしたあるいは感じ取れないような視線や態度の問題であり、存在を侵し個人の人格を否定してグループに還元してしまうことにある。とりわけマグレブ移民から生まれた若者にとって、人種差別は攻撃やスティグマということを超えて社会的経験の基本的な次元となっている。人種差別のおかげで、もしそういってよければ、怒りが一つの意味をもつのである。怒りは複数の顔、とくに警察の顔をもつ。個人の経験は内に向かったり閉じこもったりすることから引き離され、一つの紛争、重大な支配といった一般的な表象を媒介として他の人たちや社会と結びつくのだ。

b　人種差別を被ることは、社会的経験を変容させ、かつ再統合する。「認知的」な面からみると、人種差別は、自分の状況や不幸に一つの「原因」を与えることを可能にする。諸個人が誠実かどうかはここではあまり重要ではない。人種差別を被ることが、とくに「責任のない」被害者と自分をみなし、やましさの意識から脱することを可能にしている。移民出身の生徒たちは、自分の挫折を「人種差別」や学校での差別のせいにする。住宅状況は市場の必然の産物としてよりも、住宅供給組織と地元権力の意図による結果として現れる。身元を調べられ手配され収容された軽犯罪者の中で移民系の若者の割合が高いということは警察の人種差別にもとづいている。

そのうえ、顔つきにもとづいて先取りされるスティグマ化や、逮捕、取り調べ時の警察官の態度をみれば、そう信じるのは容易である。いずれの場合も、人種差別的な態度に結びついたハンディキャップがどの部分なのかを正確に測定することは難しい。なぜなら凝離に関する客観的な研究がほとんどないからである。このテーマは、アメリカでは社会政策をめぐる政治の中心となり研究もよりよくなされているのに、フランスでは強く否認されているテーマなのである(28)。しかし、行為者たちに与えられた条件の中で人種差別の占める部分を客観化するに際して相対的な困難さがあったとしても、人種差別が基本的な認知的カテゴリーとして押し付けられていることに変わりはない。そしてこのカテゴリーがいっそう示唆的なのは、人種差別の被害者がそのようにふるまう以上、それが結果として、人種差別を否認しつつも補強するような、他者のさまざまな振る舞いについての読解と予測をもたらすからである。つまり人種差別を受ける存在がその人種のステレオタイプに還元されていくように、支配的集団の態度もまた人種差別の決まり切った常套句や術策へと還元されていくわけである。

しかし人種差別がもつのは、認知的な効果だけである。人種差別が人格の否定として現れるにつれ、それは一人の個人として、人間存在として自己を主張する主体からいっそう強い抵抗を引き起こす。中でも「メンツ」の防衛は、人種差別的態度をイデオロギー的道徳的非難に完全に混同する、とりわけわれわれのような社会ではより激しく、場合によってはより攻撃的になる。人格や個人への呼びかけはそのときいっそう強く主張されるようになるのだ。このような態度や強さが、移民系の若者がほとんどの場合に若者のアソシエーション的生活におけるリーダーであり、そしてガレー船の中に最も強くとらわれていながらも同時に最も集合行為に関与している、ということを説明してくれるように思える。人種差別は怒りに意味を与え、社会的経験を再構成して主体の論理を刺激する。そして主体の論理がその他の行為の要素に押し付けられることでそれらを変容させるわけである。

人種差別を手がかりとすると、統合の論理はエスニシティのテーマのもとに再構成される(29)。ガレー船のアイデンティティを消し去ることなくそのうえに、誇り高い意識の土台としての自己の提示、文化的構築物が積み重ねられる。若者たちが一つのアイデンティティと見た目《ルック》を「ブリコラージュ［寄せ集めでつくろうこと］」する際に用いるのは、伝統的文化のいくつかの要素（ただし非常に少しだけ）とメディア文化、そしてアメリカに関するイメージ、つまり明確に主張されるアイデンティティと自信に満ちたマイノリティの国というステレオタイプ的イメージである。アラブ人は「ブール［焦げ茶色に由来］」に、黒人は「ブラック」になることで、現代的で同時に特別な存在となる。肯定的なイメージをスティグマに対置することによって、社交性と承認のネットワークを、そしてアメリカで「共同体的意識」と呼ばれるものの萌芽を形成していくのだ。郊外地区の風化した文化的空間において、このようなエスニシティをめぐるワークは自律した民衆的文化を構築していき、伝統的な階級文化はプチ白人たちの世界に閉じこめられていく。ルワがうまく描いたように、この新しい「エスニック共同体」はまずもって統合の敗者たちの共同体なのである。(30)

明らかにこのようなエスニシティは両義的である。それは文化産業に広く結びつき、諸個人の社会移動への欲求と結びつき、そしてとりわけ、一つの資源として現れる。まずもって経済的な資源として現れる。これらの若者は製造業の雇用から広く排除されればされるほど、エスニック共同体の結びつきよりもエスニシティの結びつきをもとにして商業サービスのほうへ向かう。このエスニシティの結びつきは、非合法な活動や不良仲間の形成にも動員される。エスニシティはローカル空間において政治的資源を構成するのだ。伝統的共同体のテーマよりもこのテーマを通して、行為者たちは政治システムから認知されようと努める。さまざまな事件や暴動に引き続いて若者たちの中から政治的な対話者たちが現れる。その多くは地元の政治システムによって、あるいは雇用や活性化、文化などをめぐるさまざまな地元政治と社会活動によって、「互選された」人びとなのである。

それゆえ、紛争の原理と主体性の原理の存在が社会的経験のある種の再配置をもたらし、多様な意義の総体的な再統合が、移民系の若者たちを、ガレー船の主たる行為者そして集合的経験の中心へと仕立て上げる。その集合的経験の中で若者たちは移民そのものを超えたシンボルとなるのである。

c　人種差別による経験の再構成によって、移民出身の若者たちの行為の能力が説明できる。とりわけ一部警官の「いきすぎ」などの後に続いた、反人種差別を訴える動員を説明することができる。ただしこの動員が永続し一つの社会運動へと安定するところに至らないのもまた、反人種差別の怒りとそれを支える尊厳へのアピールが、異種混交的な経験の中にある根本的な亀裂を乗り越えないからである。郊外地区の反人種差別の動員の歴史がこうした主張を裏づけている。八〇年代はじめのさまざまな事件や破壊、行き過ぎたふるまいに続いて、戦闘的なアソシエーションや宗教アソシエーションの支持を得つつ、ブールたちは人種差別に反対する道徳的抗議の歩みの先頭に立ち、人権とすべての人びとの尊厳を求めた[31]。「人種差別に反対する行進」は、組織された運動というよりも一つの感情であった。数カ月後には郊外地区のさまざまな協調が崩れていった。一方には共同体自体を中心とする運動の形成、アイデンティティにもとづく運動あるいは「ナショナリスト」的な運動の形成によって、ムスリム的アイデンティティの主張と自分たちの権利の承認を何よりもめざす人びとがいた。この論理はさまざまなフランスの団体や「フランス人」仲間たちとの断絶を引き起こすこととなった。他方で、このエスニシティは共和主義的諸価値の名のもとにおいてフランスの政治システムに参入するための手段として現れた。つまりフランスの政治勢力、組合勢力と融合することが必要とされたわけである。諸個人によってしばしば内面化されたこのような裂け目を超えて反人種差別の動員が存続することはできなかった。非常に短い期間で、ブールの運動はアメリカの黒人運動の中に生まれた中心的な亀裂を経験することとなる。それは公民権を求める支持者たちと、自分たちの共同体の他からの断絶を求める活動家たちを対立させ、マーティン・ルーサー・キングとマルコムXを対立させた亀裂であった。

運動のこのような分裂は、政治的メカニズムには還元できない。それはまた社会的経験自体の拡散でもあるのだ。参加メカニズムが、民主的社会的な信条の織り込まれた主張・学校・大衆文化と結びつき、そこに排除の諸関係が折り重なるような社会で、社会的経験が混ぜ合わされてきた。行為者たちは内にいると同時に外におり、同化されると同時に排除されている。行為者たちは排除の名のもとにしか自分たちのアイデンティティを構築できず、そしてそのアイデンティティを破壊し、自己を裏切ることによってしか自己を統合できないのである。これから検討するように、運動のこのような姿はおそらく排除された人びとや移民たちのケースだけに限定されない。なぜなら、もっと一般的にいって、排除と結びついた支配は行為者たちの経験のさまざまな枠組みを破壊するからである。

III　学校的経験　高校生たちと大学生たち

社会的経験という観点からの分析は、最も炸裂しているような行動やまったく規則的でないような行動を扱うためだけにあるのではない。中流階級が大多数を占める社会、大規模な組織による支配が強い社会の中の、よりありふれた諸状態へと目を向ける必要がある。学校の世界はその典型である。教育はサービスや市場には還元されず、階層化された一つの全体でもある。そこでは社会的分配と文化的伝達という必要不可欠な諸過程が働いているのだ。

1　高校生の経験の二重性[32]

前章では、学校装置が、もはや古典的な意味で制度とは考えられないということをみてきた。学校装置のもつ多様な「機能」の自律性が増大しているからである。分配「機能」、教育「機能」、社会化「機能」は互いに区別され、異なる登録ファイルのもとで構成されるようになっている。これらの分離が引き起こすのは、一つの経験のさまざまな独特の様態であり、問題はやはり、非常に大きく異なる論理同士をどう接続するかということである。

a　高校生らの言説はまず、学校という「市場」の中に位置づけられた戦略的行為に登録される。効用とヒエラルキーの観点から、学校施設や履修コース、教材、教室が語られる。同じ区域にある学校施設は、評判を受け入れさせられている。その評判は、暗黙のうちにではあるものの共有されたヒエラルキーに従って各学校を序列化し、学業上の優秀さと社会的なリクルートのレベルとを巧妙なやり方で接続する。いくつかの学校は、人気が高く入学困難であり、その対極には「ごみ箱高校」がある。つまり選ばれるのではなく、無理やりそちらへ「進路づけられる」高校だ(33)。履修コースもまた序列化されているが、その序列化は、三者会議において生徒たちの進路が決定され、教師、保護者、生徒に共有されるヒエラルキーが打ち立てられる分だけ、いっそう明示的な形でなされることになる(34)。履修コースの順位は、科目の順位につながる。最も価値のある科目は、最も権威のある履修コースの中で最もたくさん配点が得られる科目である。ただし同じ科目の中でも、教育内容が順位づけされている。たとえば、もはや使われなくなった言語が、現在使われている言語よりも「優れて」いるとされ、また現在使われている言語それ自体も習得の難しさという評価にもとづいて序列化されるのだ。最後に多くの学校で、同じ履修コースにある各クラスが、生徒の価値にもとづいて順序づけされている。生徒の価値とは、しばしば教師の価値と一致するとみなされている。

このような宇宙に置かれると、生徒たちは競争的合理性の観点から自らの実践を説明するようになる。生徒たちは利益が高いと期待されるところに「投資」し、利益が低いところではコストを抑える。多くの場合、とくに「優等生」は、このような合理性によって、好みと知的「使命感」を主張することを余儀なくされる。ハビトゥス、は、好みと利害とをつねに調整するわけではない。あまり評価されない科目に取り組むことは無駄なことだと考えられ、学校で役立つ教科に情熱を傾けることは一つのチャンスだとみなされる。こうした論理に重点がおかれることで、一方で戦略的行為と社会的利害との、他方では知的形成と道徳的教育との間にある緊張が、学校的経験の中心に挿入される。おそらく教師はこの二つの論理を一緒に結びつける能力をもっており、なんとか有用性と利害を調和させることができることもある。しかし、高校生たちはこの二つの秩序を、つまりボルタンスキーとテヴノのいう二つの「街」を、構造上、はっきりと区別することになる。

こうした緊張は、ある場合には矛盾として生きられるものだが、それが生じることによって、戦略的な観点から行動が語られることになる。つまり生徒という仕事、戦術的な巧みさ、そして教師の期待と有益な投資に関する細かな理解という観点から記述されるのだ。教師の第一の美徳はその効率性である。つまり良い結果を得るために、いかに自らの教育を正確に試験に対応させるかという能力である。生徒たちが望んでいるのは、その練習や反復、正確さである。また、生徒たちは公正さを望んでいる。というのも生徒は互いに潜在的なライバル関係にあり、教師とは、限られたポジションをめぐるこの競争における審判だからである。教師との関係性は、はっきりした、つまり冷ややかに表明されるこのような戦略的行動によって客観化されている。学業の追求の中で同じレベルの潜在能力を開発していたような親をもつ生徒たちによって客観化されるのだ。親の職業は生徒の職業と対応しており、親に対しても子に対しても職業専門誌、「学業上の投資」に関する指導、さまざまな順位表などが提示される。労働市場の大衆化や縮小と結びつく中で、学業上の競争は変容し、このような「経済的」な論理が現実的な自律性を獲得するようになった。つまりここでは、方法論的個人主義が、たんに有益な分析道具を示すだけでなく、一つの人間学としての本当らしさをもつものとなる。

b　しかしながら、高校生たちの経験はこうした戦略的空間に還元されるものではまったくない。戦略という個人主義的な領域と並んで存在しているのが、統合の領域、とりわけ若者たちの共同性の領域である。この共同性が依拠する原理は、戦略の領域の原理とは完全に対立するものである。つまりこの共同性は、「コミュニティ」として「社会」と対立し、あるいは表出性として道具主義と対立するのだ。ここでは、生徒たちは卓越化や成績よりも、参加を求める。すなわち同輩集団や友愛関係（philia）への参加、友情や信頼、愛情を重視する対等な人びとの集団への参加である。[35] さまざまな調査によれば、大多数の生徒は、自分の学校を愛している。実際には、生徒たちが好んでいるのは選択的な類縁性の世界である。その世界が展開されるのは、組織だった勉学の隙間であり、休み時間やレクリエーション、カフェ、外出の際などである。それらすべてが、生徒たちの観点からみれば、自分の人格形成にかかわっている。この観点に立つと、良い教師とはこうした打ち解けた雰囲気を大事にしつつも、それが過剰にならないよう、あまり慣れ慣れしくはしないような人のことである。過剰になると、戦略の領域と統合の領域が混同されて、教師の人物像はあまりに曖昧になり、これらの領域の区別が揺らぐことになるだろう。良い高校とは、背反しあう二つの領域が平和裏に共存することを可能にする高校のことである。それは成績に支障をきたすほど寛容主義的でもなければ、若者たちの共同体を抑えつけるほど権威主義的でもない。

　行為の論理と統合の論理が分離しているにもかかわらず、生徒たちはこの二つの世界の中で生きており、その実践は二つの世界を両立させることをめざしている。たとえば、統一性を維持するためには、万人による競争というものが和らげられなければならない。つまり落伍者たちを助け、非常に進度の早い連中にブレーキをかけることになる。高校生のグループは全員の体面を保てるように、学校ヒエラルキーの重圧を中和しようと努める。ただしこの一般的な規則は、巻き添えにならないようにするという規則であり、教師や学校生活に限定的にしか関与しないという規則である。自発的な社会的コントロールによって強く非難されるのは、「それを信じる」生徒、「自分がそうだと信じている」生徒、非常に目に見えて自らの勉強に入れ込んでいる生徒、さらには自分をまったく一高校生だと思っている生徒たちである。それは「道化役者」だというわけである。なぜなら良い態度には、相対的な無関心が含まれている必要があるからだ。「良いクラス」とは、熱心であると同時に成績が良く、連帯しながらも競争を認めるものだ。どんなときであれ諸個人がめざしているのは、まさにこうした均衡状態であり、矛盾しあうさまざまな目標の間の緊張を軽減させようと努力しながらクラスを構成している。

c　学校的経験の二重性を「調停する」のは第三の領域、つまり主体性の形成という領域であり、さまざまな学業の賭金とみなされる。競争や統合と並んで、真正さというテーマが、中心的な価値としてたえず呼び出される。たとえば、いろいろな観念が正しいと思われるのはそれが誠実だからである。さまざまな人格が「善良」とされるのは人格が真正なものである場合であり、成績からも若者文化への参加という同調主義からも身を引いている場合である。心理学的および道徳的な個人主義というこのテーマが構築するのは一つの主体像である。その主体は、成績に関する「技巧」や若者文化の商業的な同調主義の「策略」へと行為者を還元しかねない二重の経験を超えて、真正さというものを維持できる能力を備える。

高校生たち、とりわけ並みの勉学に打ち込む中流階級の高校生たちは、透明性と障害というルソー的な問題意識に支配されている。[36] 個人的な経験は、誠実さと技巧の緊張関係、つまり感情の真正さと社会的ゲームの技巧との緊張関係として現れる。政治やメディア文化は、「偽りのもの」であるが、政治生活や漠然とした運動に憤慨して周縁化された公人、成功の絶頂にいる幾人かのスターたちは「自分らしい」のだ。二重の人間としての高校生たちは、自分たちの経験を人格の探求と感じており、その人格は彼らにとって本質的なものではなく、問題のあるものとして提起されている。[37] 読書の社会学は、生徒たちという若い読者の多様な経験のありようを明らかにしている。読書の社会学は、読書には三つの大きな「理由」があるということを明らかにしたが、それは動機であると同時に原因でもある。第一の理由は、読者たちとその好みの社会的ヒエラルキーによって明らかにされており、読書を文化的で社会的な修養の産物とする。読書が習慣であり、義務であるような環境の出身である若者たちが読書をする、というわけである。第二の理由は、読書の社会的および学校的有用性とかかわっている。つまり学業にとって役立ち、自らをひけらかすことができるものが読まれるのだ。第三の読書の理由は、たんに「テキストの快楽」にだけ関連しているのではなく、テキストにより客観化された自己との関係の中で、個人的なアイデンティティの形成過程と関連している。結局、人が読み書きを覚える最初の言葉は自分の名前である。(38)これら三つの読書の理由は、「偉大な読者」の中では寄り集まり互いに強化しあっているとしても、さまざまな調査からは、これらの理由が他の人びとのところではっきりと分離していることがわかる。なぜなら、それらの人びとはある読書の仕方から別の仕方へと簡単に移動したりはしないし、同じテキストを読むことも同じ方法で読むこともないからだ。さらに、ド・サングリーが示したように、自分たちの読書習慣について尋ねられた人びとは、個人的なやり方で「しか」読書をしていないため、読書をしないと話す。つまり「偉大な読者」のイデオロギーのために、他の人びとは自らを読者として感じとることができない。

主体のあらゆる形態と同様に、真正さの探求は、ポジティブなやり方ではそれほどはっきりと現れず、こうした真正さの探求と対立している障害を批判することを通して、否定的なやり方でなされている。たとえば中心的な批判的テーマは、行為者により定式化することが困難な、軽蔑というテーマである。軽蔑は個人が自分の地位に同一化することを利用しており、軽蔑によって差異化の長い連続が、相対的な挫折のヒエラルキーである学校的ヒエラルキーの中で水路づけられる——多様なヒエラルキーが学校施設と教授たちを包括すればするほど、軽蔑があからさまになる。しかし、同時に軽蔑の感情はいっそう根が深く、経験の二重性から生じるものであり、この経験の二重性により個人は透明な存在へと仕立てあげられる。つまり、個人は教授たちや学校組織からは無視されており、その好みや才能が現実にはどうであれ、しばしば彼らの苦しみも学校により無視されている。だが多くの学校施設そのものもまた軽蔑されていると感じられているのだ。

2　高校的経験のヒエラルキー

高校的経験の組織化により「構造」がまったく変化しないとしても、行為の多様な論理の間で織りなされる緊張の力は、学校的ヒエラルキーの上から下まできわめて大きく変化する。経験における支配の諸過程に重点をおくことで、われわれは機能主義的な解釈、より正確にいえば過去の分析が奨励してきたパーソンズ的解釈からは、はっきりと距離をとることになる。行為者たちは、資源、パフォーマンス、学校資本を利用できなければできないほど、いっそう支配されており――この概念がたとえここで完全に適切なものでないとしても――、行為者たちの経験の緊張はいっそう強くなる。われわれは高校的経験を大きく四つの姿に区別したことがある。[39]

a　システムの頂点にいるのは「真の高校生たち」であり、ブルデューとパスロンが描いた遺産相続者の性格に近い者たちである。[40]

「真の高校生」は強力な学校資本をもちながら、生徒という仕事を完全にコントロールし、とくに戦略のファイルから若者的統合のファイルへと簡単に移動できる能力をもっている。真の学生は、文化的嗜好を学業成績へと変換させる技法を受け継いでいる。つまり、自分にとって学校で有益になる本や、映画、会話を選択することができるのだ。同時に真の学生は距離化の能力をもっており、その能力により彼は学校的知識を次のような学校的な知識として、つまり自分とは一線を画す必要のある学業上の知識、あるいは自分の魂を失うことなく成績を上げるためには、批判することさえも重要な学業上の知識として扱うことができる。

しかしながら、「真の高校生」を観察すると、「非常に優れた」学校施設を含めたとしても、このように構成要素がきわめて強力に統合されている経験は、支配的なものではないということがわかる。遺産相続者の行動、たとえば政治的な急進主義を学業上の競争における攻撃性に結びつけるような行動は、しばしば「スノッブ」で傲慢なもの、真正さをなくしたものと感じられている。生徒たちの多くは自らのことを合理的な「企業家」だと思い描くのだが、それは計画されたキャリアを得ることに腐心した結果として生じたものであり、生徒たちはこのことから「身を引き離す」ことはほとんどできない。経験は原則的に成績を中心に組織化されており、そこには、たとえば語学研修のように、「知的な」余暇の探求によるものも含まれる。こうした高校生は、自分たちが成功という強力なプレッシャーに屈していることを認めており、貴族主義的な言説よりも、資本家や管理職の心配事がこれに代わるのだ。

b　「良い高校生たち」、つまり最も過酷な競争には関与せず、何よりもまず社会的に下降することがないよう自分の身を守る高校生たちは、数々の行為の論理をはっきりと分離させることから出発して、自らの経験を打ち立てている。学校生活は自律した諸領域の並列として現れる。職業領域と家内領域の分離という「女性的」モデルにしたがって、良い高校生たちはのびのびとした個人的生活と納得がいくような学業成績とが結びつくあるバランスをめざしている。こうした高校生は文化と市場という二重のリベラリズムの只中で、「真正な」個人的生活の快さと、遠く隔っていればいるほど寛容ないくつかの信条への道徳的コミットメントとを調和させ、そしてまた自分たちの利害の穏健な形での擁護とを両立させたいと願っているのだ。

これら生徒たちの経験は、専門職的中流階級の倫理を再生産すると同時にそれを予期している。互いに切り離され、かつ互いに保護し合うような諸領域を並列させながらこの階級は自らの生活を打ち立て、個人というものに対して最も強い人格的な自律性を保証している。この高校生の世界は限定的なコミットメントの世界であり、個人について三つの中心的な像を調停する。すなわち合理的な企業家像、古典的社会学者のいう統合された行為者像、そして自律した道徳的個人像である。この高校生たちの集団は一つの共同体ではなく、選択的類縁性をもった複雑なネットワークなのだ。

c　「新しい高校生たち」は、以上みてきた二つの集団の高校生たちよりもずっと激しいさまざまな緊張関係の中心にいる。こうした生徒たちは、長期にわたる中等教育の大衆化から大きな利益を受けており、その多くは自分たちの家族の中で最初に高校に入学できるようになった世代である。この観点からすれば生徒たちは上昇したと感じているが、まさに学校の中では最も威信の低い履修コースと学校施設におり、幾分かの疎外感を抱いている。自らのことを学校市場の敗者と感じており、その市場はあまり信頼できない貨幣しか自分たちにもたらしてくれないと思っている。職業上の将来に自らを投ずる能力は弱まり、学業の目的は社会的な下降と排除を回避することになる。この生徒たちは「奨学生」でなく、その若者集団の文化と統合はアカデミックな規範から大いにかけ離れている。だからまた、生徒という自分たちの仕事を効率的に組み立てるのに特別な困難を感じている。生徒たちは教師の人格と教育的関係に多くを期待しており、こうした教師と教育的関係とが自分たちを「動機づけ」てくれると考えている。まさに「新しい高校生」は学校規範に依存しつつも、同時に学校規範をマスターすることができない。つまり、統合されていると同時に排除されているのだ。学校的経験が人格に対する脅威として感じられ、軽蔑というテーマが最も強まり、「真正さ」とこれに対する障害の間にある緊張が最も高まっているのは、これらの生徒たちにおいてなのだ。したがってこの高校生たちの人格は隠遁、つまり私生活への引きこもりというテーマのもとで構築される。

d　職業高校の生徒たちの経験は二つに分かれる。生産労働者や技術者の家族的伝統の中で育ち、かつ職業バカロレアを獲得した生徒たちにとって、その経験は明確な職業的戦略と、かつて労働者だった教師たちの文化と若者文化のある種の近接性、そして労働的諸価値を中心に組み立てられた個人の概念、これらの間で調和している。(41)この生徒たちの場合、遺産相続者の場合と同様、学校は社会化の制度なのである。

一方の高校生たちにとっては、学校での経験が解体して葛藤をはらんだものとなっている。職業教育は流刑や排除の手段として感じられる。その若者集団は学校とともに形成されるのではなく、学校に対抗して、つまり抵抗や反抗の行動を通して形成される。[42] その主体は学校の支配力に対抗して自己を打ち立てることでしか、大いに価値を失った自己像を救出することができない。すなわちこうした高校生はスティグマの内面化と、自分を脅かすあらゆるものに対し絶えず「体面」を保ち続けることとの間でバランスをとっているのだ。良い教師とは、有能で愛想がよいことよりも、ほとんど学校に期待していない生徒たちのことも「尊重」してくれる者を意味する。学校的ヒエラルキーの用語でいえば、「被支配的」な生徒は、危険をはらんだ経験をもはや制御することができない。つまり学業に「戦略的」な意味を与えることで学業を一つのプロジェクトにつなげることはできないし、さまざまな戦略と共同体的紐帯との間の緊張を管理することも、さらには自らの勉学に知的で道徳的な意味を与えたりすることもできない。いくつかの葛藤を超えてしまうと、こうした生徒たちはまったく批判的ではなくなる。授業をしている「ふりをする」教師たち、あるいはむしろ、授業をすることが可能になる諸条件を結びつけようと努力している教師たちに向き合い、生徒である「ふりをする」のだ。

個人が学校「市場」の中で、時に選択肢のなくなる人が出てくるまで、劣悪な立場に置かれれば置かれるほど、統合の論理は戦略の論理からいっそう切り離され、学校での経験はいっそう人格の試練という様相を呈することになる。社会的なヒエラルキーは資源や文化のヒエラルキーであるだけではなく、さまざまな経験のヒエラルキーでもある。そして各々の経験が抱える緊張関係は教育装置の頂点から底辺に向かうにつれて強まる。「支配的」な生徒たちは、行為の多様な論理を互いに調整できる方策や能力を備えているが、これに対して「被支配的」な生徒たちはより困難な試練に直面しており、そうした試練のさまざまな緊張関係はその人格の只中に現れてくるのだ。

3　大学生たちと大学が供給するもの

学校経験についてのヒエラルキーがただ一つだというイメージはあまりに単純すぎる。なぜならこのヒエラルキー像は、教育をめぐる諸状況と教育により提供されるものとが非常に多様だということを十分に考慮していないからである。多様な学生の姿を分析することで、ヒエラルキー化についての多元的な原理が明らかになるのだ(43)。大学生の観点に立てば、学生経験の根本的な三つの次元は以下のように現れる。つまり戦略の論理は学業の有用性の原理に帰着し、統合の論理は学生生活に溶けこんでいる度合いに帰着し、そして主体的な次元は知的な使命感や学業における個人的達成という形で体験されている。これらの次元それぞれに、教育が提供するものの各類型が対応している。それぞれは、職業訓練上の目的や卒業証明書の価値に、また学生生活に対する学校組織の影響力に、そして学業に知的かつ「道徳的」に取り組むという使命感や言説に与えられた位置に基づいているのだ。

これら三つの次元を交差させ、各次元について強いか弱いかという値を大まかに割り当てると、大学生の経験について八つの類型を引き出すことができる。これら経験の類型をそれぞれくわしく記述することは重要ではない。単純にその配置を確認してみよう［次表参照］。

学生生活の頂点（表の1と2）には、選抜され専門職化されたさまざまな職業訓練がある。たいていこれらの職業訓練は学業上の組織と学生の共同体が諸個人に対して有する強力な影響力と結びついている。後者は、たとえば共に過ごす余暇と勉学、さまざまな行事、さまざまな団体活動などである。時には、こうした職業訓練は強い使命感にまつわる言説と結びつく。その言説がとくに現れるのは、あまりに儀礼化され官僚制的で、既存の知

		使命感			
		強い		弱い	
プロジェクト	強い	1	2	3	4
	弱い	5	6	7	8
		強い	弱い	強い	弱い
		統合			

ここで取り上げられている３つの次元は、社会的経験を構造化する根本的な３つの行為論理に対応している。「使命感」は主体化に帰着し、「プロジェクト」は戦略的投資に、「統合」は大学組織による学生の社会化に帰着する。各次元は大学が提供するものに対応し、同時に大学に求められるものにも対応している。ただしこれらが正確に対応しているというつもりはない。

的文化的価値からあまりにかけ離れた職業訓練に対する批判的態度の中である。しばしば医師の場合に、こうした態度類型がよくみられる。あたかもその使命感が、職業的達成とは別のものの中でしか達成されないかのように[44]。別のケース、たとえばＩＵＴ［工業技術短期大学］の場合では、使命感というテーマはより弱く、批判の対象となるのは学位の社会的な有用性である。

学生的経験の一覧表の対極（７と８）に位置しているのは、完全に「消極的」なケースである。そこにおいて学生たちは、大学のアノミー的状況と大講義室の「孤独な群集」とに直面しているという印象をもち、正確な職業上の目的をまったく感じておらず、そして「使命感」についてもまったく言及しない。自らの学校でのキャリアは消去法により決定されることになる。ここで問題となるのは教養課程のマス学生であり、この学生たちは自らを学生とはまったく感じておらず、学業を個人的な適応とサバイバルの問題として体験している。この学生たちはある意味で、大学における憂える「プロレタリア」を形成しており、「真の」学生たちの「貴族身分」と対立するよりも、むしろ距離をおく。

これら二つの極の間で打ち立てられているのは、多様な組み合わせからなる別の様式の学生的経験である。学生であるために若者たちの共同体とより自律的な生活経験とに頼らなければならない者たちがいる。他方で、学生生活には参加せず、一つの課程の達成の中に閉じこもり、まったく知り合いもつくらず、自分たちの学業に向けて明確な知的好奇心を少しも示さない者たちもいる。さらには根拠のない「使命感」に引きずられる者もおり、職業に関する明確な展望などを欠いている。これらの学生は、その経験の一つの次元でしか学生ではないのだ。

自らの人格を学業に捧げる学生がいるのに対して、自らの修養には関心がなく、むしろ自らの人格を保護し、挫折や無用さという深い感情から自らを守りながら、そこから距離をとろうとする学生たちもいる(45)。前者はヒエラルキーの頂点に位置しており、革新的で批判的であるが、同時に保守的でエリート主義的でもある。後者は悩み深く消極的で、大学からは大きな距離をとっているため大学を批判することはなく、たんに自分たちをかくまってくれるものだけにしがみついている。最悪の場合、老朽化した建物に「スプレーで落書き」をすることで抗議し、自分を取り巻く状況が価値を失っていることを明らかにし、「破壊者」の役割を演じようと行列の「最後」に連なっている。

高校生の場合よりも明らかなのは、教育の供給が多様だということである。将来の指導者や支配者たちは制度により社会化され養成され続けているが、その制度は役割をわりあてることを目的としたものである。他の人びとにとって、この制度は全面的に消え去っており、そうした学生は閉塞し、投資することも限られ、小さな私的な幸せを探求しており、実存にまつわる多様な領域が共存している。あたかも将来のエリートたちが、古典的な意味での個人として育成されるかのようにあらゆる事柄が生じている。その一方で複数の適応戦略にたどり着き、自らの経験がはらんでいる、いくつかの緊張を克服できるような人格を形成する者たちもいる。

これらの観察を、今日形成されているタイプの社会構造に「機能主義的な」やり方で結びつけることにより、「目的論的」な解釈への一歩を踏み出す誘惑にかられる。［まず］「中心」、つまり決定、合理性、投資が働く場所では、社会化の内部決定的な諸形態が維持されている。すなわちそれは古典的社会学がいうところの諸個人のことである。［次に］中流階級の広大な世界は、テクノロジーや生産様式の急速な変化と同時に、消費にどっぷりと参加しなければならないという「義務」の影響下にあり、個人的経験は互いに分離され、個人が適応しなければならない自律的な諸領域は並列させられている。最後にその他の人びとにとっては、相対的排除が個人の問題として完全に体験されており、社会的経験の各項はもはやつながりをもたなくなる。そこで目立つのは、移民の「混血」の姿である。

このヒエラルキー的感覚は一貫性を混乱させるものとなりえるので、そこに「システムの目的性」をみたいという誘惑にかられるだろう。この種の問いを立てることを妨げるものは何もないが、この敷居を社会学的に乗り越えることはいまだ困難である。ただし社会学者が自らに禁じていることが、市民には許されている。先ほど言及したさまざまな社会的経験が示していることは、支配とは暴力や搾取、あるいは管理によるよりも、社会的経験の破壊や社会的経験の主体になることの困難さにより現れるのだ、ということである。主要な「問題」とは、そのちょうど反対で、社会的経験の中で直接感じ取れる支配の欠如であり、個人や集合的行為者たちが敵に対抗して自らをつくりあげ、そのコンフリクトそのものの中で経験を自律性の要求に基づかせることができるような支点の欠如なのである。実際に支配は経験のさまざまなカテゴリーそのものの中で、やましい気持ちという形をとりつつ解体されている。諸個人は自らの失敗のさまざまな原因であるだけでなく、もはや自分たちの経験の主人ではないのだ。

Ⅳ　炸裂した社会運動

1　労働運動のイメージ

私は長い間、情熱をもって、新しい社会運動についての知的で社会的な研究に取り組んできた。一九六〇年代半ばにトゥレーヌを中心に形成されたチームの精神の中では、その運動は、労働運動の後に続くべきものであった。この研究計画のメリットは確かに、自分たちの欲求を決して現実と取り違えなかったことである。つまり私たちの研究の結論はいずれも否定的なものであった。私たちが研究したいかなる新たな闘争も、「本当の」社会運動とはみなされえなかった(46)。研究計画上の楽観主義は、決して予言とはならなかったのだ。

この楽観主義の大部分はおそらく、当時まだ圧倒的だった労働運動の「全体的」運動としてのイメージから生じていた。労働運動は対抗的な社会計画を担い、権利要求戦略や強力な政治運動を発展させ、「具体的な」共同体やグループを動員していた(47)。ゆえにわれわれは、新しい運動が形成されるにあたっての困難さを説明するのに、危機の行動や左翼イデオロギー、政治的カテゴリーの不適合さなどのもつ重みを過大評価する気持ちをもっていた。要するに、私たちは新しい社会運動のばらばらな状態が、好ましくない経済政治状況によると同時に、脱産業社会への変化の遅さによるというように考えることができたし、現に私はそう考えた。近年の社会史の分析を手掛かりとして、私は、新しい社会運動のばらばらな状態がその「正常な」状態をなしているとむしろ信じるほうへと導かれていったのである。

西ヨーロッパにおける労働運動の中心的特徴の一つは、前章までにみたように、例外的なほど統合された社会的経験に依拠することにあった。階級意識、権利要求、政治的闘争、共同体の防衛が、ロシア人形のように互いに入れ子になって現れていた。まず確かなことは、いかなる社会運動もこれほどの同質性を理論的実践的に構築したことはなかったし、いかなる運動もこれほど政治的エージェントと近接したさまざまな社会的カテゴリーを押しつけることはなかったということである。この観点からすれば、新しい運動のばらばらな状態は一つの危機ではなくて、行為者たちの炸裂した経験の中に根ざした運動の「正常な」状況への回帰なのである。変わらないのは、個人的経験の中の主体と同じく、社会運動がさまざまな意味を統一しようとするワークによって他のタイプの集合行為から区別されるという点である。同様に、社会運動と一方の社会問題との距離、他方の政治生活の組織化との距離は、自律した政治市場の形成および表象に関する危機として経験されているが、危機としてよりも互いに異質な社会的諸要求が混ざり合った状態を管理する一つの様態として考えられねばならないのである。

2 さまざまな自律的な闘争

a

すべての集合行為が社会運動であるとは限らないし、集合行動の大半は社会運動という概念を借りずに記述することができる。ここ数十年間にフランスで発生したさまざまな動員はしばしば、［以下でみるように］唯一とはいわないまでも少なくともヘゲモニー的な一つの合理性を表明するものとして現れている。

多くの闘争は、厳密に権利要求的な戦略的行為として定義されるだろう。いかなる全体社会的な諸関係もいかなる文化的モデルも問題視しないそれらは、個人的利害の集積と行為者たちが自由に使える資源とによってしか定義されない。合理的選択や資源動員の観点からの分析の仕方が妥当なようにみえる。政治の予定表や市場の変動によって時期が選ばれ、特定の政治勢力による保証を得ているような農民の動員は、世界市場での経済的競争の諸関係と国家に圧力をかける能力によって本来的に定義される。ここで、説明しなければならないのは、リーダーたちの戦術的な狙いとゲームである。農村の想像的世界をアピールすることはこの動員の資源であるが、このゲームの賭金ではない。例外的に好ましい戦略的状況から恩恵を受ける専門的諸集団の闘争についても、類似の分析を展開することができる。これらの集合行為の共同性は、人数が制限されることで力強くなればなるほど、有意なものになる。それが空港管制官や国鉄、パリ地下鉄運転士のケースだ。国家や専門職業協定によって強く規制されている競争空間で、地位を守ろうと闘う集団のケースもこれに当たる。たとえば、医者、港湾労働者、出版関係労働者などである。

このほかの動員はおもに、いくつかの原理に同一化された道徳的な企てとして定義されるように思われる。それはいかなる社会的敵手も想定しておらず、いかなる社会的基盤にも、特定の利害にも依拠しない。その行為者たちは個人として、人間存在として関わっている。自分自身について、自分たちの利害について、自分たちの文化についての、社会的定義から出発するのではないのだ。このような十字軍は世論の運動として機能し、しばしばメディアの中に最も強力な自分たちの表現を見いだす。たとえばロックスターたちのコンサートが最も典型的な現れである。鯨の保護やアマゾンの森林の保護、そしてある意味では、人権を守るための闘いは、明確に規定された動員の形を取るよりもむしろ世論調査の中にさまざまな理念への賛同としてはっきりと現れる。これら道徳的な動員が、諸個人の身近な経験から遠く離れた諸問題に関係すればするほど、いっそう付和雷同的で影響力をもつということさえ観察できるだろう。これらの動員はすぐに政治的アクターに取って代わられる。それが展開する場所にはまったく敵手がいない。世論の運動であるこれらの動員は、世論が続く限り続く。しばしば流行が続く限り、ということもできよう。

最後に、そこここで観察されるのはアイデンティティの防衛や主張に厳密に軸足を置いた動員である。時として共同体的であり、しばしば国民的あるいは文化的なこうした運動は、脅かされているとみなされるアイデンティティ、伝統やローカルな根っこを守ろうとする。このような共同体の防衛の論理を最もよく表すのが極右の「自生的」運動であり、「自然な」敵を構築し、安全への要求を掲げ、外国人に対して近隣のつながりを守る。こうしたさまざまな極右の動員が、それらを生み出した明確な問題を越えることはほとんどないのだ。

これらの論理が明確に分離するため、各ケースごとに社会運動について語ることはできなくなる。動員の効果や重要性を評価するわけではないからだ。しかし、目標も原理も非常に漠然とした大衆運動に類似する一つの動員の中で、これらの論理すべてが融合するということも起こりうる。一九八六年と一九九四年にフランスで起きた高校生と大学生の運動の事例がそれである。これらの動員は、ゲーム・ルールの変更計画［大学入試改革、若者の低賃金雇用制度］と排除への怖れとによって生み出された不安に、学校的共同体の運動化が混ぜ合わされたものである。後者は、運動それ自体の楽しみの中でそう体感されたものである。最も異なる、それどころか最も対立する利害が、このとき政府に対する共通の反対の中で混ざり合ったのだ。この運動には、一九八六年の人種差別反対の道徳的抗議も含まれていた。だが行為者たちの中にある自律したこれらの方向性は、いずれも非常に弱かったので、これらの動員はすぐに大衆化し、たいていの場合、極端にマイナーな政治グループによって操作された。その際、「裏工作」や手管といった話が、闘争を裏切り、破壊していったのだ。これらの動員は要求をかかげるいかなる固有の組織も生み出さなかった。すなわち数週間続いたデモの後でも、学生組合は行動が始まったときと同じくらい弱体だったし、大学ごとの選挙への参加率は上昇せず、運動の思い出さえ行為者たちの中から消えていったのである。それでもやはり行為は実を結び、政府は後退した。しかしこれらの闘争は明確な利害を動員することも、学校や大学に対する批判を動員することもしなかった。それは一つ経験のさまざまな構成要素を数日の間凝集させたが、それらを構造化しなかったのである。

b　社会運動は、行為の諸局面すべてを接続し、ヒエラルキー化する意思によって特徴づけられる。しかし、たとえこの意思が存在したとしても、社会運動は、行為者によるそのワーク（作業）の外には存在しない、つまり自律的で統合された一つの行為を構築したいという活動家たちの欲求の外には存在しないといわざるをえないのだ。なぜならこれらの出来事の中では、行為のさまざまな構成要素が、社会的経験に関する述語のように、絶えず互いに分離しているからである。

一九七〇年代を通して、女性運動はおそらく、西洋諸社会におけるジェンダー関係・性的関係の文化的表象を変容させることに最も貢献したものの一つである。家族、堕胎、避妊などにかかわる権利のいくつかの領域においてしばしば甚大な効果をもたらした。同時に、この運動は、その実践においても、組織においても、絶えず交差しながら分裂する二つの根本的な方向性を結びつけるには至らなかった。一方はシモーヌ・ド・ボーヴォワールとベティ・フリーダンが体現する方向性であり、統合と平等をめざし、男性によって支配されてきた特権や地位へ女性が就くことをめざした。この論理はある種の女性らしさや女性的主体、すなわち女性の疎外と支配を基礎づけ正当化する男性たちによって構築された「本質」を拒否するところへ至った。社会参加や男性との競争を重視したがゆえに女性は、理性と民主主義の普遍的な主体にもとづいて定義されることになった。その中のパターナリズム［父権制］こそが、永遠なる女性性の名の下で女性を排除してきたわけであるが……。もう一方の傾向は、ウーマン・リブとケイト・ミレットが代表したもので、まったく別の論理から出発して、一つのアイデンティティの発見と承認をめざすものであった。すなわち女性を排除しそのアイデンティティの破壊を代償にしてしか平等を認めない普遍主義に抗して、女性のセクシュアリティおよび女性の受けている抑圧のもつ特殊性を発見し、承認させることをめざしたのである。運動のこのような傾向は精神分析のほうへ向かい、そのことを批判もされたが、「コンシャスネス・レイジング（問題意識化）」や、女性的な文化、女性的エクリチュールの形成をめざした。もう女性たちが、自分自身をよそよそしいものとして感じなくて済むために。

おそらく多くのフェミニストがこれら二つの説明、二つの方向性に訴えかけたし、それらが融合することを望んだであろう。しかし、そうであっても、その混ざり合った願望が統合された実践に翻案されることは決してなかった。そして、この運動は、参加の論理と、固有の統合の論理との間で絶えず分離したのである。一方は政党や組合といったより一般的な運動の中へと「解消され」、他方はしばしばセクトの中に閉じこもった。それでもやはり、フェミニズムが運動として実際に意味をもつのは、このような緊張そのもの、つまり平等と差異の二重性として理解される女性的経験の緊張の中でしかないということに変わりはない。この緊張はたんに公的なものと私的なものとの緊張であるだけではない。なぜならそれはこれら二つの領域それぞれの中にもみつかるからである。フェミニズム運動はまさに一つの経験の調和を禁じるこの二重性に対して批判的なのだ。この観点からすると、この運動の炸裂や、その旗印のもとで政治に参入できないことを口実に、運動の挫折を結論づけることは不可能である。こうした運動は、二重性の中で、それを乗り越える努力の中でしか生きることができない。各個人が自分の経験を構築する中で、一方の側でありながら他方の側でもあるという自分を見いだすのと同じことである。当時、この運動は政治の舞台に諸要求を出すことや文化的変化を作り出すことしかできなかった。といって、自分たちの計画の中にそれらの要求を統合することもなかったのである。このような炸裂した状態は、運動の「正常な」あり方である。この運動は民主的で、競争空間の中で女性のチャンスを増やそうとする。またこの運動は文化的でもあって、家父長的なもの以外の社会統合の形態を定義しようと考える。運動の中心にある女性的主体の定義に、これら二つのテーマが及ぼす影が、批判的言説と主体性という二重性を引き起こすのだ。そのレベルでの緊張の激しさの源泉は、経験されているものの心理学的な近接性と二つの意味世界の疎遠さにほかならない。この闘争が統一性を保つのは防衛的行為の中においてのみであり、一つの政策やはっきりした事件に対する抗議においてだけである。ちょうど、堕胎の有罪化に反対するボビニー［パリ郊外の町］での裁判のように。

ところで同一の説明が、環境運動や反原子力運動にも通じる(48)。運動内部のあり方を、それが政治的な舞台へ参入したときに観察すると、複数の行為の論理の存在がはっきりとみてとれた。産業社会の中心的価値の危機と結びついたある一定の共通の確信を、活動家たちのほとんどが共有している。もはや科学的進歩と進歩そのものとの同一性を信じない。自然つまりこの惑星という囲いの中にある人間の存在とその道徳的責任を主張し、自然の征服の代わりにその均衡を呼びかけ、ディオニュソス的社会の中でアポロ的であろうとする……。しかしこれらの信念や原理のストック、自己の定義や諸価値のストックは、非常に広い範囲で不確定のままであった。

ある人びとにとっては、［この運動は］自らが模範となる行為、時に自己予言的な行為へと直接、変化するべきであり、新しい諸価値に直接インスピレーションを得た共同体や統合の諸形態、社会化の構築に向かう必要があった。その人びとこそしばしば不当にも「原理主義者」と呼ばれる、政治的行為をせずに済ます活動家たちであり、もっとほかの技術、ほかの交換、ほかの文化にもとづいた新しい社会をいまここで打ち立て維持していきたいと考える人びとであった。他の人びとにとっては、エコロジーは社会の民主的な批判と結びついており、その科学的で技術的に重要な選択が公的な批判に従属しておらず、専門家や科学者たちにゆだねられたままであると考える。その傾向は、おもに反原子力闘争の中で発展したもので、今日では、極端に道具的な地域保護、つまり「ＮＩＭＢＹ」[49]の動員と結びついて存続している。そこではエコロジーとは、非常にローカルな利害の防衛に結びついた一つのイデオロギー的資源でしかない。

ここでもまた、エコロジストの活動家たちはこれら二つの戦線で闘いを行おうと思っていた。しかし決して二つの傾向が実際に一つになることはなかったこと、そして、政治的行為への移行に対する世論の支持がエコロジー的理念への支持に比べてかなり及ばなかったことは、はっきり確認しておくべきだろう。環境保護が経済活動への主たる制約と受け取られ政治的意思決定の重要な一次元となる中で、広告業者や政党がこれに飛びついたわけであるが、このような「回収」は、何度と非難されたとしても、運動の成功のあかしにほかならない。

もはやこのようなパラドックス的状況を、エコロジー運動の若さの現れだとか、とくに不都合な状況の効果だとか、解釈し続けることはできない。運動のこのような二重性は修正主義とラディカリズムの闘いに類似するものではない。つまりそれらすべてが修正主義なのであり、エコロジーに与える左翼主義の影響は非常に弱まっている。これら二つのエコロジーの「文化」は、たんに運動の制度化によって生まれた緊張関係に由来するだけでない。これらの方向性の二重性そのものが、行為の戦略的空間と統合的空間、つまり「道具主義」と「表出性」との緊張および距離に対応している。もはや一方の岸からもう一つの岸へと容易には移動できないのだ。[50]

これらの社会運動は炸裂している。それが運動であるのは、多様な意義を結びつけようとするつねに更新される意思を通してのみである。もしそれらのもつ政治システムへ圧力を及ぼす能力、法を生み出す力、「慣習」を変える力のことを考えるなら、労働運動が挫折しなかったのと同様にそれらも挫折しないだろう。しかしそれらは直接に政治的勢力へ変わることができないのだ。そのことは政治そのものが変化したことに気づかせる。政党は「社会的勢力」の直接的な表現ではもはやありえず、これらの運動と国家の間のオペレーターにすぎない。そして国家が、いま「社会」と呼ばれている諸システムのばらばらになった諸要素のレギュレーションを保証する。ここでもやはり、政治的表象の「危機」とは、たとえそれが「古臭い」言葉から生じ、左翼に関しては労働運動の枯渇から生じているとしても、社会的要求と政党とのいっそう動的で道具的な関係の形成にほかならないのである。

＊＊＊

さまざまな社会運動が力と持続性をもち、歴史的な「登場人物」となるに至るのは、強く統合された社会的経験に支えられる場合だけである。これがもう当てはまらなくなると、社会がばらばらな闘争の場として現れる。そして諸個人が自分の経験を構築しなくてはいけなくなり、それと同様に、さまざまな運動も相対的に異質な意義同士を絶えず接続しなければならなくなる。社会運動はこのワークそのものの中にだけ、すなわちユートピアや計画なき自律性への要求の中にだけ、存在できる。また「真正さ」への個人的探求も、自己を破壊しないポジティブなイメージに寄りかかることはできない。この意味で、個人のワークと運動のワークは同一のものである。ただしこの領域に確立しうる連続性の原理は分析的なものであり、実践的な連続性、つまり個人から集合体への移行に関するメカニズムではない。ここで、動員をめぐるさまざまな理論が大きな助けになるとしても、もしそれが動員の諸条件や「技術」を分析するものであれば、動員されているものがなんであるか、諸個人の社会的経験の中でつながっているものがなんであるのか、ということについては何も語ってはくれないだろう。

　行為者の経験の中にあるさまざまな緊張、そして行為者のワークということから導かれうるのは、あたかももう何も意味や統一性をもたないかのような「構造を取り去られた」社会的経験のイメージではなく、さらにはアノミー的な社会的経験のイメージでもない。社会的経験の生きられた意味はもはや、社会的生活によって、システムの統一性によって、「与えられる」ものではないのだ。意味とは、たいていルーティン化された活動の産物であるが、いずれにせよ活動の産物なのである。主体のイメージを生み出すこのような活動は、主体についての歴史的で文化的な表象につながり続けている。今日その表象は一人の個人のイメージであり、いいかえれば、自分自身の生をその妨げとなるものに抗して作り上げる一人の自律的な行為者のイメージである。その行為者は、個人に関する他の二つのイメージ、統合の自我というイメージと、戦略的行為の中心にあるホモ・エコノミクスのイメージの両方に対抗する。それゆえ社会生活を、共同体と市場のたんなる並存として表象することは受け入れられない。そのような表象とは、「全体論的」と「個人主義的」という、自律した二つの社会学を再び呼び起こしてしまうものであり、一方は社会的経験の二重性の表象にほかならず、他方は相互に還元不可能な諸文化とグローバル経済に引き裂かれたこの惑星の表象にほかならない。

第6章 社会学者と行為者の間(1)

社会的経験の社会学は、行為者たちの主観性、そのワーク、そして、その自律性から出発するため、かなり広い意味では理解社会学の系譜に属している。また社会的経験の社会学は、さまざまな行動と言説を解釈し、それらを単純な要素へと分解し、そして首尾一貫した体系にそって社会的経験を再構成することをめざす分析的な社会学でもある。しかし、行為者のさまざまなワークに関するこうした社会学的作業は、社会学的な読解の一様式、つまり視線や記述の一つの形態に還元されるものではない。その作業は、諸個人の主観性に場を与え、それをできる限り客観的に取り扱うことができる一つの方法に由来しなければならないのだ。ここでいう客観性とは、まずありふれたさまざまな経験カテゴリーをもとに素材を構築する一つの様式から生じるものである。またこの客観性は、社会学者と行為者のある種の論証から生まれるものでもある。最後にこの客観性は、証明の一つの形態を、仮にこの概念を弱い意味で理解したとしても、含意する。つまり、一つの方法のさまざまな制約自体から生じる、分析の本当らしさ（vraisemblance）という意味である。

われわれは社会的経験の社会学を、いくつかの方法論上の諸原理と関連づけられるよう努力を重ねた結果、プロジェクトの狙いをより正確に定義するに至った。実際に、ある概念的な枠組みの本当の射程は方法論的な選択を介してしか実現されない。そうすることで理論的なプロジェクトの限界が明らかになるのは、選択された方法が「普遍的」ではなく、社会学的対象の全体、とくにさまざまな具体的組織やシステムに関する諸過程に適合するということはありそうにないからだ。そのシステムの論理がいかなるものだとしても。その意味で、この方法は他の方法と結びつくことができるし、結びつけられなければならない。しかし同時に、この方法はあるタイプの対象や問題に対応する点で野心的である。つまり、経験の社会学は、社会学者の道具箱から借りてきた手法を、多少の違いはあっても、頑迷に選択するということだけでは満足することができないのだ。社会的経験の社会学が一般的な社会学ではないとすれば、それは一つの社会学的な「スタイル」以上であることを望んでいるのである。

I　不可能な切断と本当らしさ

いかなる実証研究も、程度の差こそあれ、行為者と調査者の直接的な出会いとして定義できる。実証研究は、こうした二つの極の間で交わされ多少なりとも媒介された、長期にわたる一連の論証として現れるものだが、それは社会学者の社会学が行為者の社会学と出会った際、つまり行為者たちが、自らの経験を「自然」な言語で自発的に解釈する様式と出会う際に現れるのだ。こうした出会いはたんなる調査上の制約、つまりたんに解体されるべき人工物ではない。この出会いが、もはや特定の方法論を選択することと関連していないのは、いかなる社会学も意味作用というものの要請をまったく免れないからである。つまり、いかなる社会学も行為者たちがめざしているさまざまな意味作用を無視できないし、そしてまた、その社会学が下した結論により行為者たちに引き起こされる効果を無視できないからだ。このことを証明するには、社会学の諸理論が行為者たちにより「消化」され、行為者たちの常識の中に取り込まれていく様子をみれば十分である。確かに世間でヒットしたとしても、そのことである理論の価値が証明されたことにはまったくならない。だが、社会的経験の中になんの反響も見いだそうとしない理論にどんな価値があるだろうか？　行為者が自律的な、ある意味では批判的な活動を展開することを認める限り、この問いは経験の社会学の中心に位置するのだ。

行為者と調査者の討論は、公開されていようと隠されていようと、公的であろうと方法についての調理場の奥にしまわれていようと十分に社会学の様相を呈している。われわれは、行為者と社会学者の相互的な論証というゲームを、認識にとっての不要なものや障害とみなすのではなく、社会学の一つの素材となりうるものとみなすべきだと提案したい。こうした対価を支払うことではじめて行為を認識することができるのであり、とくに個人が自らに固有の行為を解釈し説明するために、がっちりと理論武装している場合にはそうである。一方では、行為者は数々の事件を起こし、行為、状況、決断、選択、そして期待の連鎖をプラグマティックかつ因果論的に認識しているが、それはどんな研究者であっても同様の正確さでは到達できないものである。他方でこの同じ行為者たちは、多少なりとも構造化されている解釈的でイデオロギー的な資源を使うことができるが、社会学者がそれを手の甲で払いのけられるのは自分自身がこの場に身を置き、研究対象となっている人たちにとって好都合な、あるいは敵対的なイデオローグの役割に自らを貶める場合に限られる。社会学者は、行為に関する次のような二重の表象に対抗しながら論証することではじめて、自らの対象を構築することができる。それは、社会的行為が一つひとつの動作の連続とみなされるような超プラグマティックな因果の表象と、問いよりも先に解答が出てしまうほど非常に包括的な意味作用の表象である。

1　切断の諸様式

行為者と調査者の間の論証について話をするまさにその前に、こうした討論が起こりうるということと、そして知るに値するということを少なくとも確認しなければならない。だが、周知のように社会学の伝統の多くが、こうした討論の適切さそのものを拒絶しているのは、行為者たちが自分の行っていることを知り、社会的なものを認識することを「本当は」できないだけでなく、社会学それ自体が、主観的な意味作用と常識から最も離れたところに構築されなければならないとしているからだ。

実証科学という視点からすれば、この認識論的切断は、エージェントたちがさまざまな意図や未来完了形で表明された意図にほかならない目的論的な因果関係をおくまさにその場所に、客観的な因果関係を打ち立てようとするものである。行為者は間違っているだけでなく、「概念以前の状態」や回避することの不可能な幻想の中にいる。なぜなら行為者たちが社会的なものを内面化するやり方は、有効であるためには誤認されなければならないからだ。つまり、社会的な諸事実の拘束力が「内面化」されると、それは事物の自明性として、つまり、一つの「自然」として生きられることになる。個人が自らの行為と関係に与える数々の意味は、こうした行為と関係の客観的で現実的な機能とはまったく関係がない。社会的なもののこのような客観性により、個人は自らの行為の「本当」の原因も結果も知らないという事態が生じるが、この行為は個人の自発的な認識に対して、ずっと閉じられたままのメカニズムの中に刻み込まれている。罰を加える者は、罪人を罰したり矯正したりするのだと信じているが、その一方で、刑罰の社会学的な真の意味は、デュルケームが説明するように別の性質をもっている。それは集合意識を維持するためであり、集合意識が刑罰を「必要とする」というわけだ。行為者は罪が罰を規定すると信じているが、その一方で社会学的には、この優先順位は逆になる。こうした二つの次元、つまり生きられた意味の次元と、システムの法則の次元はなんの関係ももっていない。これら二つの意識、つまり個人的「自然」と社会的「自然」が根本的に分離していると定式化する、こうした方法論的基準を最も根本的かつ明晰に実践したのが『自殺論』だというのは周知のとおりである。行為者は社会の深遠なメカニズムを知ることはできず、そのメカニズムは、行為者が行為に専念する際に抱く動機とはまったく異なる性質をもっている。

批判的社会学は、それ以前の切断をより強めるもう一つの伝統の中に刻み込まれている。それは宗教的な幻想の告発という伝統である。ここでは、行為者の誤認はたんに社会的事実という客観的な性質と結びつくだけではない。つまりその誤認とは、イデオロギーの中で隠蔽されている、社会的支配が生み出す必然的な幻想である。無知と幻想は、疎外と支配という現実の社会的な諸過程を覆い隠すために必要である。個人は自らの行為の本当の原因を知ることができないだけでなく、客観的な社会のメカニズムが再生産されるためには、個人はそれら諸原因を知ってはいけないのだ。したがって、行為者は制約となるものを自由として生き、自らが選択し欲望しなければならないものだけを選択し欲望している。なぜなら、自らの目的やプロジェクト、好みがプログラム化されているということを知らないままでいること、つまり自らのハビトゥスの健忘症こそが、社会的秩序の中心的な歯車の一つであるからだ。実践や言説を命令するのは非意識、より正確にいえば、身体化された文化の形態をとった無意識である。

行為者と研究者の討論を拒否するこうした二つのやり方によって、平凡であまり議論の余地がない社会学の実践の大半が基礎づけられてしまうことを、はっきりと認めなければならない。つまり、そのやり方とは統計的な規則性を通して社会的な「決定論」のあり方を明らかにするというものである。最も個人的な選択と好みは、決定と行動の所産にほかならず、社会学者により暴露されている。たとえば、学業や政治の選択、あるいは配偶者の選択や音楽の好みもそうだが、これらの配分ははっきりとした規則性を示すため、行為者たちの言説はせいぜい個人的な「スタイル」の問題として、つまり副次的な合理化、慰め、さらに最も意識的な形態としては、必然性に対する愛情として現れることになる。したがって、行為の多くが、確かにこうした不可避で必然的な二重の盲目の形態で現れる。たとえば、学校での生徒たちの進路計画について考えてみよう。われわれが調査した生徒たちの大半が、自分たちの学業上のポジションを一つの計画や選択の結果だと概括的にとらえているが、その一方で、こうした生徒たちのうちの半数以上が、自分たちの学業上の社会的資源に応じて選択できるものしか選択できなかった(2)。ここで私は、選択の「深遠」なメカニズムについてではなく、選択が現実には存在しないということについて言及したいのだ。こうした一連のデータを単純に並列するだけで、次のようなことがわかる。つまり、学業上の計画が進路を決めることはなく、それはしばしば幻想であり自尊心を保ち、面子を守る一つの様式でしかないということだ。諸個人は学歴配分の客観的な「法則」を知らず、そのことに「主観的な利害」をもっているが、他方で、システムは、諸個人がそうした法則の存在を知らないことに「利害」を見いだしている（仮にシステムに利害があるとした場合の話だが！）。

社会学者は行為の「超社会化された」概念と広く関連するこれらの立場のどちらかを採用する際に、自らの解釈と行為者の解釈、より正確には、行為者が社会学者の分析に反応するやり方とを関係づけようとはしない(3)。争点となるのは、真実の論証と誤謬の論証、科学的論証と幻想の論証である。行為者たちが社会学者にぶつける論証は、無知の表明、「抵抗」、いろいろな形の悪意、誤認から得られる利害として次から次へと理解されていく。実際には、否認が証明され、つまり行為者たちが社会学者の解釈を拒否することによって、ある理論体系の中で分析の妥当性が確証されるが、こうした理論体系の中では個人の盲目的な状態こそが認識論的な観点から機能的であったり、「乗り越え不可能」であったりする。研究者はいつも最後の一言をとっておく。どんな場合でも、エージェントとみなされる行為者たちの論証は社会学的な問題ではなく、せいぜい後段に現れる一つの困難、研究の一つの社会的な帰結でしかない。だが、注意しなければならないのは次のことである。それは逆説的なことに、社会学的な分析により諸個人の行為に与えられる意味が諸個人の当初主張していたものとは異なる場合、行為者たちがこの分析に愛着を示すということは、思索の真の対象にならないように思われるが、その一方で、切断の認識論にとっては根本的な問題を提起しているということである。実際に、もし行為者たち自身が、認識について試練や禁欲を経験せずに真実を識別できるとすれば、そのことは次の二つの事柄を意味するだろう。すなわち露わにされたその真実自体がイデオロギー的であり新たな仮面であるのか、それとも行為者が理性により真実に到達しているかのいずれかである。このとき、一定の認識や自律的で批判的な反省が社会学から独立しては存在しえないということを証明するものは何もない。

まったく反対の前提から出発しているにもかかわらず、方法論的個人主義の諸形態の中には、こうした研究の姿勢から逃れられないものがいくつか存在する。実際に、限定された合理性というカテゴリーは、限定された利害という一般的なかたちで行為者たちの選択の最小公分母になることがある。行為者の論証、正当化、動機は、さまざまな形の「派生物」やイデオロギーに還元されてしまうが、それらはシステムの法則や非意識的な文化的コードではなく、数々の利害を覆い隠す。その際、言説は戦略的行為の一つの資源であり、その意味は厳密に道具的な言葉によって与えられる。個人は自分が盲目であるよりも、他者を盲目にしたいのだ。行動主義やハビトゥスの「あたかもすべてが……であるかのように」に対して、功利主義の「あたかもすべてが……であるかのように」を並べてみよう。非行に関するキュッソンの分析により、こうしたタイプの手続きが十分うまく説明されていることはすでにみてきた。何よりも、サブカルチャー、構造的緊張、スティグマという用語を用いた逸脱論に対する諸批判により、あらゆる逸脱行動は功利性や好機の計算に帰着させられ、行為の意味は中心的な効用の原則へと還元されてしまう。こうした観点からすれば、学問的な理論であれ常識の理論であれ、逸脱についての多様な「諸理論」はイデオロギーでしかない(4)。ここで行為者との討論がもはや全体論的なモデルの事例の中でしかほとんど意味をもたないのは、行為の意味が、すでに合理的利害についての人間学の中で与えられているからだ。さらに注目すべきことに、まさに方法論的個人主義を支持する研究の多くは、研究を実践する際に理解的なあらゆる手続き、つまり行為者たちによって定義される意味と、社会学者が再構築しうる意味との間で打ち立てられる諸関係についての検討をまったく実行せずにいるのだ。行為者たちは、自分のものである状況の中で「いくつかのもっともな理由」のために行動する、ということだけを公準とするにとどまる。こうした社会学は理解的であろうとしながらも、たいていの場合、手段に対する合理性という唯一のタイプの観点から、つまり最も直接的に理解される行為、あるいは解釈の問題や行為者との論証の交錯を回避する行為の観点から、行為をとらえようとする。アドルノは次のように述べている。「ウェーバーは合理性について、意識していたかどうかはともかく、主体と客体の間にあるこうした同一なるものを手探りで探究していたのだ[5]」。この「同一なるもの」とは理性にほかならない。しかしすでにわれわれが強調してきたように、理性がもつ理解という特権は、人間学的な公準には変化できない。理解の問題を枯渇させてしまうからである。そもそもウェーバーはそんなことをやってはいないのだ。

2　本当らしさ

注意深くみると、この認識論的切断という非常に明確なイメージは、実証主義と批判的社会学という前述した二つの事例のどちらの場合であっても、社会的行為に関する調査の経験の視座からすると支持しがたいものである。古典的な困難について、いくつか思い起こしてみよう。その困難とは、アメリカの黒人ゲットーにおける言語についての社会言語学的研究の中で、ラボフが巧みに例証した「観察者のパラドクス」のことである[6]。研究者は自らの対象を変形させてしまうが、どのような点で、こうした対象を変化させているかをまったく知らないままでいる。なぜなら、個人は数多くの会話のファイルをもっておりインタビューの最中にそれらを利用しているが、研究者はそれらが横滑りしていることを把握できないからである。このことはベッカーが言及したように、個人は自らの本性をなかなか現さないということが、たとえほとんど確かではないとしてもそうなのだ[7]。この観点からすれば、客観的な観察とは神話であり、いかなる研究の状況であれ、そこには理論的な諸公準や調査者の仮説から完全に独立して素材が作り上げられている。調査とはすべてすでに一つの社会的関係であり、そこでは観察される側もまた観察者のことを観察している。また、研究者により対象化された素材が社会的に構築された性質をもつということは、きわめて古典的な考えとして思い起こされる。一方では、行為者はそれぞれの方法によって投げかけられる疑問の性質そのものにより、一定の地位を割り当てられている。その最も古典的な例は、限定された選択に対する質問の技法であり、その技法によって個人は「消費者」の立場を与えられる。個人はあらかじめ構築された選択肢の中から何かを選択し、自分たちよりも以前から存在する態度や意見を選ばなければならない。他方では、最も客観的な社会学的カテゴリー、つまり独立変数の役目を果たすカテゴリー自体が、社会的な手続きにより社会的に構築されているということは周知のとおりである。こうした指摘は十分になされているため、あえて主張する必要はない。今日あまりによくある意見とは反対に、このような指摘が、客観性と称されているものを無効化することはまったくない、と述べるだけで十分である。つまり、こうした指摘からただひたすら思い起こされるのは、方法の客観性は構築されており、その方法の枠組み自体の範囲に限定されるということである。したがって、方法について批判するだけでは十分でない。しかし、行為者と研究者の討論を構築することを要求するためには、これらすべてのもっともらしい理由だけでも十分ではない。

それよりもずっと重要なのは、社会学者たちによる説明が、こうした断絶に関する最も厳格な概念が規定するほどには、行為者たちの自然発生的な理論から根本的に切り離されていないという観察である。社会についてのさまざまな学問的なアイデアの世界と、常識によるさまざまなアイデアの世界との間には、社会学者たちの専門的なレトリックが公準化するよりはるかに多くの架け橋が存在している。これこそまさに、たとえばシクレルによってはっきりと解明されている点である[8]。

青少年の非行について、学問的な社会学理論と自然発生的な社会学理論の事例を手短に検討してみよう。こうした非行について定式化された理論は、およそ三つの主要な類型に区分することができる。最初の類型は、社会化と社会規制の欠如により非行を説明するものである。すなわち早い話が、それはアノミーと解体の理論を問題としている。第二の類型の理論は、逸脱的な同調主義というアイデアにもとづいている。つまり、非行とは構造的緊張に対応した一つの合理的な戦略のことであり、こうした構造的緊張は野心と資源の隔たりによって引き起こされる。マートンのモデルはこうした理論の系譜にある。最後に、非行は支配的な文化の「規範的な専制」に従属しスティグマ化され、一つの文化、あるいは一つのサブカルチャーの表現とみなされうるものである。こうしたそれぞれの理論的な系譜は、「ローカル」な理論の中で限定づけられ、特定のイデオロギー的な含意を取り入れているようである。社会学の著作の大半は、こうした大きなパラダイムのいずれかを借用する一つの支配的な考えから出発し、自らを一つの組み合わせとして提示することが多い。若者たちの非行が相対的に多くみられる郊外地区でわれわれが実施したインタビューによると、こうした説明の重要な類型は行為者たちの自然発生的な社会学の中に広く入り込んでおり、行為者たちは議論の関心や自分たちが利用できる要素、自分たちのイデオロギー的な選択、そして自分たちの経験に応じてこのような類型を次々とたどり発展させているということがわかった。(9)まず、諸個人の言説の中でアノミーとは家族や価値、「父親の機能」の危機、つまりは全般的な寛容主義などのことである。逸脱的な同調主義とは利害の支配、消費の同調主義的な欲望を強めるメディアに身をさらすこと、社会的不公正の感情、いろいろな機会の存在などである。サブカルチャーは、スティグマを押されたいくつかの集団の「欠陥」に帰着するか、あるいは「階級の正義」などに帰着するかである。社会学者がこうした討議から「学問的」な説明を感じとるのと同様に、行為者たちは自らの自然発生的な理論を通して、社会学者が行う数々の学問的な説明を「理解」する。

こうした二つの次元を同一視できないということは自明なことだが、同時に、学問的な理論が自然発生的な理論をたんに定式化したものではないということ、さらにはこうした自然発生的な理論が、通俗化した学問的理論の定着や客体化の過程だけから生じるわけではないということも、自明なことである。(10) また、社会学の著作は庶民的な郊外地区に関する議論を活性化しないし、さらに「サロン」の議論についても同様で、社会学は精神分析に匹敵するほど普及していない。しかし、はっきりと認めなければならないのは、社会学的論証と社会的論証、つまり行為者たちの論証との間で、ある種の相互的な「承認」が行われているということである。もちろん、それは社会学者たちが討論を拒否したり、討論を不可能にさせる語彙に訴えたりすることで、少しでも討論を禁じようとしなければの話である。こうした同じタイプの観察が、労働組合運動の事例では有効だということはいうまでもない。そこでは、組合運動の活動家たちが社会学的な文献を幅広く借用しつつ、独自の理論を作り出している。また、こうした説明は教師たちの事例にいっそうよく当てはまる。教師たちは学業の挫折に関する自前の理論を数多くもっており、定式化された諸理論にまったく馴染みがないわけではないため、社会学者たちは、そこに偉大な社会学的論証のエッセンスを簡単に見いだすことになる。

もしもこうしたタイプの討論を、真実や誤謬に関する討論に還元することを受け入れないとすれば、つまり、もし行為者たちと出会い自らのことを説明することで、こうした討論を経験的に可能にできるということを受け入れるなら、以下のような数多くの問いが立てられる。社会学者の理論は、行為者の理論に何を負っているのか？　もし行為者たちがいくらかの合理性と能力をもち合わせているとすれば、これら理論に対する行為者たちの反対や承認は何を意味するのか？　いいかえると、相互的な論証の空間とはいかなるものか？　こうしたタイプの問いは、社会学者たちが二つの手法、つまり調査の前段と後段で行為者と結びついているだけに、いっそう無視することができない。

調査の後段では、説明は多少なりとも肯定的なやり方で、つねに理解の要求に応じている。社会学的な分析が信用に値するものであるためには、行為者の経験に立ち戻らなければならない。社会学的な分析は本当らしいものでなければならないのだ。リクールが主張したように、「説明することはよりよく理解することである」。このような制約を最も明快に説明したものは、『自殺論』から引用することができる。デュルケームの狙いは、行為者の動機から最もかけ離れた認識を打ち立てることにあったが、それにもかかわらず、結局のところ彼の作業は自殺の諸類型についての「主観的」で理解的なタイポロジーに行き着いている。社会的諸力や「潮流」の分析から出発して練りあげられた自殺の諸類型は、それでもなお社会的経験の諸類型として描かれている。彼のテーゼの信頼性は、その手続きの厳密さに依存するのとまさに同じかたちで、タイポロジーの心理学的な本当らしさにも依存している。しかも、『自殺論』に対する主要な批判が前進したのはまさにこの点から出発したことにあり、こうした批判の一つにアルヴァクスの批判がある。[11] いいかえると、いかなる社会学的な説明でも、抽象的だが本当らしい一つの人間学と心理学をなしで済ますわけにはいかないのだ。マタロンが巧みに明らかにしたように、こうした心理学が社会学を満足させることだけでは十分ではなく、心理学が行為者たちの目に本当らしく映らなくてはならないのであり、これら行為者たちは「無知」であるにもかかわらず、そうした判断を行うのに最も不都合な立場にあるとは限らない。[12] したがって、ある理論が信頼に値するものとなるためには、その理論によって分析され記述されることになる行為者の経験の中に、その理論が反響することが重要となる。「たとえ道徳科学に属する解釈であっても、すべての正確な解釈は、解釈する側とその対象との共通言語の中でしか可能とならない。解釈は主体にとっても客体にとっても、価値あるものでなければならない」[13]。ハーバマスのこうした主張はたんに規範的な意味だけをもつものではなく、解釈自体からの要請でもあるのだ。

　最も説得力がある理論とは、科学的な内的基準に完全に対応しながらも行為者たちの経験に最も接近するものであり、行為者たちの盲目さにつけこまない理論のことである。この点をめぐって、学校における機会の不平等に関する諸理論について考えてみよう。最も優れたものとはミクロ社会学の地平で、つまりいわゆる行為者の経験の次元で、最も本当らしいものでもある。だからといって、このことは理論が行為者のイデオロギーに適合するということを意味しておらず、それが行為者たちの経験を説明しうるものであり、それゆえ行為者たちが一定の諸条件のもとで、そこに自己の姿を再確認するということを意味している。社会学者と行為者の討論の中には、ある証明の領域とはいえないまでも、少なくともある本当らしさの領域が存在しており、実証にとってまったく無意味というわけではない。一般に「機械論的」と呼ばれる諸モデルの大きな弱点とは方法論的な厳密さを欠くことではなく、——反対に、こうした諸モデルの方法論的な厳密さがきわめて強いということはよくある——行為者の経験の中で本当らしくないということとかかわっている。さらに一般的にいえば、社会学者はこのようなモデルを自分自身に適用することを毛嫌いしているのだ。

研究の前段、要するにフィールド研究の前段階において、社会学者には、自らの「対象」に対して負うものがあるということを強調しなければならない。社会的行為者たちは、社会学者により研究されることを使命としているわけではない。いかなる研究であっても、それは個人の関与やインタビュー、参与観察、資料の閲覧を必要としており、ある種の交渉に立脚している。組織化された行為者たち、さらには専門職、社会運動、諸制度などの「意識的で組織化された」行為者たちが問題となるとき、社会学者たちは行為者たちに「誘いかけ」、研究対象である人びとにとって、自分たちの研究がいかなる点で有用かを明らかにしなければならないだけでなく、一定の信頼できる能力に依拠した自然発生的な社会学にも直面している。こうした運動の活動家や指導者たちは、ある程度まで専門家である。つまり、こうした活動家や指導者たちは一定の知識、「知恵」、行為の内在的なメカニズムに関連する情報を蓄積しており、社会学者には、こうした情報を習得する機会がまったくない。行為者たちは、「オペラグラスの隅っこ」から物事を眺めているが、行為の最も微細な連鎖、すなわち、さまざまな行為の予測と計算、決断と選択について認識しており、行為者たちはこれらの行為のエージェントであり、ある面ではその作り手なのである。つまりすべての行為者たちがワーテルローのファブリス［スタンダールの『パルムの僧院』の主人公で、ナポレオンのワーテルローの戦いに参加するが、戦況を理解できず負傷する］のようになるわけではない。ソーシャルワーカーとアパートの管理人のほうが、最も注意深い研究者よりも町のことをよく知っている。フィールドでの研究は、社会学者が偶然出くわす重要なインフォーマントを頼みとしている。そのインフォーマントとは、一つの集団の生き生きとした記憶をもつ人びと、秘密を保持する人びと、自らの行為に関して反省する時間のある人びとのことである。こうした人びとに対する研究者の負債、つまりこうした人びとのものの見方に対する研究者の負債は、研究者にとって認めるのに吝《やぶさ》かではないものよりもずっと大きく、研究者が自覚している以上のものですらあるが、それは仮説の形成や、研究者がこれから補強すべき本当らしい説明にかかわっているのだ。これらの相互作用は、一つの組織だったイデオロギーに依拠する状況、運動、諸個人、集団などに関連する場合によりいっそう重要となる。このイデオロギーは個人が何をしているのかを説明し、同時に行為のガイドでもある。しかも社会的経験や合理的行為の産物でもあり、たんなる幻想ではない。研究者は研究やインタビューの最中でさえ、社会学者の次のような質問に含まれている論証のゲームに巻き込まれている。それは「はっきりと言ってくれませんか？」「いくらか反対されるとは思わないのですか？」「ほかの事例はないのですか？」といったものである。実行に移されることで疑惑は一つの論証を構築する。インタビューが意見の寄せ集めにすぎないということは決してなく、それは研究者がその中で自分自身のテーゼを突き詰め、「同僚」と一定の議論を交わす場でもある。こうした状況により友好関係が生まれ、社会学者が自らの対象を定めることになり、この「対象」が多少なりとも社会学者になることは決してめずらしいことではない。こうした混同は大きな間違いだといって、反対する人がいるだろう。それは確かなことである。それにもかかわらず、研究のこの状況そのものが、こうした緊張により、つまりこうした暗黙のあるいは明白な論証により規定される。なぜなら、行為者にとっての意味と社会学者により構築される意味との間には、まさに連関と重なり合いが存在しないということはありえないからである。(14)

研究者とその対象にとって、社会的経験の意味が部分的に重なり合うということから、つまり、この隠された議論から、われわれは一つの方法を想像することができる。その方法は、こうした討論の説明と客観化という原理に依拠するものであり、行為者たちはこの討論を通して自らの経験の諸側面を展開し、これを分析の過程に従って社会学者の解釈と交差させている。

II　組織された討論

1　意味作用の二つのレベル

たとえ「理解」が、自分を他者に置きかえるある特定の能力、さらにはあらゆる社会的交換に必要な能力を前提とするものだとしても、いうまでもなくそれが共感に還元されることはまったくない。手段に関する純粋に合理的な行為、つまり二足す二は四ということを認めるのと同様に理解できるはずのことは別として、さらにはウェーバーが社会的行為の限界にあると考えた純粋に感情的な行為を別とするなら、社会学的な解釈は一つの問題として、つまり行為者により発話されている行為の土着的な意味と、社会学者により再構成された意味との関係という問題として提示される。実際に、解釈というワークは二重になっている。なぜなら、解釈とは最初に行為者の視点から行為の意味を理解し、次いで社会の組織化や社会関係の一般的なモデルの枠組みからその意味を解釈することだからである。フロイントが強調したように、こうした解釈の道筋は複数ある。つまり社会学者は「帰属」によって行為者に「動機」を割り当てようとし、「分配」によって統計を解釈し、「表象」によって理念型という方法を利用する。[15] これらの解釈様式はすべて異なる技法にもとづいており、たいていの場合、特定の調査プロジェクトを必要とする。しかし、いずれの場合でも、方法の客観性がいかなるものであれ解釈の問題が生じる。なぜなら、行為者のレベルと研究者のレベルという現前する意味作用の二つのレベルが重なり合う領域が存在するからであり、しかも、これこそが討論を可能にするからだ。ウェーバーが観察したように因果的な説明が正当であるのは、「外的な展開と動機が互いに関連づけられていると認識される」[16]場合である。

一般的にいうと、行為者に対する社会学者の特権とは、個人が同じ方法ではコントロールしないような情報を社会全体に関してもっていることにある。また社会学者は、個人的な諸行為の集団レベルでの予測可能な結果、すなわち必ずしも予期せざるものではない複合的効果に関して、よりはっきりとしたアイデアをもっている。社会学者は互いに比較できる一連の諸要素を利用することができ、その諸要素によって、研究中の事例をより広い全体の中に位置づけ、それらを相互に関連づけることができる。社会学者は、自分の専門的な論証の原理にかかわる認識と情報の総体を動員する。社会学者はより広い視点を採用しているが、その視点は時として広すぎることもあるので、個人はそこに自分を認識することができないか、もっと正確にいえば、そこに社会学者の客観的な必要性しか認識しないかということになる。

「あたかも有意味な方向性が意識されたうえで、活動が効率よく展開しているかのように[17]」するためには、行為者はこのようにすることができると想定することが重要であり、しかもこうした想定が、行為者に対して問いただしたり話したりするまさにそのやり方の中に現れることが重要である。高校生に関するわれわれの調査結果では、二つのいくらか範例的な状況に出会うことがよくあった[18]。第一の事例は、すでに先ほど述べたが進路選択の性質に関するものである。確かに、大半の生徒はいきなり直接に質問をされると、好みに応じて自らの学業を選んだと主張する。概括的なアンケートとインタビューによりしばしば示されているのが、まさしくこのことである。さらに、こうしたアンケートとインタビューにより、行為は内面化された制約にほかならず、大半の生徒たちにとって内面化された支配でしかないという考えが強められている。さていま、生徒たちに「自由に」選択したかどうかと尋ねるのではなく、どのように選択したかを尋ねるとすれば、生徒たちのほとんどが自分たちに課せられている制約の空間、とりわけ自分たちの学校的資源を描き出すということが、ただちに明らかになるだろう。確かに、生徒たちは、自分たちが選択することのできるカリキュラムだけを選択したというわけである。しかし、生徒たちは拘束された選択、あるいは、非常に限られたスペースの中でなされる選択について話をしてくれるのだ。盲目的といわれている行為者たちは、そのとき、きわめて優秀な社会学者となっており、系列間、学科間、そして科目間のヒエラルキーを正確に立証できるだけの能力をもっている。つまり行為者たちは、社会学者に対して、社会学者が研究しにやってきたメカニズムの性質を説明し明らかにしてくれるのだ。こうした行為者のうち何人かは、自らの選択が自分が好みだと感じてきたものとは反対の方向に進んでいるため、いっそう簡単にこのことを説明してくれるのだ。こうした事柄は、社会的有用性のためだけに自然科学コースを選択した生徒たちの場合にしばしばみられることがある。さらに、これについてより簡単に話をしてくれる生徒たちがいる。なぜなら、この生徒たちの進路選択は、自分たちのクラスのアドバイスによって完全に強制されているからである。自分たちの未来を試験のヒエラルキーだけに委ねているということを考えるなら、自らの選択の現実を疑わないような優秀な生徒はいない。「選択」という問題は、単純さという意味ではいくらか形而上学的であり、決定のメカニズムに関する分析と置き換えられるものである。そこでは、行為者たちがこうした素人の理論、つまり自然発生的な理論を動員しており、その理論は次のような社会学たちの理論を、はっきりと思い起こさせるものである。それは家族の文化資本、履修コースや教育機関の過去の選択、必要達成、ポジティブあるいはネガティブなピグマリオン効果［教師の期待によって学習者の成績が向上するという効果］などである。社会学者は、行為者たちに自らのことを説明させるときから、認識の領域に足を踏み入れている。選択の自由というきわめて漠然とした問題は、行為者であるという能力、つまり個人が自分自身に対して批判したり距離をとったりする可能性によって自分の人生の主体になることができる能力と置きかえられ、諸個人はこうした批判と距離を上述のような折に示すようになる。生徒たちは選択を行うがゆえに行為者なのではなく、自らの選択の理由、とりわけ自らが選択しない理由を説明できるがゆえに行為者なのである。もちろん、諸個人は社会学者にはならないし、自分たちが描き出すメカニズムを定式化したり普遍化したりすることもない。しかし、社会学者が諸個人に理論を提示すれば、諸個人はこうした理論について大いに論証し、自らの一体験を対立させることができる。こうした体験はたんに経験された事柄の一断片であるだけでなく、研究者の分析に同調したり、それを拒否したりすることができる一つの解釈でもあるのだ。明らかに、こうしたタイプの質問は骨の折れるものである。というのも、行為者は自分自身のことに執着しないように求められるし、研究者は意味の独占状態を放棄することになるからである。認識への関心と行為への関心とは同じものではないが、だからといって「合理的」に論証を行い、行為者と研究者に共有されているものを認識することをこれらの関心が妨げることはない。

第二の事例もやはり概括的なものであり、教師と出会った際に、生徒の「レベル」について繰り返される議論とかかわっている。証明が便利だという点で、ボードロとエスタブレとの命題を既知のものとみなすなら、若者たちの「レベルは上がっている」[19]ことになるが、学校機関の中で出会う教師たちの言説は、つねにそれとは反対のことを主張していると認めざるをえない。この観点は、さまざまなやり方で説明される。たとえば、プラトン以来、若者のレベルについて長らくあげられてきた不満の声、自らの威信の一部を失い学校システムの変化を一つの退廃ととらえる専門職の危機感、学校システムの大衆化に敵意をもつ保守的なインテリやメディアからの影響、若者たちの無気力、さらにはその他もろもろの事柄などである。いかなるものであれ、社会学者には、レベルの低下に絶対の確信をもつ人びとを説得する機会はまったくない。もっと近くから眺めてみると、教師たちの意見は自らの経験から出発しており、いつも根拠を欠いているわけではない。こうした意見を表明する人びとの大半が、大衆化が進む学校システムの現場に身を置いており、学校からの要求とよりうまく合致していた昔の大衆と比べて新しい学校的大衆がそこへやって来ている。かつての良き生徒たちは他のコースへ移り、新たにやってきた生徒たちは学業レベル上の「先輩たち」と比較されるのではなく、同じクラスにいた者たちと比較される。大衆化によって、レベルの全般的な上昇と、多様な人びとの横滑りとが結びつけられる。ピラミッドの頂点以外の場所にとどまる個人がレベルの低下を感じることになるような横滑りである。システムの「底」(職業リセや庶民的な地区にあるコレージュ)のほうに下れば下るほど、この視座の効果が際立つことになる。なぜなら、中等教育に就学したことがない環境出身の学生たちは、上方に移行した生徒たちと比較されるからである。このように行為者の視点からすると、かつての生徒たちに匹敵するだけの「レベル」を見いだすには、学校ヒエラルキーの中での上昇が必要となる。教師たちの論証は馬鹿げたものでも、不合理なものでも、反社会学的なものでもない。それどころか、教師たちの論証のおかげで、こうした説明には整合しない知覚や意見の性質に対しても、より細やかな別の問いが示され、これまでとは異なる論理や合理性へとさらに送り返される。このような論理や合理性について、職業身分上の危機感という仮説や、外的なイデオロギーへの従属を立証しようとする人びとがいる。

こうした例により、われわれは次のような二つの結論へと導かれることになるだろう。

①最も優れた命題は同時に最も本当らしいものであり、行為者たちの視点の合理性を認めながら、行為者たちの反応と抵抗を説明できるものである。

②こうした数々の討論を組織だって行うことで、行為者たち自身の社会学的な論証の様式から、かつてないような社会学的な題材が生まれるだけではなく、社会学の論証自体に対してもなんらかの結果がもたらされる。

2 討論

われわれが「社会学的介入」と呼ぶものは、こうした討論を方法論的に構築することをめざしている。[20] 社会学的介入は社会という概念よりも、認識や反省を行う能力を部分的にもつと想定される行為者という概念を実践するものである。このことは、行為者たちと社会学者たちとが一体とならねばならないということを意味するのではない。こうした討論のルールを行為者との論証の中でコントロールしながらも、一つの認識を生み出すことができるということを意味しているのだ。この方法は他のテクニックを排除するものではないが、あらゆる方法がそうであるように特定の制約を受けている。その「ルール」のいくつかを、以下では論じてみたい。

ａ　行為は「他者をめざす」がゆえに社会的なものだという基本原則から出発するなら、社会学的介入は、社会的あるいは社会学的問題を「体現」したり、同じ集合行為に参加したり、共通の経験を共有したりするような諸個人の一群を構成するものである。個人は運動の活動家や同じ地区の住人、学生、生徒たちの保護者などという「限りで」参加する。最も頻繁にみられるのは、研究される実践的な単位が一つの「社会問題」だということ、すなわち漠然とした言い方だが、諸個人がいまどうであるかとどうであるべきかの間にかなりの距離を感じ取るようなタイプの経験、さらには諸個人が経験しているものと、その経験を成り立たせるカテゴリーとの距離を感じとるような経験である。社会問題は公的な介入を含むという点で、それゆえこの問題の政治的な承認を含むという点で、こうしたタイプの経験の中で最も尖鋭なものにほかならない。しかし、次のような状況こそが研究されなければならない。それは、行為者たちが自らの行為の社会的定義に完全には適合していないということが、一定の批判や苦痛という形で予想される状況である。

グループは、とはいっても現実には実験の数を増やすことが重要であるので、いくつかのグループのそれぞれということになるが、人数という問題ゆえに（われわれは、それぞれおよそ一二人からなるグループを、およそ一〇組以上作ることはできなかった）、厳密な代表性の要求に答えることができるとは限らない。問題となっている人びとのことが十分正確には把握されていないということが生じることもある。その場合、かなり「不純」な実証的テクニック、つまり相対的に限定されており、特徴的な全体の中から標本を選びだすという危険な事例のテクニックを使うことになる。たとえば、大学生についての研究では、期待されるキャリア、養成のタイプ、さらには学生大衆の構成などに関して十分に一致させることができると思われる相対的に重要なコースの中で、グループを作ることが選択された。これらグループのメンバー自身が社会学者により選ばれるが、こうしたメンバーは自発的に作業［社会学的介入］に参加し、そこで掲げられている次のような目標について認識している。それは、つまりいくつかの出会いと議論から社会学的な知識を生み出すというものである。こうした要求によって、代表性についてのもう一つの偏りがもちこまれることになる。なぜならこの要求は、しばしばはっきりしない理由で、最もやる気にあふれた行為者たちにしかかかわらないからである。実際にわれわれが観察したように、そうした行為者とはこのタイプの作業に参加した人びとのうちで、必ずしも最も「知的な」人びとでもなければ、最もコミットしている人びとでもなかった[21]。基本的な点で、こうした偏りはあらゆるインタビューの方法の偏りと変わるものではなく、他の事例についての調査によって、つまり違った方法で生み出された文書を分析することで同じように緩和することができる。

b　これらのグループの中に集められた諸個人は、自らの経験や自らの集団的な行為について証言をするが、こうしたことを「一定の条件のもと」で行っている。なぜなら、行為の意味はつねに、行為者が巻き込まれている社会関係の性質とつながっているからだ。本質的な条件とは、ある特定の作業のセッションにおける適切な対話者の存在、つまり検討中の問題の中で重要な立場を担う行為者の存在である。こうした対話者の存在が触媒の効果をもつことはよくあり、それにより諸個人が刺激され、完全に自由かつ同等の立場で対話者と議論できるようになる。その一方で、こうした議論は「現実の生活」では不可能であったり、その議論により生み出されるかもしれないような現実の結果によって過度に制限を受けていたりする。それは、郊外地区の若者たちと警官たちの事例、生徒と教師の事例、労働者と経営者の事例などにみられるものである。こうした議論が可能となるためには、その場に居合わせた諸個人が現実の生活では一緒に何もしないということ、その集団の中では「現実には」何も交渉されえないということが重要である。対話者たちの存在がいっそう重要な効果をもつのは、その存在により会話が刺激されると同時に数々の表象が動揺し、ただ一つの証言の中でイデオロギーがそれ自身の上に閉塞することが妨げられるからである。実際に、この出会いの中で何よりも重要なのは他者に応答することであり、自分の期待やイデオロギーを社会関係というテストにかけることが重要である。経営者たちも司法官たちも教授たちも、集団のメンバーやその一部の人たちの期待に正確に合致しながら行動することはない。一つの「世界」と思われていたもの、つまり自明であったものが問題へと転化するのだ。

　これまで積み重ねてきた経験から判断すると、こうした作業は骨が折れるものであると同時に、甘美なものでもある。このワークが骨の折れるものだというのは、自らを説明し正当化しなければならないという義務のために、いくつかの表象を不安定化させるという限りにおいてであり、それはボルタンスキーとテヴノなら「緊迫した状況」と呼ぶものである。反対に、この作業は、こうした議論の自由を楽しむことができるという点では甘美なものである。それは、このゲームが「現実」の結果をもたらすことなく論証をしていられることの楽しみ、さらには他の人びとと研究者たちから真剣に受けとられながら社会参加を行うという喜びである。とりわけ、沈黙を運命づけられている社会的諸カテゴリー［の人びと］の中では、この議論は啓示という効果をもつことが時おりある。社会学的介入は、ハーバマスにより概略が示された、規範に向かう討論という人工的な空間を生み出し、コミュニケーション的倫理を遂行する、権力関係を廃した討論の規範へと向かうものである。しかし、このようにわれわれが生み出し観察する討論は、理性の最高の発展とは完全に縁遠いものである。それは情熱と利害を動員する社会的な討論であり、そこで交わされる論証は行為についてのあらゆる登記ファイルを借用している。諸個人の意見は一枚岩的なものとして並列されるのではなく、討論の中でたえず再構築されており、こうした討論の中では一定範囲の論証が総動員されることになる。模範であること、個人的経験、確信、「最終審級」の諸価値、権威、手段の合理性、利用可能な知識、矛盾がないことの要請などが議論を豊かにし、各グループの作業を豊饒にする。こうした出会いからは、いかなる同意や「真理」も生まれることはない。ある行為と経験の意味は、一般的に、個人が自らの全身像、つまりある一貫性を再構築するように自然と導かれるあるインタビューの中で、一枚岩的なものとして与えられるにすぎないが、ここ［社会学的介入］では、この意味は一連の分裂した意味作用へと、多くの場合、種々雑多な意味作用にまで分解されてしまっている。討論は意見や生の歴史の一貫性、さらにはさまざまな合理化などをうち壊すのだ。

社会学的介入は、これまで社会的闘争を研究するという視座のもとで洗練されてきたため、対話者、とりわけこうした闘争の敵対者や味方たちに大きな役割を与えてきた。それはこうした出会いに割り当てられるイデオロギーを批判するという役割であり、このような枠組みの中では本質的なことである。社会的経験の社会学は、コンフリクトや組織の影響力によって実質的に定義されるものではなく、この方法はよりはっきりと「臨床的」な方向に転換しつつある。しかし、客観化を行う必要性はそのまま残っており、それとまさしく同様に社会関係による迂回も不可欠である。その際、刺激についての他の様式を利用することができる。つまり、事例研究や個人史が重要になる。グループのメンバーたちはこうした事例研究や個人史に対して反応し、諸個人はまさに自分自身と次第に距離をとりながら証言することが重要である。これらの原則について主張したからといって、方法論上の想像力が禁じられることはない。

c　こうした方法の第三の特徴は、社会学者たちの役割とかかわっている。社会学者たちは質問をしたり議論を活発にしたりするだけでなく、参加者らの作業の社会学的解釈をこれら諸集団に示しながら参加し、それによって討論の性質を変容させ、行為の土着的な意味と社会学者が構築する意味とを明らかにする。行為者たちのいないところで一般的に実現される社会学的な作業は、集団の中で達成され、とくに行為者たちへと引き渡される。

解釈的な仮説は、実現可能で慣習的なあらゆる方法によって作り出される。明らかに、これら仮説は社会学的介入により生み出される以下の素材を重視している。それは会議の議事録、研究中に生じた出来事（口げんか、緊張、意味あり気な冗談）などである。また社会学者の特権は、次のようなその他の知識を動員することにある。それは統計学的で、歴史的で、さらには互いに比較が可能な一般的な情報や理論の諸モデルなどであり、こうしたあらゆるものから社会学的論証の古典的な武器庫ができあがっている。これらの仮説はグループのメンバーに委ねられており、とりわけ研究される行為についての多様な分析の次元、それらのつながりの様態、論理の連鎖、さらには目下現れているジレンマなどに関するレポートという形をとっている。このレポートは、各グループが利用できる言葉で与えられており、できる限りはっきりと集団の作業に依拠すればするほど理解されやすくなる。

社会学者たちが行為者の意図を解釈する努力を終えると、今度は行為者たちが社会学者の言葉を解釈しそれに反応する番である。確かにこの操作は社会学的な作業の中で「自然」なものから最も程遠く、そこでは時間的かつ空間的に、素材の収集とそれに対する分析とを分離させることが慣習とされてきた。まさによくあるように、ある題材を提供した行為者は、そこから引き出される分析のことをまったく知らないままでいるのだ[22]。しかも、いかなる点でこの慣習が研究の客観性を保証しているかをいつも正確に知っているわけではない。つまり、いかなる点でその習慣により研究者が批判から守られるかがよくわかるのは、まさに「裏切り」だと告発されればされるほど、批判に耐えることが難しいからである。われわれがかかわってきたいずれの研究でも、介入を行った各グループには研究者が二名ずつ含まれていたことで、社会学者は自分たち自身に対するコントロールをより巧みに行うことができ、作業により生じた心理学的な緊張を多少なりとも和らげることができた。そのなかで調査者は、研究者のことを判定する能力をもった行為者たちを前に、自分自身のことについて「暴露」したり、一定の論証を示したりすることを求められている。

III　行為者たちと社会学者たち

1　拒絶と同意

何回かの会合（およそ六から一二までの）に集められた社会的行為者たちは、社会学者との討論にコミットするために「理論武装」している。社会的行為者は、とくに自らの経験からほとんど隔たっていない分析に対して抵抗するために武装しているが、こうした分析が社会的行為者の経験にあまりに近いため、科学的言説の客観性と職業人としての専門性に関連している権威ある論証の重みでその経験が押しつぶされそうになる。社会的行為者は、自分たち自身の解釈とはなんの関係ももたないと感じられる分析には、もはや満足することができない。

a　最初の事例は、以下のように提示されるだろう。それは行為者たちが調査者たちの解釈を拒絶する場合である。こうした拒絶は次の二つの形で現れる。それは、行為者たちにより同意されずはっきりと反対されるか、丁重な無関心にあうかのいずれかであり、後者の場合、社会学的な分析自体が、行為者自身による理論的な彫琢という観点からみて無意味になる。こうした二つの事例では、行為者たちが社会学者の作業の中に自らの姿を見いだすことはなく、こうした作業によって無秩序、無関心、敵意、不満が生み出される。追求すべき目標という観点からすれば、このような状況は八方塞がりである。ウェーバーの言葉をもう一度借りるなら、行為者たちは、社会学者たちによって作られた純粋な類型の中に自らの行為の動機をみつけ出すことはなく、この類型は「動機」を長々と分析的に解説することから作り出されたものである。

こうした状況が何度も生じることがあった。とくに、私にはパリにある庶民的な郊外地区の若者との会合が思い浮かぶ。私は何度もこの集団と会合を重ね、さまざまな交渉相手（警察官、判事、議員、労働組合員）との会合を設定した後、クロウォードとオーリンの分析によって大いにインスパイアされた、若者たちの行動に関する解釈をこの集団に対して提示した。[23] この分析は、おもに次の二つの論証によって拒否された。つまり、この若者たちがこうした素描の中で感じとったのは、自分たちの行動の多面的な性格が認められておらず、自分たちの誰一人として全面的には一体化できないような類型の中に、自分たちが閉じ込められているということであった。また、こうした若者たちは人格が破壊されていると感じ、怒りの感情をおぼえていたが、この分析ではそういったことを説明できなかった。しかし、他の解釈を提示することが完全にできなかった私は、自分の分析が「誤り」だと考えた。なぜなら、こういったことを議論するのに最もよく武装化されている人びとの目に、私の分析は本当らしく映らなかったからである。こうしたことは気持ちのよいことではないが、実験が失敗することは実験が成功することと同じくらい示唆的でありうる。私は他の研究から借用した、別の事例について論じることにしたい。この事例では、行為者たちの反発はそれほどはっきりしてはおらず、とくに無関心と失望が生まれていた。

b　作業がうまくいき、社会学者たちにも多少の才能があり、行為者たちが社会学者たちの分析の中に自分たちの姿を見いだしてくれることがある。これは、啓示というようなものではまったくない。しかし、行為者たちの視点からすれば、純粋な類型によって考えがはっきりし認識があらたまるという印象が生まれる。つまり、「まさにそのとおりだ！」というようにである。明らかなことだが、二つのレベルの意味作用が対応していると結論を下すには、このような承認が生じるということだけでは十分ではない。同時に行為者たちがこうした分析をわがものとし、議論の中で自らの責任で何度も繰り返すこと、つまり行為者たちが、ゲームや言葉のようにこの分析を体得するということが必要であり、十分にうまく操作できる場合には、行為者たちの経験と集団の作業とをそこへ置き移すことができる。研究者はこうした活動の中に、自らの仮説の「本当らしさ」の証拠を認めることになるだろう。

行為者たちから同意を得ることは容易なことではない。というのも、ほとんどの場合、自然発生的な社会学、つまり行為者たちが自分たち自身や自分たちの行為について作り出すイメージと、社会学者たちの分析との距離が確認されるということが、前提となるからである。とりわけ、このことは社会運動の研究事例には当てはまり、そこではこうした確認が、ほとんどつねに運動のイデオロギーそのものの破壊と結びつくことになる。たとえば、私は労働運動の活動家の状況のことを念頭においているが、こうした活動家は政治の論理と社会的な権利要求の論理との距離を測る一方で、共産主義者のモデルにしたがって、絶対的な連続性の原理をたえず主張している。また、エコロジーの活動家たちについて考えてみると、こうした活動家たちは運動の分裂に直面しており、この運動の意義の統一を公準としてきたのである。さらに、次のような教師について考えてみよう。そこでは自己の地位の保全、普遍主義的な原則への執着、学校の道具的な使用の間で矛盾が生じている。しかし、こうした困難は、より「意識的で組織化されて」いない行為者の場合でも大きい。周縁化された若者に関する研究の話に戻ってみよう。平等への行進のあとにマンゲット［一九八一年リヨン郊外の町マンゲットで暴動が発生した］で形成された若者たちの集団に対して、われわれが「ガレー船」のモデルを提示したとき、この若者たちはわれわれの分析を激しく拒否した。というのも、こうした若者たちが作り出した英雄的な表象とは、最も遠くかけ離れた自己像がこの分析により提示されたからである。われわれの分析が混乱を引き起こしただけでなく、この集団があまりに激しい攻撃性をもっていたため、この集団のうちの何人かは互いに殴り合うことになった。ある若者が自分たちは社会学者の分析を受け入れるべきだといったのは、こうしたいざこざの翌日のことだった。なぜなら、この分析により前日の暴力沙汰が説明されたからであり、政治による統合をめざす人びとと、何よりもエスニック・

アイデンティティを肯定しようとする人びととの、秘められていた絶えざる緊張の存在が同時に明るみに出たからである。この「告白」の後、そのグループは社会学者たちの言葉を使って討論を再開し、各人がこうした分析の空間の中に身を置くことになった。この若者たちは、研究者たちが提案した図式をわがものとし、それを発展させより豊かなものにし、とくにドラッグの使用についての多様な意義や、警察との関係の性質などに関わるほかの話題についても語ったのである。

　こうしたタイプの討論は、行為者にとっての意味と研究者にとっての意味とが重なり合う領域に位置しており、したがってそれは透明性の感情と結びつけられており、時には同じ言葉で語りあえるという真の喜びと結びつくこともある。こうした共通言語を構築しようとするならば、各グループにより洗練されてきた素人理論の用語へ、社会学的な用語を翻訳しようと努めなければならない。行為者たちの用語から借用したいくつかのキーワードを、概念に作り上げることをためらってはいけないし、もしこのことが可能でないとしても、この集団がつかみとることができるような概念を提案することをためらってはならない。社会学者にとって、このような「翻訳」は知的にというよりも心理学的に難しいということがよくある。なぜなら、この翻訳は意味の独占を保証しているあるレベルの言語を放棄することを意味しており、したがって、後ろ盾と権力を放棄することになるからだ。このような代償を払ってはじめて、論証が嚙み合うことになる。つまり、各自の論証が、社会学者の説明と同様の重要性をもつと認めた場合の話である。こうした活動の成功は各自の学歴がどうであれ、一つのグループの全構成員が同程度まで議論に参加しているという様子が観察されるとき、つまり、一つのグループの分析能力が学校資本から独立しているときに明らかになる[24]。社会学的介入により行為者が「インテリ」に変わるとするなら、より正確にいえば、社会学的介入により行為者たちが自分自身から距離をとることが可能となるのなら、それはただインテリだけに向けられた方法ではないということになるのだ[25]。

　たとえ社会学的介入の方法がとても長い時間を要するということがよくあるとしても、その討論はすぐに消えてしまい、研究の外部にまで発展していかない。このような壁の外部では、こうした方法は目に見えてわかるほどの効果を上げられず、関係する行為者たちがとても素早く行為の［既定の］カテゴリーを再びみつけ出すことになる。ここで問題となっているのは、認識という目標との関連で、調査者により組織化された短時間の出会いである。研究者たちにとってみれば、行為の側に立ちアドバイスをするよう誘われるのだが、研究者たちが［その種の］特定の能力を獲得したかどうかは定かではない。知識人と政治家とのジレンマがそのまま続いていく。

2　妥当化

行為者たちと研究者たちの討論を組織化することでもたらされる、妥当性の諸要素とはいかなるものか、とくに行為者たちによる社会学的な分析の承認はいかなる要素をもたらすか？

最も厳密な認識論の基準、とくに実証的な認識の基準、および反証可能性に関するポパー的な規範の基準からみて、「証拠」について語ることは論外である。そのため、われわれはずっと穏やかな用語を用いようとしており、そうはいってもこの用語は必ずしも無意味なものではない。すなわち一連の推定をめざす事実と論証の本当らしさという用語である。

否認もそうだが、行為者たちの同意が何事かを証明することはできない。しかし、こちらのほうがずっと本当らしい。というのも、研究者が完全に管理していない題材から出発して同意を得ることはかなり難しく、題材となる人びとが抵抗する能力さえ保証するからである。つまり、一方では、研究者は論証というよりは解明という目的のために自らのデータを選択するが、他方では、行為者たちは返答してくれない。本当らしさは二重の要請を含んでいる。まず、データを組織化し合理化する、社会学者の任務上の慣習的な諸規範に本当らしさは従わなければならない。社会学者は自分の素材以外のものからこれを取り出さなければならないし、無‐矛盾性の要請に従わなければならないのだ。また、本当らしさは行為者たちにとって信用できるものでなければならない。すべての行為が正当化と説明の活動を要求すればするほど、行為者たちは有能であり、自分たちが行うことについて完全に盲目的ではないということが公準化される。したがって、社会学者の論証は次のような二重の公衆を相手にしている。それは自ら自身の基準をもった科学的コミュニティと、その他のデータを支配する行為者とである。この二重の要請という連関に身を置きながら、社会学者は二重に拘束し合う論証の規則を自らに課している。社会学者には、同一の運動の中で、説明することと理解することが課されている。事後的な説明や解釈は、行為の唯一の論理を明らかにすることに満足できるが、その一方で、行為者たちと向き合うことにより、行為の異種混交性や、同じ全体の中にそして各行為者の心の奥底にある複数のタイプの動機や複数の理念型の併存を、ほぼ必ず説明しなければならない。社会的経験の複雑さを、行為についての唯一の合理性や唯一の原理のまわりに純化し平明なものにすることは、ほぼすべての事例の行為者たちによって拒否されている。行為者たちはただ一つの合理性を体現したいと感じているというよりは、意義の多様性を管理したいと感じているのだ。

本当らしさは、選択された方法が、実験に関する以下の古典的な諸基準に対応すればするほど確かなものとなる。

ａ　まず、観察された諸過程のある種の規則性を確認しなければならない。こうした理由から、われわれはつねに複数の研究グループを作った。もし社会学者が既視感、蒸し返し、繰り返しという印象を抱くとすれば、つまり同一の言説や同一の現象が再現されるならば、収集された素材は厳密にいって偶然生じているわけではない。このように演繹することは、合理的とはいえずとも納得のいくことである。

ｂ　また、研究者に結びつくこのような人工的な状況が、相対的にコントロールされているということも重要である。すなわち、研究者チームはできる限り自分たちの「主観性」をコントロールするため、研究の間中ずっと入れ替えられなければならない。

c　練り上げられた分析は、他の方法や他の研究者たちによって記録された客観的なデータが議論の余地なしと思われる限りこれらと矛盾してはならない。

d　最後に、これらの分析は研究の外部で展開している「諸事件」を、ある程度まで説明できなければならない。たとえば、われわれはポーランドの労働者集団の中で連帯［一九八〇年代に社会主義政権下のポーランドで民主化運動の中心となった自主管理労組］が分裂する論理を観察したが、それはこうした論理が運動の流れの中で現れるより前のことだった。また、われわれは八つの生徒グループの中で実施した作業のおかげで、八〇年代に高校生たちが動員されたきわめて特殊な［運動の］形態を「説明」することができた。

これらの理解的で分析的な方法に対して、方法と呼べる代物ではない、研究者に自由が与えられすぎていると非難する人たちがよく見受けられる。解釈学的なスパイラルという口実のために、社会学的素材をたんなる投影テストにしてしまうという危険性はある。社会学者が、選択された変数間の相関というゲームだけでは演繹できない意味を割り当てることで、一つの解釈に「身を投じ」なければならないということも確かである。[26] こうした理由のため、解釈をする際には、いくつかの制約を課すべきだと主張することが重要となる。確かに、社会学者と行為者との議論の空間を方法的に打ち立てるということは、こうした制約の中で最も強力なものである。

＊　＊　＊

この二〇年間にフランスで現れたり、「再発見」されたりした数々の行為論の大部分は実に多様であり、現象学的伝統から合理的個人主義の伝統まで広大な領域に及んでいる。しかし、こうした行為論のすべてが多少なりともはっきりとウェーバーを標榜し、六〇年代に支配的だった構造主義に対抗して、個人こそが行為を行い、個人は能力をもっており、個人が完全に盲目的であるということはないと主張している。このような立場から、いくつかの方法的帰結を引き出さなければならない。明らかなのは、こうした主張が行為者たちの絶対的な洞察力に信頼をおくという方向に進むことはなく、たんに行為者と研究者の間に認識と承認が存在しうることを仮定するだけだということである。しかも、研究が実際に進められる際には、こうした考えが暗黙のうちにたえず実行されている。

われわれは、本当らしさという問題、つまり当事者である行為者から一つの社会学的理論を認めてもらうという問題を方法論上の努力の出発点としながら、わずかなりとも遠くまで進みたいと考えてきた。行為についての土着的意味と、構成される意味との間にある視座の二重性を乗り越えることが重要なのではなく、相互的な論証の空間を設けることこそが重要なのである。この空間の中では、社会学者は自分たちの説明と仮説を打ち立てられるような素材をみつけることができる。同時に社会学者は、そこに妥当化のいくつかの形式を基礎づけることもできるのだ。

結論

I 行為から経験へ

社会的経験の社会学を構築する試みは、社会と主体の誤った等価性を拒否することにもとづいている。拒否することでこの試みは、古典的社会学から、また社会統合の原理を中心とした行為者とシステムの同一化から離れようとするのだ。つまり行為者とシステムの両方を一つの同じ全体の主観的と客観的の両面として同時に定義する原理から離れようとするわけである。このようなイメージの放棄はたんに理論的批判だけから生じるわけでなく、クラシックな社会学によって打ち立てられた社会の古典的表象の枯渇からとりわけ生じている。社会は一つの中心の周りに組織された一つのシステムではないし、一つの人物像でも一つの機械でもないのである。そしてもし諸個人が行為の複数の論理を管理しなければならないとすれば、それはこの社会が一つではないからである。社会は「共同体」と「市場」と「歴史性」の並存として現れている。行為の登記ファイルの中では、このタイプの全体性が統合の論理と、競争空間の中の戦略的論理とを分離し、創造性や正義の概念と支配の諸関係との緊張から生まれる主体化の論理を切り離していく。このような社会的全体性が、さまざまな役割、行為、主体性に関する古典的イメージを解体していくことになる。それゆえ私は社会的経験について語らざるをえなくなったのである。以上が本書の主たる議論であった。

しかし、私の説明はかなりの面で古典的社会学のそれに近いままである。なぜなら私の論立ては、どのようにして行為者の自律性と行為の「決定された」性質とを調停するのか？という古典的な問いを受け入れているからである。そして、あたかもリアリティの異なる二つの次元を問題にするかのような、行為者とシステムの根本的な分離という発想は拒否している。一方の側に行為者がおらず他方にシステムがないということではなくて、行為の合理性が複数、存在しているのである。それらは多様なメカニズムを通してシステムの複数性へと送り返される。統合の登記ファイルでの因果性は、古典的社会学の様式のままの社会化による行為の生成である。戦略的行為は別のタイプのシステムに登録されており、そのシステムは競合する利害の組み合わせから生じるものである。最後に主体化は一つの文化によって、とくに、その文化と支配の諸関係の間に打ち立てられる「弁証法的」な緊張によって社会的に規定され続ける。

社会的経験についてのこのような認識に立つと、主体が形成されるのは、まさに主体を取り巻くメカニズムの複数性や直面する試練の複数性ゆえに、自らが自律的な行為と固有のアイデンティティとを構築しなくてはいけないからである。主体は、行為の論理の多様性に「私」の統一性を対立させざるをえないのだ。このことがシステムに対する行為者の違和感を生み出しうる。この違和感は、二つの異なる存在論的「リアリティ」にもとづいてその感覚が「リアル」だということを意味するのではない。社会的主体が定義されるのは、さまざまな緊張のゲームによってであって、つまりワークによってであって、存在によってではない。この点を論証するのが難しいのは、社会的主体が「実在論的」なものではないからである。というのも、それぞれの社会的な対象は行為の三つの論理に交互に属するので、それが一つの「純粋な」行為の同質的世界に送り返されることが決してないからだ。たとえばさまざまな価値は同時に、イデオロギー的資源であり、統合とコントロールの様式であり、社会的に定義されてはいても「非社会的」な主体性への呼びかけでもあるのだ。同様に社会関係も同時に、統合の関係であり、競争の関係であり、そして個人や集団の自律性を制限する支配の関係でもある。この観点からいうと、個人と社会運動は同じ問題に直面する。すなわち複数の行為の論理を一つの経験の中で組み合わせるという問題である。

社会的経験は、共同体と市場の間にある一つの緊張関係、一つの対立だけでは定義されない。これらのイメージはとても「古典的」だが、国家と国際資本主義、共同体と大衆社会、対面的関係と官僚制、宗教と合理性などのように、「単純」で「現実主義的」な歴史的カテゴリーを明らかにするという利点がある。しかしこれらの表象は十分ではない。というのもこのようなたんなる二重性では、その断絶を個人や集団が乗り越えることがまったくできないからである。その断絶は、結局、「共同体」と「社会」、その他いろいろな概念的組み合わせがなされているデュルケーム的な二つの連帯のタイプの一つのバージョンでしかない。これらの表象は結局いつも自然を歴史に対立させて終わるのだ。

社会的経験は、主体化の原理から出発して構築される。今日、困難なのは、この原理がもはやいかなる超越性にも、いかなる非社会的な支配にも訴えかけないことだ。つまり、経験の調整は、社会の分断と個人的経験の破れを超える力のあった神、理性、歴史、一つの価値、一つの規範、あるいは一つの社会運動のまわりにはもはや実現されないのだ。今日、主体の文化的定義とは「個人」についての定義であり、テイラーの言葉を借りればその個人の「真正さ」についての定義である。しかし個人という概念はたいへん曖昧で、というのも大衆社会の「自己愛的」な個人主義を指すと同時に、功利主義の「利己主義」的な個人主義も指すからである。どちらの場合も行為者の姿は市場のさまざまなカテゴリーに還元されることになる。「個人」という言葉の曖昧さはまた、「世界の外」にある個人の超越性をもはや何も喚起しないことからもくる。個人とは完全に内在的なものであり、自分自身の感情や感覚、怒り、苦悩、距離、コミットメントの中で与えられる。

だがそれでもやはりここから、意味の自明ではないあるいはもはや自明ではなくなった経験を再統合する意思や批判的能力が打ち立てられるのだ。この距離や葛藤の中で個人は自律的な主体になる。まずもってこの距離において、である。この点はわれわれが、利害や統合といったカテゴリーに還元されるのを拒否する行為者たちによって動員される、批判や離脱、分析や説明の能力といったテーマを通して主張してきたことである。個人が主体になるのはこの距離を媒介としてであり、この距離によって自己の自律性を打ち立てるのだ。このような活動がとくに明確になるのは、極端な支配のケースで、諸個人が内にこもったり抵抗したり、あるいは自分の人生を支配できないことに苦しんだりするときである。諸個人の破壊と不幸が証明するのは少なくとも、統合や支配の期待するものに個人が還元されないということである。この観点からみるとさまざまな社会問題は、アノミーや排除にではなくて、主体でいることの能力の破壊に帰着することになる。ただし行為者が主体になるのはとくに紛争を通してであり、つまり自分の自律性や「真正さ」の妨げになる支配と対立するとき、自分の個人性を「システム」と対立させるときなのである。われわれに疎外というテーマをふたたび発見するよういざなうはずなのは、まさにこの点である。本書の中で私が言及したいくつかのケースを通して支配は経験の破壊として現れた。支配されている側の個人や集団は自分たちの経験を統合し自律的な意味を与える能力を奪われる。支配されている側の人びとが経験をようやく再構成するようなワークは、支配する側のワークよりもはるかに重苦しく困難である。支配する側は自分たちが行為者になるための文化的社会的な資源をすぐ享受できるからである。学校の事例はこの点で典型的である。つまり最も弱い人びとは、たんに排除されるだけではなく「破壊され」て、自分に何が起こっているのか理解するに至らない。もしこのテーマがわれわれを主体化のモーメントとしての紛争のテーマに近づけたとしても、その代わりにわれわれを社会運動の歴史的イメージからは遠ざける。それもそのはずで、行為の統一性が失われるのと同じように、社会運動の統一性は、一つの闘争のさまざまな意義をその出来事の中で組み立てる政治的なワークの外側ではもはや可能ではないように思われるからだ。その外側では、支配されている側の人びとの運動は一つの面に特化したものになるか、分解されているかである。つまりこの運動が統一性や一貫性を獲得できるのは、それらの意義を結びつけ階層化することのできる政治的で活動家的なワークを通してだけなのだ。

II　経験の社会学とは社会学の実践である

社会的経験の社会学は行為者たちの社会学でしかありえない。社会的経験の社会学はさまざまな表象、感情、行動について、そして行為者たちがそれらを説明する仕方について研究を行う。これは主体性についての社会学であり、その実践的な対象は、ありふれた社会的カテゴリーによって与えられ、すべて社会問題として現れる可能性をもつ。つまり行動が期待や自分に帰せられた役割に一致しないような経験、そして主体性が、提示された表象や態度のモデルに帰着しないような経験として現れるものすべてが対象なのである。さまざまな社会問題が担うのは、社会的経験の中のとりわけ可視的な亀裂である。それゆえ社会的経験の社会学は、まず学校および教育の問題へ、病理の問題へ、都市問題へ、労働の問題へ、より一般的にいえば、個人の主体性が「客観的」な期待に適合しないことを直接的に問題視するような行動へと向かう。これらの問題がわれわれの興味を引くのは、それらがシステムの逆機能には還元されないからというだけでなく、そこでは行為の論理の接続がとりわけ困難だからである。とくに、排除や公的支援化と混ざりあって、紛争が失われていく一つの「病理学」を生み出している社会的支配の相貌がそこで明らかになるからである。経験の社会学の中に入っていくこうしたやり方は、たんに便利なだけであって唯一のものではもちろんないが、あらゆる行動が経験の社会学の観点から再構築されうるのだ。

行為者たちの主体性に関する「客観的」研究は、行為者に一定の能力、とりわけ自分固有の経験を構築する能力を認めるや否や、諸個人との特別な関係にコミットするようになる。認識論的切断というラディカルな概念を拒否することによって、社会学的研究は、行為者と研究者の間で、両者に共通のものと同時に分けへだてるものとを認識するある種の議論の形式とみなされるようになる。

このとき重要なのは、行為者の主体性とその活動に関する研究を行うことである。たんに行為者の表象だけでなく、その感情や、行為者が自分自身に対して打ち立てる関係を分析することが大切である。経験の社会学というプロジェクトは、「臨床的」社会学の企図に連なっており、一般に心理学的視点や、感情や感覚についての印象派絵画にとっておかれるような問題や行動を社会学的観点から取り上げる。たとえば重要なのは、学業上の失敗を生み出す包括的メカニズムを明らかにすることではなく、挫折の経験そのものに向き合うことである。その挫折は特定の個人の経験でしかありえないが、個別的な歴史の中で個人の世界や主体性を構築するものなのだ。このプロジェクトがわれわれを心理学に近づけていること、そしてこうした学問的伝統との対話がつねに容易であるとは限らないことは確かである。だが社会学者の抽象的な心理学と心理学者の臨床心理学とをいつも完全に分離しようと決めているわけではないし、そもそも心理学者も潜在的な社会学なしで済ましているわけではない。社会学による経験の分析の迂回も、諸個人の個別の心理学における等価物や延長物なしで済むことはありえないのだ。

経験の社会学が知識を生み出せるとすれば、各自が互いをもっとよく理解し合うことができるよう努力することによってである。社会的行為者たちの主体性に向かう研究の方向性は、それ自体が「主観的」であるような方法に頼ることをまったく意味しないのである。行為者たちと研究者たちの間に議論を構築することは、方法論的な制約を伴っている。その最も重い制約はおそらく「本当らしさ」という基準の追求である。これによって社会学的説明が研究の流れの中で行為者たちによって自分のものとされうる。ただし経験の社会学は、自分のパラダイムから出発して社会学の領域全体を覆い尽くすと称するような一般的社会学でないのと同様に、他の形式の知識、とくにシステムの諸要素や行為の「純粋な」タイプについての客観化された知識を排除するものではない。それらには個人の経験が書き込まれているのだ。行為者と状況の諸要素とを行ったり来たりするこのワークは、構成された客観的知識全体の中に社会的経験の社会学が書き込まれていることを要求する。

III　社会的経験と民主主義

社会的経験の統一性は所与のものではない。それは行為の複数の論理を関係づける個人のワークから生じる。個人に提起されている問題はその「本質」において、もはや古典的意味における社会ではなくなった社会的構成体に課される問題と異なるわけではない。すなわち、社会の「自然な」性質によってはもはや与えられていないその統一性の原理をどうやって構築するのか、という問いである。

これら二つの問題を接続することにおいて、個人的であると同時に集合的な賭金が描き出され、それらの賭金同士の連続性の原理が打ち立てられる。その連続性がなければ本当の意味で行為者も、いわんや主体も存在しない。個人的な「試練」と集合的な「賭金」とを媒介する原理とはどのようなものか？　もし個人的経験も社会的全体も唯一で中心的な原理の周りには構成されないということを認め、またもしさまざまな社会運動が戦闘的な活動そのものの外ではもはや統一性をもたないということに気づいたなら、社会運動の古典的なイメージは放棄しなければならないだろう。すなわち唯一の原理を中心に個人的主体と「歴史的主体」を結びつけられる社会運動というイメージである。これが意味するのは、歴史的主体というアイデアそのものを葬り去って、民主主義的な行為という、より控えめなイメージに置き換えることである。というのも民主主義は、一つの規範というよりも、複数の要素の組み合わせだからである。

　民主主義を社会的に定義すると、それは一つの社会構成体の中で一緒に存在する行為の諸論理を結びつける能力ということになろう。三つの主要な原理のオリジナルな接続からそれぞれの民主主義が形成されるといえるだろう。それらの原理は政治哲学の三つの伝統でもあり、しばしばその土台や合理性において矛盾する関係にある。

　民主主義の最初の概念は契約的な概念である。この民主主義は政治的参加を規定するよりも市民の権利と義務を規定し、その市民が権力の一部を分かち合い、そして理性、美徳、国家を媒介にして一つの政治的共同体を形成する。これがフランスでとくに共和政と呼ばれているものである。この民主主義は、一つの政治的共同体のメンバーたちが共通にもつもの、すなわち人びとを同じ国家の市民となすものを規定する。このような民主主義の最終的な目標は、政治的社会に自らの個人性の一部をゆだねた個人からなる一つの社会の統合である。この点に関しては、すべての民主主義がつねに国家的であり、そして市民とはつねに一つの国家あるいは国家というプロジェクトのエージェント、すなわち全員一致の諸個人からなる共同体のメンバーだということを思い起こそう。というのも市民とは、一つの一般意思を引き出そうとするものだからである。

「民主主義」という言葉の二つ目の意味は、それが代表性をもつという性質を指し示している。この民主主義は、対立し合い認められ受け入れられた諸利害を合法的かつ平和的なかたちで代表するものとして定義される。ここでは民主主義とは、さまざまな社会的対立を合法的な政治的ライバル関係へと変形するシステムなのである。それはもはや諸個人からなる一つの共同体の表現と考えられない。むしろ決定を行う過程への競争的な参加の一様式とみなされる。それゆえこのような民主主義は、政党やアソシエーションや組合を媒介として、確立されたルールの下で、競合する利害が対立し合うということを前提にしている。契約的な民主主義がつねに国民的であるのと同様に、この代表制的な民主主義はしばしば納税による選挙権にもとづくものである。またそれはつねに選択的な寡頭制であり、すべての国民が投票を行うわけではないし、あらゆる利害が代表されるわけでもない。長い間われわれは、女性が投票を行わず、労働者の結社の権利が制限されているような社会を「民主主義的」と形容しさえしてきたわけである。

最後に第三の伝統は、諸個人が「自然な」権利を享受し、国家や教会や諸制度の全能性から個人を保護するような体制を「民主主義的」と形容している。ここでは民主主義が、国家による束縛に対する人権や人格の尊重として定義される。つまりこの民主主義は表現と結社の自由の体制、思想の自由と少数者の権利の体制のことである。民主主義のこうした次元が現れるのに諸個人が市民や有権者である必要はないが、この次元がなければ民主主義ではない。

以上の概略的な定義からもわかるように、民主主義が実現するのは、これらの要素が結びあわされ相互に破壊しあわないような場合だけである。選挙による競争や基本的諸権利の保持を欠くような市民権は、信任投票だけの専制や恐怖政治になりえるし、かつてそうだった。市民的「美徳」や諸個人の権利のない投票は、政党に限定された純粋な政治的競争に堕し、政治勢力がそれぞれの恩顧関係者しか代表しないような「形式的民主主義」と化す。人権も、それが政治参加とつながらなければ、政治に対する無関心しか生み出せないだろう。

民主主義のこれらすべての次元を結びつけるという必要性が民主主義を社会的経験へと近づける。民主主義の各概念が、社会的経験を構造化する行為の各論理の政治的規範的表現としてどのように現れうるかはわかりやすい。市民的「契約」の民主主義は、連帯とアイデンティティのつながりを政治的に定義する。代表制的な民主主義は、政治的ライバル関係と影響力の「市場」を作り上げる。個人的権利の民主主義は、その人が市民であるか否か代表されているか否かにかかわらず、各個人にあって自律的なもの、尊重されるべきもの、真正なもの、「聖なるもの」の空間を規定するというわけである。民主主義的な政治システムのワークもこれらの次元を接続することの中に存在する。それは行為者のワークが自分の経験に意味を与えることにあるのと同じことである。しかし集合的なものと個人的なもの、どちらのケースにおいても、全体の統一性というものは自明のことではない。各自の経験と同様に、それぞれの民主主義システムもその緊張関係によって規定されるのである。このようにして明確な連続性の原理が行為者とシステムとの間に生じる。そして民主主義は、たとえ制度的な枠組みの中に必然的に閉じ込められようとも、一つの理想あるいは特別な制度的形態としてよりは、一つのワークとして現れる。そのワークによって、もはや「自然な」システムではない一つの全体が包括的な一貫性を作り出し、諸個人の共同体と、利害の多様性と、個人的主体性の尊重とを結び合わせる。民主主義は一つの社会的な一貫性を組織し、それによって、さまざまな個人的経験を制御する諸条件の一つとして現れるわけである。

このような民主主義を一つの「中心的」な政治形態としてだけ考えるのであってはならない。おそらくそういうものだがそれだけではない。というのも、さまざまな組織された社会的諸関係がますます類似の問題に属するようになっているからである。経験の三つの項［統合、戦略、主体化］を一つのまとまりにしておく政治的能力が、社会問題や地域政治のさまざまな管理の様式を、諸組織の統治として定義する。つまりそれら組織は同時に、統合の要請にこたえ、競争的な合理的行為の要請にこたえ、そして自律的な個人的行為の場の保護に対応しなければならない。明らかにこのような表象は、決定的な解決策や和解した社会に唯一最善のものがあるという考えを葬り、それを通して産業社会の政治的想像力の大部分をあきらめることを意味する。たとえば、学校が中心的な諸価値によってもはやコントロールされなくなり、一つの制度ではなくなると、競争の空間、規制された統合の場、個人性の形成の場といったものを接合するその能力によって、学校が「政治的に」定義されることになる。

同じタイプの説明が、移民政策にも適用できるだろう。そこでは、「共和国」と「民主主義」、そして「共同体的な表象」の間を明確に切断することができない。これらの要請のそれぞれが、個別の「正義の次元」に書き込まれていて、それぞれがほかの二つと緊張関係にあり、「上にある」民主主義や「下にある」個人の経験を傷つけることなくどれかが勝利することはできない。まさにこの点において民主主義は、統治の一つのタイプとして「だけ」現れるのではなく、人びとがなんとか生きているこの社会の中で、さまざまな社会的経験を構築するための一つの条件としても現れるのである。

註　＊〔　〕内は邦訳

第一章

（1）E. Durkheim, *Les Règles de la méthode sociologique* (1895), Paris, PUF, 1963, p. 5.〔デュルケーム『社会学的方法の規準』〕

（2）だれもが社会的事実についての有名な定義を知っている。「社会的事実とは、固定したものであろうとなかろうと、個人に外的な拘束力を及ぼすことのできる行動の様式であり、あるいはまた、ある社会に広がった一般的なもので、それの個々の表明から独立した固有の存在をもつ」(*ibid*., p. 14)。

（3）E. Durkheim, *Le Suicide* (1897), Paris, PUF, 1967.〔デュルケーム『自殺論』〕

（4）E. Durkheim, *De la division du travail social* (1893), Paris, PUF, 1967.〔デュルケーム『社会分業論』〕

（5）R. A. Nisbet, *La Tradition sociologique* (1966), Paris, PUF, 1984.〔ニスベット『社会学的発想の系譜』〕

（6）アノミーというテーマに関する「読解」については以下を参照。P. Besnard, *L'Anomie*, Paris, PUF, 1987 ; F. Chazel, «Considérations sur la nature de l'anomie», *Revue française de sociologie*, VII, 2, 1967, p. 151-168 ; A. Pizzorno, «Lectures actuelles de Durkheim», *Archives européennes de sociologie*, IV, 1963, p. 1-36.

（7）T. Parsons, The Structure of Social Action (1937), Glencoe, The Free Press, 1964.〔パーソンズ『社会的行為の構造』〕

（8）*Le Suicide, op. cit*., p. 304.

（9）*Ibid*.

（10）P. Besnard, «Durkheim et les femmes ou Le Suicide inachevé», *Revue française de sociologie,* XIV, 1973, p. 27-61.

（11）*Le Suicide, op. cit*., p. 306.

（12）*Ibid*., p. 433.

（13）E. Durkheim, *Éducation et Sociologie* (1922), Paris, PUF, 1968, p. 42.〔デュルケーム『教育学と社会学』〕

（14）*Ibid*.

(15) 原始キリスト教から共和国小学校へとつながるこの流れは以下と通底している。E. Durkheim, *L'Évolution pédagogique en France* (1938), Paris, PUF, 1990.〔デュルケーム『フランス教育思想史』〕

(16) *Éducation et Sociologie, op. cit.*, p. 58.

(17) J. Piaget, *Le Jugement moral chez l'enfant*, Paris, PUF, 1969.

(18) *Éducation et Sociologie, op. cit.*, p. 40.

(19) E. Durkheim, *Les Formes élémentaires de la vie religieuse* (1912), Paris, PUF, 1967, p. 65.〔デュルケム『宗教生活の原初形態』〕

(20) P. Bourdieu, «Genèse et structure du champ religieux», *Revue française de sociologie*, XII, 1971, p. 295-334.

(21) S. Lukes, «Prolegomena of the Interpretation of Durkheim», *Archives européennes de sociologie*, II, 1971, p. 183-209 ; A. Pizzorno, «Lectures actuelles de Durkheim», art. cité.

(22) E. Durkheim, *Le Socialisme* (1928), Paris, PUF, 1971.〔デュルケム『社会主義およびサン-シモン』〕

(23) E. Allardt, «Émile Durkheim et la sociologie politique», in P. Birnbaum et F. Chazel, *Sociologie politique*, Paris, A. Colin, 1971, p. 15-37.

(24) *Le Socialisme, op. cit.*, p. 49.

(25) *Ibid.*, p. 95.

(26) J. Alexander, *Sociological Theory since World War II*, New York, Columbia University Press, 1987 ; F. Bourricaud, *L'Individualisme institutionnel. Essai sur la sociologie de Talcott Parsons*, Paris, PUF, 1977 ; J. Habermas, *Théorie de l'agir communicationnel*, Paris, Fayard, 1987, chap. VII.〔ハーバーマス『コミュニケイション的行為の理論』〕

(27) T. Parsons, *The Structure of Social Action, op. cit.*, p. 768.

(28) F. Chazel, *La Théorie analytique de la société dans l'œuvre de Talcott Parsons*, Paris-La Haye, Mouton, 1974.

(29) T. Parsons et E. Shils (eds.), *Toward a General Theory of Action*, Cambridge (Mass.), Harvard University Press, 1951.〔パーソンズ／シルス『行為の総合理論をめざして』〕

(30) T. Parsons, *Eléments pour une sociologie de l'action*, Paris, Plon, 1955, p. v.

(31) F. Bourricaud, *L'Individualisme institutionnel, op. cit.*, p. 53.

(32) F. Bourricaud, *Ibid.*, p. 125 による引用。

(33) T. Parsons et R. F. Bales, *Family Socialization and Interaction Process*, Glencoe, The Free Press, 1955.〔パーソンズ／ベ

ールズ『家族社会学』〕この理論は C. Dubar によって以下で説明された。*La Socialisation. Construction des identites sociales et professionnelles*, Paris, A. Colin, 1991.

(34) N. J. Smelser, *Theory of Collective Behavior*, New York, The Free Press, 1963.〔スメルサー『集合行動の理論』〕 フランス語での批判的な解説としては以下を参照。M. Dobry, «Variation d'emprise sociale et dynamique des représentations : remarques sur une hypothése de Neil Smelser», *Analyse de l'idéologie*, Paris, Galilée, 1980, p. 197-219.

(35) F. Bourricaud, *L'Individualisme institutionnel, op. cit*., p. 234 による引用。

(36) T. Parsons, «Some Sociological Aspects of the Fascist Movement», *Social Forces*, 21, 1942, p. 138-147.

(37) N. Elias, *La Société des individus* (1939), Paris, Fayard, 1991.〔エリアス『諸個人の社会――文明化と構造関係』〕

(38) N. Elias, *La Société de cour*, Paris, Flammarion, 1985.〔エリアス『宮廷社会』〕

(39) N. Elias, *La Civilisation des mœurs* (1932), Paris, Calmann-Lévy, 1973.〔エリアス『文明化の過程』〕

(40) *Ibid*. またブルジョワ社会における利害の「文明化的」役割についても考えられる。以下を参照。A. Hirschman, *Les Passions et les Intérêts. Justifications politiques du capitalisme avant son apogée*, Paris, PUF, 1980.

(41) N. Elias, *La Société des individus, op. cit*., p. 65.

(42) *Ibid*., p. 99.

(43) *Ibid*., p. 159.

(44) 明快な例として以下を参照。R. Boudon et F. Bourricaud, *Dictionnaire critique de la sociologie*, Paris, PUF, 1982 ; R. Boudon (ed.), *Traité de sociologie*, Paris, PUF, 1992 ; *Encyclopaedia Universalis*. モスコヴィッシは、デュルケームの著作には社会の概念が偏在しており「儀式めいた」ものになっていると指摘している（*La Machine à faire des dieux*, Paris, Fayard, 1988.〔モスコヴィッシ『神々を作る機械』〕）。

(45) F. Tönnies, *Communauté et Société* (1887), Paris, Retz, CEPL, 1977.〔テンニース『ゲマインシャフトとゲゼルシャフト』〕

(46) この概念については以下を参照。A. Touraine, *Production de la société*, Paris, Éd. du Seuil, 1973.

(47) たとえばモースは国民国家を進化の頂点においている。«La nation», *L'Année sociologique*, 1956 を参照。

(48) ここで私は以下で論じられたテーマを再び取り上げている。A. Touraine, «Une sociologie sans société», *Revue française de sociologie*, XXII, juin 1981, p. 3-13 および D. Lapeyronnie, *De l'expérience à l'action*, Paris, EHESS, 1992.

(49) フィヒテやヘルダーのドイツ歴史主義は啓蒙主義の精神を十二分に受け継いでいる。なぜならこの概念が諸個人の「自然な」政治的秩序と考えられているからである。 L. Dumont, *Essais sur l'individualisme*, Paris, Éd. du Seuil, 1983 を参照。

(50) E. Gellner, *Nations et Nationalismes*, Paris, Payot, 1989.〔ゲルナー『民族とナショナリズム』〕

(51) 以下を参照。G. Haupt, M. Lowy et C. Weill, *Les Marxistes et la Question nationale*, Paris, Maspero, 1974.

(52) L. Dumont, Homo hierarchicus, *Le système des castes et ses implications*, Paris, Gallimard, 1966, p. 380.〔デュモン『ホモ・イエラルシクス』〕

(53) 以下を参照。W. J. Momsen, *Max Weber et la Politique allemande, 1890-1920*, Paris, PUF, 1985.〔モムゼン『マックス・ヴェーバーとドイツ政治　一八九〇～一九二〇（一・二）』〕

(54) T. Parsons, *Le Système des sociétés modernes* (1971), Paris, Dunod, 1973.〔パーソンズ『近代社会の体系』〕

(55) B. Badie et P. Birnbaum, *Sociologie de l'État*, Paris, Grasset, 1979『国家の歴史社会学』での政治的発展の理論を参照。

(56) P. Birnbaum et F. Chazel, *Théorie sociologique*, Paris, PUF, 1975 ; K. Davis, «Le mythe de l'analyse fonctionnelle», in H. Mendras, *Éléments de sociologie*. Textes (1959), Paris, A. Colin, 1968.

(57) B. Malinowski, *Une théorie scientifique de la culture*, Paris, Maspero, 1968.〔マリノフスキー『文化の科學的理論』〕

(58) R. K. Merton, *Éléments de théorie et de méthode sociologique* (1949), Paris, Plon, 1965.〔マートン『社会理論と機能分析』〕

(59) M. Halbwachs, *La Classe ouvrière et les Niveaux de vie* (1912), Paris, Gordon and Breach, 1970.

(60) J. Alexander, *Sociological Theory since World War II, op. cit.* を参照。

(61) L. Coser, *Les Fonctions du conflit social*, Paris, PUF. 1987.〔コーザー『社会闘争の機能』〕

第2章

(1) このパートで言及するテーマはすでにトゥレーヌが述べている。A. Touraine, «Une sociologie sans société», art. cité. この件に関してハーバマスの分析（*Raison et Légitimité*, Paris, Payot, 1978）も挙げることができる。社会システムのさまざまな要素が分解するさまを明らかにしており、正当性の危機およびシステムと「生活世界」との分離によって示される。

(2) この部分は以下の論文から多くを借用した。F. Dubet, «Après l'évolutionnisme, y a-t-il une sociologie du changement?», *Connexions*, 45, 1985, p. 16-35.

(3) F. Khosrokhavar, *L'Utopie sacrifiée. Sociologie de la révolution iranienne*, Paris, Presses de la FNSP, 1993.

(4) G. Kepel, *La Revanche de Dieu*, Paris, Éd. du Seuil, 1991.〔ケペル『宗教の復讐』〕

（5）C. Rivière, «Introduction : développement “corrigé” ou “retraité”», *Année sociologique*, 42, 1992, p. 25-46.

（6）L. Ferry, *Le Nouvel Ordre écologique*, Paris, Grasset, 1992.〔フェリー『エコロジーの新秩序──樹木、動物、人間』〕

（7）G. Gurwitch et W. E. Moore, *La Sociologie du xxe siècle*, Paris, PUF, 1947.〔ギュルヴィッチ／ムーア編『二〇世紀の社会学』〕ヴァラッドがこのタイプの問題を再び取り上げた。R. Boudon (ed.), *Traité de sociologie*, Paris, PUF, 1992.

（8）この点に関して R. Boudon, *La Place du désordre*, Paris, PUF, 1984 を参照。

（9）R. N. Nisbet, *Social Change and History*, New York, Oxford University Press, 1969.〔ニスベット『歴史とメタファー──社会変化の諸相』〕

（10）T. Parsons, *Sociétés. Essai sur leur évolution comparée* (1966), Paris, Dunod, 1973.

（11）C. Castoriadis, *L'Institution imaginaire de la société*, Paris, Éd. du Seuil, 1975.〔カストリアディス『想念が社会を創る──社会的想念と制度』〕

（12）G. Germani, *Politique, Société et Modernisation*, Gembloux, Duculot, 1972 ; W. Kornhauser, *The Politics of Mass Society*, Londres, Routledge and Kegan Paul, 1965.〔コーンハウザー『大衆社会の政治』〕

（13）R. Boudon, *La Place du désordre*, *op. cit.*

（14）P. Birnbaum, *Dimensions du pouvoir*, Paris, PUF, 1984 ; A. Oberschall, *Social Conflict and Social Movements*, Englewood Cliffs, Prentice Hall, 1973.

（15）B. Moore, *Les Origines sociales de la dictature et de la démocratie* (1967), Paris, Maspero, 1979.〔ムーア『独裁と民主主義の起源』〕

（16）R. Boudon, *La Place du désordre*, *op. cit.*, p. 192.

（17）A. Touraine, *Production de la société*, *op. cit.* ; *La Parole et le Sang*, Paris, Odile Jacob, 1988.

（18）K. Davis, «Le mythe de l'analyse fonctionnelle», art. cité.

（19）G. Procacci, *Gouverner la misère*, Paris, Éd. du Seuil, 1993.

（20）R. K. Merton, «L'analyse fonctionnelle en sociologie», *Éléments de théorie et de méthode sociologique*, *op. cit.*, p. 65-139 ; B. Malinowski, *Une théorie scientifique de la culture*, *op. cit.*

（21）R. K. Merton, «Structure sociale, anomie et déviance», *Éléments de théorie et de méthode sociologique*, *op. cit.*, p. 167-191.

（22）D. Silverman, *La Théorie des organisations*, Paris, Dunod, 1970.

（23）J. G. March et H. A. Simon, *Les Organisations* (1958), Paris, Dunod, 1991 (préface de M. Crozier)

(24) M. Crozier et E. Friedberg, *L'Acteur et le Système*, Paris, Éd. du Seuil, 1977.

(25) E. Friedberg, *Le Pouvoir et la Règle*, Paris, Éd. du Seuil, 1993 ; «L'organisation», in R. Boudon (ed.), *Traité de sociologie*, Paris, PUF, 1992. しかしこれほど根本的な切断が問題を起こさずにはおかない。とりわけそれが権力の「構造的な」概念すべてに反証を挙げる場合に。

(26) 以下を参照。J.-C. Kaufmann, *La Trame conjugale*, Paris, Nathan, 1992 ; F. de Singly, *Fortune et Infortune de la femme mariée*, Paris, PUF, 1987.

(27) D. H. Wrong, «The Oversocialized Conception of Man in Modern Sociology», *American Sociological Review*, XXVI, 1961, p. 183-193.

(28) F. Bourricaud, «Contre le sociologisme : une critique et des propositions», *Revue française de sociologie*, XVI, 1975, p. 583-603.

(29) R. Reich, *L'Économie mondialisée*, Paris, Dunod, 1993.

(30) 分断化の概念については以下を参照。A. Touraine, *Les Sociétés dépendantes*, Gembloux, Duculot, 1976.

(31) F. Dubet, *La Galère : jeunes en survie*, Paris, Fayard, 1987, et Éd. du Seuil, coll. «Points Actuels», 1993.

(32) M. Wieviorka *et al.*, *La France raciste*, Paris, Éd. du Seuil, 1992.

(33) A. Touraine, F. Dubet *et al.*, *Le Pays contre l'État*, Paris, Éd. du Seuil, 1981.〔トゥレーヌほか『現代国家と地域闘争――フランスとオクシタニー』〕

(34) とくに P. Bourdieu, *La Misère du monde*, Paris, Éd. du Seuil, 1992 を参照。

(35) A. Touraine, *La Conscience ouvrière*, Paris, Éd. du Seuil, 1966 ; A. Touraine, M. Wieviorka et F. Dubet, *Le Mouvement ouvrier*, Paris, Fayard, 1984.

(36) D. Bell, *Vers la société post-industrielle* (1973), Paris, R. Laffont, 1976〔ベル『脱工業社会の到来――社会予測の1つの試み』〕; R. Inglehart, *The Silent Revolution*, Princeton University Press, 1987〔イングルハート『静かなる革命』〕; A. Touraine, *La Société post-industrielle*, Paris, Denoël, 1969.〔トゥレーヌ『脱工業化の社会』〕

(37) P. Birnbaum et J. Leca (eds.), *Sur l'individualisme*, Paris, Presses de la FNSP, 1986.

(38) *Habits of the Heart*, Berkeley, University of California Press, 1985〔ベラーほか『心の習慣――アメリカ個人主義のゆくえ』〕でベラーらがアメリカ社会についてのこうしたトクヴィル的見解を展開している。

(39) L. Dumont, *Essais sur l'individualisme*, *op. cit.*

(40) D. Riesman, *La Foule solitaire* (1950), Paris, Arthaud, 1964.〔リースマン『孤独な群衆』〕
(41) H. Marcuse, *L'Homme unidimensionnel* (1964), Paris, Éd. de Minuit, 1968.〔マルクーゼ『一次元的人間』〕
(42) C. Lasch, *Le Culte de Narcisse*, Paris, R. Laffont, 1980.〔ラッシュ『ナルシシズムの時代』〕
(43) A. Bloom, *L'Âme désarmée, Essai sur le déclin de la culture générale*, Paris, Julliard, 1987.
(44) R. Sennett, *Les Tyrannies de l'intimité*, Paris, Éd. du Seuil, 1979 ; *Autorité*, Paris, Fayard, 1981.
(45) R.H. Turner, «The Real Self : From Institution to Impulse» *American Journal of Sociology*, 81, 5, 1975, p. 989-1016.
(46) C. Lasch, *The True and only Heaven*, New York, Norton Company, 1991.
(47) G. Lipovetsky, *L'Ère du vide*, Paris, Gallimard, 1983.〔リポヴェツキー『空虚の時代――現代個人主義論考』〕
(48) D. Bell, *Les Contradictions culturelles du capitalisme*, Paris, PUF, 1978.〔ベル『資本主義の文化的矛盾』〕
(49) A. Ehrenberg, *Le Culte de la performance*, Paris, Calmann-Lévy, 1991 を参照。
(50) J. Baudrillard, *Cool Memories, 1980-1985*, Paris, Grasset, 1985.
(51) M. Kundera, *L'Art du roman*, Paris, Gallimard, 1986.〔クンデラ『小説の精神』〕
(52) A. Touraine, *Critique de la modernité*, Paris, Fayard, 1992.
(53) とくにアルチュセールやプーランツァスによって代表された社会学的構造主義がここで問題となっていることを指摘しておく必要がある。それはたとえばレヴィ＝ストロースのような人類学上の構造主義のことではない。
(54) G. Simmel, *Sociology of Religion*, p. 48〔ジンメル『宗教の社会学』〕; R. Nisbet, *La Tradition sociologique*, *op. cit.*, p. 378 による引用。
(55) ジンメルの哲学については F. Leger, *La Philosophie de Georg Simmel*, Paris, Kimé, 1989 を参照。
(56) G. Simmel, *Tragédie de la culture et Autres Essais*, Marseille, Rivages, 1988.
(57) モスコヴィッシがとくにはっきりさせた点がまさにこれである。この点に関し彼は社会学主義に対抗して心理学を「よみがえらせ」た。しかし私はそれが本当に問題なのかどうか確信がもてない。*La Machine à faire des dieux*, *op. cit.* を参照。
(58) ここの数行はブルデューの理論や作業を批判的に提示するものではなく、プラティックという概念の定義に触れているにすぎない。より広範な批判としては、J. Alexander, *The Reality of Reduction : The Failed Synthesis of Pierre Bourdieu*, multigraphié.
(59) 中心となる文献は P. Bourdieu, *Le Sens pratique*, Paris, Éd. de Minuit, 1980〔ブルデュー『実践感覚』〕である。
(60) *ibid.* p. 89. この概念については F. Héran, «La seconde nature de l'*habitus*. Tradition philosophique et sens commun dans

le langage sociologique», *Revue française de sociologie*, XVIII, 1987, p. 385-416.

(61) P. Bourdieu, *Choses dites*, Paris, Éd. de Minuit, 1987, p. 26.〔ブルデュー『構造と実践——ブルデュー自身によるブルデュー』〕

(62) F. Chazel, «French Sociology at the beginning of the Nineties», *Revue suisse de sociologie*, 1, 1992, p. 197-213.

(63) F. Bourricaud, «Contre le sociologisme», art. cité.

(64) この批判が狙っているのはブルデューの理論以上に、アルチュセールの理論である。

(65) P. Berger et T. Luckmann, *La Construction sociale de la réalité*, Paris, Méridiens-Klincksieck, 1986.〔バーガー／ルックマン『現実の社会的構成——知識社会学論考』〕

(66) *Ibid*., p. 129.

(67) デュバールが職業アイデンティティの変化に関する研究で、この観点からはっきりとインスピレーションを得ている。*La Socialisation, op. cit.* を参照。

(68) E. Goffman, *Les Cadres de l'expérience* (1974), Paris, Éd. de Minuit, 1991, p. 22.

(69) E. Goffman, *Les Rites d'interaction*, Paris, Éd. de Minuit, 1974, p. 338 et 341.〔ゴッフマン『儀礼としての相互行為——対面行動の社会学』〕

(70) R. Sennette, *Les Tyrannies de l'intimité, op. cit*., p. 39.

(71) D. Lapeyronnie, *De l'expérience à l'action, op. cit.*; E. Goffman, *Asiles* (1961), Paris, Éd. de Minuit, 1968.〔ゴッフマン『アサイラム——施設被収容者の日常世界』〕

(72) H. Garfinkel, *Studies in Ethnomethodologies*, New York, Prentice Hall, 1967.〔ガーフィンケル『エスノメソドロジー——社会学的思考の解体』〕

(73) *Ibid*., chap. 1 (K. M. Van-Metter (ed.), *La Sociologie*, Paris, Larousse, 1992 に仏訳)．

(74) この数行を述べるにあたって、とくに用いたのが以下の文献である。H. Mehan et H. Wood, *The Reality of Ethnomethodology*, New York, John Wiley, 1975 ; L. Quéré, «Agir dans l'espace public», in L. Quéré et P. Pharo (eds.), *Les Formes de l'action*, Paris, EHESS, 1990, p. 85-112 ; et «L'argument sociologique de Garfinkel», *Problèmes d'épistémologie en sciences sociales*. Arguments ethnométhodologiques, Paris, CEMS, 1985.

(75) M. Crozier et E. Friedberg, *L'Acteur et le Système, op. cit*.

(76) *Ibid*., p. 6.

(77) R. Boudon, *La Logique du social*, Paris, Hachette, 1979.
(78) R. Boudon, *L'Idéologie*, Paris, Fayard, 1986, p. 25.
(79) P. Van Parijs, *Le Modèle économique et ses niveaux*, Genève, Droz, 1990.
(80) 長くなるのをおそれるとか、読者をうんざりさせる、そしてたぶん……われわれの文化の限界といったものがあるとしても、提案されるパラダイムを増やすことは可能だったろう。
(81) R. A. Nisbet, *La Tradition sociologique, op. cit.*

第3章

(1) F. Dubet, *La Galère, op. cit.* ; *Les Lycéens*, Paris, Éd. du Seuil, 1991 ; avec B. Delage *et al.*, *Les Étudiants, le Campus et leurs études*, LAPSAC, CEDAS, université de Bordeaux II, 1993 を参照。
(2) この件について「サブシステム」とはいいたくない。なぜならこの概念がより大きな全体の中にあるヒエラルキー的なイメージ、あるいはそれ自体がシステム的な見方を含んでいるからだ。
(3) この点については次章で立ち戻る。社会的「決定論」の問題を論じる。
(4) F. Leger, *La Philosophie de Georg Simmel, op. cit.*, p. 189 による引用。
(5) F. Dubet, *Les Lycéens, op. cit.*
(6) M. Gilly, *Maître-Élève. Rôles institutionnels et représentations*, Paris, PUF, 1980 を参照。
(7) J.-L. Derouet, *École et Justice. De l'égalité des chances aux compromis locaux*, Paris, A. M. Métailié, 1992 を参照。
(8) F. Dubet, *La Galère, op. cit.*
(9) M. Pialoux, «Jeunesse sans avenir et travail intérimaire», *Actes de la recherche en sciences sociales*, 26–27, 1979, p. 20–47 を参照。
(10) 学校でのこれら戦略については以下を参照。P. Willis, *Learning to Labor. How Working Class Lads get Working Class Jobs*, Farnborough, Saxon House, 1977.〔ウィリス『ハマータウンの野郎ども』〕
(11) E. P. Thompson, *Poverty of Theory*, Londres, Martin, 1978.
(12) 青少年非行に関する統計の有名な例のことを考えている。A. Cicourel, *The Social Organization of Juvenile Justice*, New

York, Wiley, 1968 ; *La Sociologie cognitive*, Paris, PUF, 1979.

(13) ここでは，ミルズの，多少忘れられてはいるがすばらしい表現を借用している。C. Wright Mills, *L'Imagination sociologique*, Paris, Maspero, 1967.〔ミルズ『社会学的想像力』〕

(14) A. Touraine, *Critique de la modernité, op. cit.* が再構築した近代性に関する物語において，デカルト的二元論に中心的な位置を提供するのがこの観点である。

(15) F. de Singly, *Fortune et Infortune de la femme mariée, op. cit.* を参照。

(16) G. Simmel, *La Sociologie de l'expérience du monde moderne*, Paris, Méridiens-Klincksieck, 1986.

(17) D. Vidal, *L'Ablatif absolu*, Paris, Anthropos, 1977.

(18) E. Cassirer, *La Philosophie des Lumières* (1932), Paris, Fayard, 1966.

(19) S. Moscovici, *La Psychanalyse, son image et son public*, Paris, PUF, 1961.

(20) L. Boltanski et C. Thévenot, *De la justification. Les économies de la grandeur*, Paris, Gallimard, 1991.〔ボルタンスキー／テヴノ『正当化の理論——偉大さのエコノミー』〕

(21) P. Merle, «La pratique évaluative en classe terminale : consensus et illusion», *Sociologie du travail*, 2, 1991.

(22) M. Weber, *Économie et Société* (1922), Paris, Plon, 1971.

(23) R. Boudon et F. Bourricaud, *Dictionnaire critique de la sociologie, op. cit.* でのウェーバーへの言及の用法についてとくに考えている。

(24) A. Touraine, *Sociologie de l'action*, Paris, Éd. du Seuil, 1965, p. 35.〔トゥレーヌ『行動の社会学』〕

(25) M. Weber, *Économie et Société, op. cit.*, p. 22.

(26) M. Weber, *Le Savant et le Politique* (1919), Paris, Plon 1958, p. 86.

(27) この点についてハーバマスがウェーバーについて述べたすばらしいページを参照。J. Habermas, «La théorie de la rationalisation chez Max Weber», *Théorie de l'agir communicationnel, op. cit.*, t. 1.

(28) *Ibid.*, p. 83.

(29) M. Weber, *Économie et Société, op. cit.*, p. 4.

(30) *Ibid.*, p. 30.

(31) M. Weber, *Le Savant et le Politique, op. cit.*, p. 163.

(32) M. Weber, *Économie et Société, op. cit.*, p. 222.

(33) P. Raynaud, *Max Weber et les Dilemmes de la raison moderne*, Paris, PUF, 1987.

(34) A. Touraine, *Production de la société, op. cit.*; *La Voix et le Regard*, Paris, Éd. du Seuil, 1978.〔トゥレーヌ『声とまなざし』〕

(35) G. H. Mead, *L'Esprit, le Soi et la Société* (1934), Paris, PUF, 1963.〔ミード『精神・自我・社会』〕

(36) R. Jaulin, *La Mort Sara*, Paris, Plon 1971.

(37) R. Hoggart, *La Culture du pauvre* (1957), Paris, Éd. de Minuit, 1970.

(38) M. Halbwachs, *La Classe ouvrière et les Niveaux de vie, op. cit.*

(39) R. Girard, *La Violence et le Sacré*, Paris, Grasset, 1972.〔ジラール『暴力と聖なるもの』〕

(40) E. Durkheim, *Les Règles de la méthode sociologique, op. cit.*

(41) P. Bourdieu, «Genèse et structure du champ religieux», art. cité を参照。

(42) 社会解体化について、W. Thomas et F. Znaniecki, *The Polish Peasant in Europe and America* (1918), New York, Dover, 1958〔トーマス／ズナニエツキ『生活史の社会学――ヨーロッパとアメリカにおけるポーランド農民』〕を参照。

(43) C. R. Shaw et M. D. Mac Kay, *Juvenile Delinquency in Urban Area*, Chicago, University of Chicago Press, 1940; F. Thrasher, *The Gang* (1927), Chicago, University of Chicago Press, 1963. こうしたタイプの分析を近年再現したのが M. S. Jankowski, *Islands in the Street*, Berkeley, University of California Press, 1991.

(44) L. Festinger, *A Theory of Cognitive Dissonance*, Evanston, Row, Peterson and C°, 1957.〔フェスティンガー『認知的不協和の理論――社会心理学序説』〕

(45) A. Sayad, «Immigration et naturalisation», in C. Wihtol de Wenden (ed.), *La Citoyenneté*, Paris, Édilig, 1988.

(46) この点について F. Dubet, *La Galère, op. cit.* および以下を参照。D. Lapeyronnie, «Assimilation, mobilisation et action collective chez les jeunes de la seconde génération de l'immigration maghrébine», *Revue française de sociologie*, XXVIII, 2, 1987, p. 287-318.

(47) この視点が今日ではかなりの社会学者たちに共通している。A. Caillé, «La sociologie de l'intérêt est-elle intéressante?», *Sociologie du travail*, 3, 1981, p. 257-274 を参照。

(48) E. Goffman, *Les Rites d'interaction, op. cit.*; S. Moscovici, *Psychologie des minorités actives*, Paris, PUF, 1979.

(49) G. H. Mead, *L'Esprit, le Soi et la Société, op. cit.*

(50) デュルケーム的かつ戦略的というこの二重の観点の接合については、J.-D. Reynaud, *Les Regles du jeu. L'action collective et*

la régulation sociale, Paris, A. Colin, 1989 を参照。

(51) M. Crozier et E. Friedberg, *L'Acteur et le Système, op. cit.*

(52) この点について、政治市場の用語による政治プロセスの分析を参考にするのがいいだろう。A. Downs, *An Economic Theory of Democracy*, New York, Harper and Row, 1957.〔ダウンズ『民主主義の経済理論』〕

(53) M. Mauss, «Essai sur le don», *Sociologie et Anthropologie*, Paris, PUF, 1950.〔モース『社会学と人類学』〕

(54) G. Simmel, *La Philosophie de l'argent* (1900), Paris, PUF, 1987.〔ジンメル『貨幣の哲学』〕

(55) ここで問題となるのが価値に関するパレートの概念である。しかしそれは複雑な概念である。なぜならもし派生したものが感情を隠すなら、それはまた感情を表出してもいるからだ。A. Bouvier, «Modèles parétiens et théories des idéologies. Sociologie des représentations», *L'Année sociologique*, 42, 1992, p. 345-368.

(56) フランス語では以下を参照。F. Chazel, «Mouvements sociaux» in R. Boudon (ed.), *Traité de sociologie*, Paris, PUF, 1992 ; D. Lapeyronnie, «Mouvements sociaux et action politique», *Revue française de sociologie*, XXIX, 1988, p. 593-619 ; P. Mann, *L'Action collective*, Paris, A. Colin, 1991.

(57) M. Olson, *Logique de l'action collective* (1965), Paris, PUF, 1978.〔オルソン『集合行為論――公共財と集団理論』〕

(58) J. Habermas, *Morale et Communication : conscience et activité communicationnelle*, Paris, Éd. du Cerf, 1986.〔ハーバーマス『道徳意識とコミュニケーション行為』〕

(59) A. Touraine, *Production de la société, op. cit.*; *Critique de la modernité, op. cit.*

(60) *Critique de la modernité, op. cit.*, p. 319.

(61) G. H. Mead, *L'Esprit le Soi et la Société, op. cit.*; J. Habermas, «Le changement de paradigme chez Mead et chez Durkheim : de l'activité finalisée à l'agir communicationnel», *Théorie de l'agir communicationnel, op. cit.*, t. 2.

(62) アンテナ2［フランスのテレビチャネル。現在のフランス2］「報道特派員」、一九九三年一二月一三日。

(63) さらにつけ加えると、これらの思想家たちのうちで最もすばらしい者は、かつても、あるいは現在もまだ「崇拝」の対象で、「ヒーロー」である主体の奇妙でアルカイックな姿である。

(64) 労働者階級の意識について A. Touraine, M. Wieviorka et F. Dubet, *Le Mouvement ouvrier, op. cit.* を参照。

(65) J. Israël, *L'Aliénation de Marx à la sociologie contemporaine*, Paris, Anthropos, 1972.

(66) 社会的行動の経験的指標として疎外の概念を打ち立てようという試みについては以下を参照。M. Seeman, «Les conséquences de l'aliénation dans le travail», *Sociologie du travail*, 2, 1967, p. 113-133.

（67）M. Walzer, *Critique et Sens commun. Essai sur la critique sociale et son interprétation*, Paris, La Découverte, 1990.〔ウォルツァー『解釈としての社会批判――暮らしに根ざした批判の流儀』〕

（68）F. Dubet, E. Tironi *et al*., *Pobladores. Luttes sociales et démocratie au Chili*, Paris, L'Harmattan, 1989 を参照。

（69）ムーアのすばらしい本を参照。*Injustice. The Social Bases of Obedience and Revolt*, Londres, MacMillan Press. 1978.

第4章

（1）ベルトロは、六つの社会学的な「理解可能性（intelligibilité）の図式」を明らかにした。J.-M. Berthelot, *L'Intelligence du social*, Paris, PUF, 1990.

（2）C. Lévi-Strauss, *Tristes Tropiques*, Paris, Plon 1955.〔レヴィ＝ストロース『悲しき熱帯』〕

（3）この概念はブードンから借りたものである。これは機能主義システムの概念と明確に対立する。たとえば以下を参照。*La Logique du social, op. cit*.

（4）「弁証法」というこの概念があまり適していないことは認めざるをえない。というのもこの言葉は多様な合意をもち、その特徴が非常に曖昧かつ全体的なものだからである。しかしながら、行為の論理がたんなる紛争の論理ではなく批判の論理、距離化の論理だと認められるなら、この批判や距離化の活動を可能にするのはシステムそれ自体のもつ、主体表象と諸関係の間にあるこの緊張関係なのだということを受け入れなくてはいけない。「弁証法」という言葉が意味するのは、ここではそのことだけである。

（5）A. Giddens, *La Construction de la société*, Paris, PUF, 1987.

（6）R. Hoggart, *La Culture du pauvre, op. cit*.; *33 Newport Street. Autobiographie d'un intellectuel issu des classes populaires anglaises*, Paris, Gallimard / Le Seuil, 1991.

（7）A. Sayad, «Les immigrés algériens et la nationalité française», in S. Laacher (ed.), *Questions de nationalité, Histoire et enjeux d'un code*, Paris, CIEMI, L'Harmattan, 1987.

（8）このようなやり方でブードンは学業上の機会の不平等に関する統計を読み、解釈している。*L'Inégalité des chances. La mobilité sociale dans les sociétés industrielles*, Paris, A. Colin, 1973.〔ブードン『機会の不平等――産業社会における教育と社会移動』〕

(9) A. Caillé, *Splendeurs et Misères des sciences sociales*, Genève, Librairie Droz, 1985.

(10) R. Boudon, *L'Idéologie, op. cit*, p. 25.

(11) A. Downs, *An Economic Theory of Democracy, op. cit.*

(12) A. Pizzorno, «Sur la rationalité du choix démocratique» in P. Birnbaum et J. Leca. (eds.), *Sur l'individualisme*, Paris, Presses de la FNSP, 1986, p. 330-369.

(13) R. Boudon, *La Place du désordre, op. cit.*

(14) M. Cusson, *Le Contrôle social du crime*, Paris, PUF, 1983 ; *Croissance et Décroissance du crime*, Paris, PUF, 1989 ; «Déviance», in R. Boudon (ed.), *Traité de sociologie*, Paris, PUF, 1992.

(15) M. Cusson, «Déviance», art. cité, p. 396.

(16) *Ibid.*, p. 395.

(17) アメリカでは三〇年前から犯罪が増加し、非行に伴う刑罰も厳しくなった。次を参照。M.-F. Toinet in *Les Cahiers de la Sécurité intérieure*, 16, 1994.

(18) M. Cusson, «Déviance», art. cité, p. 399.

(19) このような主張は基本的に、歴史的な分析よりも、治安に関する公の声明に基づいている。次を参照。J.-C. Chesnais, *Histoire de la violence*, Paris, R. Laffont, 1981.

(20) *Le Contrôle social du crime, op. cit.*, p. 119.

(21) *Ibid.*, p. 127.

(22) J.-D. Reynaud, *Les Règles du jeu, op. cit.*

(23) G. Adam et J.-D. Reynaud, *Conflits du travail et Changement social*, Paris, PUF, 1978.

(24) マルクスの「方法論的個人主義」的な読み方については、J. Elster, *Logic and Society*, New York, Wiley, 1978.

(25) M. Crozier, *Le Phénomène bureaucratique*, Paris, Éd. du Seuil, 1963.

(26) M. Crozier et E. Friedberg, *L'Acteur et le Système, op. cit.*

(27) A. Touraine, *Production de la société, op. cit.*

(28) M. Walzer, *Critique et Sens commun, op. cit.*

(29) C. Boltanski et L. Thévenot, *Les Économies de la grandeur*, Paris, PUF, 1987.〔ボルタンスキー／テヴノ『偉大さのエコノミー』〕

（30）M. Walzer, *Critique et Sens commun, op. cit.*, p. 76.

（31）M. Maurice, «Déterminants du syndicalisme et projet syndical des ouvriers et des techniciens», *Sociologie du travail*, 1965, 3, p. 254-272.

（32）K. Keniston, Young Radicals, *Notes on Commited Youth*, New York, Harcourt Brace, 1968.〔ケニストン『ヤング・ラディカルズ――青年と歴史』〕

（33）この見方は、シルズの主張とは対立するものである。彼は知識人の批判が社会的な周縁性から来ると考えた。以下を参照。*The Intellectuals and the Powers, and Other Essays*, Chicago, University of Chicago Press, 1972.

（34）D. Bell, *Les Contradictions culturelles du capitalisme, op. cit.*

（35）J. Habermas, *Le Discours politique de la modernité*, Paris, Gallimard, 1988.

（36）近代性の対立する二つの表現、つまり「独立性」と「自律性」の区別については、A. Renaut, *L'Ère de l'individu*, Paris, Gallimard, 1989.〔ルノー『個人の時代――主観性の歴史』〕を参照。

（37）ポスト・モダニティの多様な社会理論の総括については D. Martuccelli, «Lectures théoriques de la post-modernité», *Sociologie et Sociétés*, 1, 1992, p. 157-168.

（38）S. Lash, *Sociology of Post-Modernity*, Londres, Routledge and Kegan Paul, 1990.

（39）バランディエが提起した迷路というイメージを引き起こすのは、経験のこのタイプである。*Le Dédale. Pour en finir avec le xxe siècle*, Paris, Fayard, 1994.

（40）中心化された機能的統一性とは異なるタイプの、システムの受容可能な表象をルーマンの仕事に見いだすことができる。

（41）R. Aron, *Dix-Huit Leçons sur la société industrielle*, Paris, Gallimard, 1962.〔アロン『変貌する産業社会』〕; *Les Luttes de classes. Nouvelles leçons sur la société industrielle*, Paris, Gallimard, 1964. R. Dahrendorf, *Classes et Conflits de classes dans la société industrielle*, Paris, Mouton, 1972.〔ダーレンドルフ『産業社会における階級および階級闘争』〕

（42）M. Halbwachs, *La Classe ouvrière et les Niveaux de vie, op. cit.*

（43）R. Sainsaulieu, *Les Relations de travail à l'usine*, Paris, Éd. d'Organisation, 1972.

（44）たとえば次の研究が際立っている。O. Schwartz, *Le Monde privé des ouvriers*, Paris, PUF, 1990.

（45）F. Dubet, *La Galère, op. cit.*

（46）A. Touraine *et al.*, *Solidarité*, Paris, Fayard, 1982.

（47）たとえば有名なテーゼは以下。W. Sombart, *Pourquoi le socialisme n'existe-t-il pas aux États-Unis?* (1906), Paris, PUF,

1992.

（48）S. M. Lipset, *L'Homme et la Politique*, Paris, Éd. du Seuil, 1962.〔リプセット『政治のなかの人間——ポリティカル・マン』〕

（49）たとえば以下を参照。P. Birnbaum, *Dimensions du pouvoir*, op. cit.

（50）階層理論のきわめて正確な総括は以下を参照。M. Cherkaoui, «Stratification», in R. Boudon (ed.), *Traité de sociologie*, Paris, PUF, 1992.

（51）A. Oberschall, *Social Conflict and Social Movements, op. cit.*

（52）E. Shorter et C. Tilly, *Strikes in France —— 1830-1968*, Cambridge, Cambridge University Press, 1974.

（53）この考えを発展させたのは、H. Clegg, *General Union : Study of the National Union of General and Municipal Workers*, Londres, Blackwell, 1954.

（54）J.-D. Reynaud, *Les Règles du jeu, op. cit.*

（55）A. Touraine, *La Conscience ouvrière, op. cit.*

（56）リプセットは比較のために興味深い類型を提示して、労働運動におけるラディカルあるいは革命的な形態と、政治的あるいは組合的な形態の、発生を説明しようとした。S. M. Lipset, «Radicalism or Reformism : The Sources of Working Class Politics», *The American Political Science Review*, vol. 77, 1983, p. 1-18.

（57）J. H. Golthorpe, D. Lockwood, F. Bechofer et J. Platt, *L'Ouvrier de l'abondance* (1968), Paris, Éd. du Seuil, 1972.

（58）S. Mallet, *La Nouvelle Classe ouvrière*, Paris, Éd. du Seuil, 1963.〔マレ『新しい労働者階級』〕

（59）たとえば A. Touraine, M. Wieviorka et F. Dubet, *Le Mouvement ouvrier, op. cit.* トゥーロンからペリグーまでの鉄道員居住地区についての記述は、ポール・ニザンの小説 *Antoine Bloyé* (Paris, Grasset, 1933)〔ニザン『アントワーヌ・ブロワイエ』〕、そして共産主義政党、とくに一九二〇年代のストライキに関する A. Kriegel の著作 *Aux origines du communisme français*, Paris, Flammarion, 1969 を参照。セレン地方については、B. Franck et D. Lapeyronnie, *Les Deux Morts de la Wallonie sidérurgique*, Bruxelles, CIACO, 1990 を参照。

（60）だが思い起こしたいのは、まだ八〇年代の議論では、労働者意識の衰退を強調したCADISの労働運動と新しい社会運動の研究を、多くの社会学者が必ず厳しく批判したということだ。同じわれわれが今日では、それを少し「古臭い」と思うまでになっているわけである。

（61）F. Dubet et D. Lapeyronnie, *Les Quartiers d'exil*, Paris, Éd. du Seuil, 1992.

（62）たとえば、M. Wieviorka *et al.*, *La France raciste, op. cit.* を参照。J.-P. Guillemet (*Le Vote Front national*, DEA, université de Bordeaux II, 1990）は、国民戦線への投票行動に複数のタイプがあることを示し、とくに古い共産主義者地区の労働者による投票に光を当てた。ただし、よくいわれていることとは逆に、その国民戦線票がＪ・Ｍ・ルペンを熱狂的に支持する民衆票の主要部分をなすとはとてもいえない。そこには共産党（ＰＣ）から国民戦線（ＦＮ）へと至る通底器が欠けているのだ。

（63）J.-D. Reynaud, *Les Règles du jeu*, *op. cit.*

（64）ネオ・コーポラティズムの概念については、P. Schmitter, «Neo-Corporatism and the State», in W. Grant (ed.), *The Political Economy of Corporatism*, Londres, MacMillan, 1985.

（65）ただしポーランドの場合は例外的であった。まだ産業主義が主流のこの社会にあって、労働運動は国民的で民主主義的な運動を担い、軍事クーデターによって秩序を維持できなくなった共産主義権力を破壊した。全体主義的役割をもつこの権力と直面して、組合運動は、社会のさまざまな欲求全体を凝集させる能力をもった。体制は崩れ落ち、この「連帯」労組の中で混じり合っていた論理全体は分離し、弱くなり、しばしば互いに対立した。たとえば、A. Touraine, F. Dubet, M. Wieviorka et J. Strzelecki, *Solidarité*, *op. cit.*

（66）M. Wieviorka, *Sociétés et Terrorisme*, Paris, Fayard, 1988.

（67）R. Inglehart, *The Silent Revolution*, *op. cit.*

（68）学校制度と「価値」の結びつきは、デュルケームによって完全なまでに証明されている。彼は学校の誕生を、キリスト教的信仰と普遍主義の名のもと、パーソナリティの変形を行う意図的な計画として位置づけている。*L'Évolution pédagogique en France*, *op. cit.*

（69）F. Dubet, *Les Lycéens*, *op. cit.*

（70）この表現は以下より借用。J.-L. Derouet, «Désaccords et arrangements dans les collèges（1981-1986）», *Revue française de pédagogie*, 83, 1988, p. 5-22.

（71）教育システムの歴史に関しては以下を参照。A. Prost, *Histoire de l'enseignement en France, 1800-1967*, Paris, A. Colin, 1968.

（72）以下より引用。A. Prost, *Éducation, Société et Politique*, Paris, Éd. du Seuil, 1990.

（73）この共和主義的な学校モデルが導入された際に、デュルケームが置かれていた立場は知られているが、彼自身は学校に社会移動における中心的な役割を与えることはなかった。たとえば以下。C.-H. Cuin, «Durkheim et la mobilité sociale», *Revue française de sociologie*, XXVIII, 1, 1987, p. 43-65.

(74) 不公平な社会と向き合う公平な学校という表象は、長らく左翼およびその共和的かつ社会的なイデオロギーの柱の一つを形成してきた教師と労働者の同盟にとっては、どうでもよいことではなかった。
(75) V. Isambert-Jamati, *Crises de la société et Crises de l'enseignement*, Paris, PUF, 1970.
(76) C. Nicolet, *L'Idée républicaine en France*, Paris, Gallimard, 1982.
(77) この教育関係の類型とその精神分析的な要素を、T. Parsons は以下で十分に描いていた。«The School Class as a Social System», *Harvard Educational Review*, 29, 4, 1959, p. 221-241.
(78) J. Testanière, «Chahut traditionnel et chahut anomique dans l'enseignement du second degré», *Revue française de sociologie*, VIII, 1967, p. 17-33.
(79) 以下の分析が重要である。P. Bourdieu et J.-C. Passeron, *Les Héritiers. Les étudiants et la culture*, Paris, Éd. de Minuit, 1964.〔ブルデュー／パスロン『遺産相続者たち――学生と文化』〕
(80) C. Baudelot et R. Establet, *L'Ecole capitaliste en France*, Paris, Maspero, 1971.
(81) 以下のような数多くの業績が引用可能。R. Ballion, *La Bonne École. Évaluation et choix du collège et du lycée*, Paris Hatier, 1991. とくに以下。M. Duru-Bellat et A. Mingat, *De l'orientation en fin de 5e au fonctionnement des collèges, Cahiers de l'IREDU*, Dijon, nos 45, 48 et 51, 1985, 1988 et 1992. 教育社会学の現代化された総括のためには以下が参照できる。A. Henriot-Van Zanten et M. Duru-Bellat, *Sociologie de l'ecole*, Paris, A. Colin, 1992.
(82) たとえば以下。J.-C. Passeron, «L'inflation des diplômes. Remarques sur quelques concepts analogiques en sociologie», *Revue française de sociologie*, XXIII, 1982, p. 551-584.
(83) たとえば、これらの不一致については以下を参照。J.-L. Derouet, *École et Justice, op. cit.*
(84) J.-P. Obin, *La Crise de l'organisation scolaire*, Paris, Hachette, 1993.
(85) J.-C. Forquin, *École et Culture*, Bruxelles, Éditions universitaires De Broeck, 1989.
(86) たとえば以下。A. Bloom, *L'Ame désarmée, op. cit.*
(87) R. Linton, *De l'homme*, Paris, Éd. de Minuit, 1968.
(88) たとえば以下。F. Dubet, O. Cousin et J.-P. Guillemet, «Mobilisation des établissements et performances scolaires», *Revue française de sociologie*, XXX, 1989, p. 235-256.

第5章

（1）M. Weber, «Parenthèse théoriqueè : le refus religieux du monde, ses orientations et ses degrés», *Enquête*, 7, 1992, p. 127-172. それに対する次のコメントも参照。P. Fritsch, «La Zwischenbetrachtung, un espace intermédiaire», *Enquête*, 7, 1992, p. 173-193.

（2）M. Weber, «Parenthèse théorique», art. cité, p. 156.

（3）*Ibid.*, p. 166.

（4）G. H. Mead, *L'Esprit, le Soi et la Société*, op. cit., p. 148.

（5）*Ibid.*

（6）J. Habermas, *Théorie de l'agir communicationnel, op. cit.*, t. 2.

（7）G. H. Mead, *L'Esprit, le Soi et la Société, op. cit.*, p. 148.

（8）*Ibid.*

（9）*Ibid.*, p. 287.

（10）*Ibid.*, p. 151.

（11）たとえば、ゴフマンについての次の読解。A. Ogien, «La décomposition du sujet», *Le Parler frais d'Erving Goffman*, Paris, Éd. de Minuit, 1987.

（12）E. Goffman, *Les Rites d'interaction, op. cit.*

（13）戦略的行為の繰り広げられる空間のことを利便性のために「市場」と呼んでいることを思い起こそう。経済的市場とは、これらの市場の一つでしかない。

（14）この点についてはたとえば、A. Renaut, *L'Ère de l'individu,* op. cit.

（15）たとえば以下。A. Touraine, *Critique de la modernité, op. cit.*

（16）C. Taylor, *Sources of the Self*, Cambridge, Cambridge University Press, 1989 ; *Grandeur et Misère de la modernité*, Montréal, Bellarmin, 1992.

（17）こうすることでトゥレーヌは「私」というものを一つの社会運動として定義している（*Critique de la modernité, op. cit.*)。

（18）このような大きな変化については、たとえば以下。F. Dubet et D. Lapeyronnie, *Les Quartiers d'exil, op. cit.* この「困難な」

地区とは、貧困、高い失業率、異質な人口構成、孤立、悪い評判など多様な不利な条件の積み重なる地区である。

(19) F. Dubet, *La Galère, op. cit.*

(20) 行為者たちによる記述を、社会解体やアノミー状態についての形式的な指標と結びつけることはそれほど困難なことではない。

(21) やましさの意識や自己「嫌悪」のこのような現象は、低所得者用住宅（HLM）の住民たちが自分たちのシテの評判に対して抱く思いの中に見いだせる。たとえば以下。D. Duprez et M. Hedli, *Le Mal des banlieues? Sentiment d'insécurité et crise identitaire*, Paris, L'Harmattan, 1992 ; R. Dulong et P. Paperman, *La Réputation des cités HLM*, Paris, L'Harmattan, 1992.

(22)「中和」というテーマについては、たとえば、D. Matza et G. M. Sykes, «Techniques of Neutralization : A Theory of Delinquency», *American Sociological Review*, 1957, 22, p. 657–669.

(23) 個々人の観点からみれば、リーダーやソーシャル・ワーカーたちが試合形式のゲーム実践の中で若者の怒りをコントロールできており、行為者たちがそこで自分自身のコントロールを再び見いだすというのは明らかである。このような社会的コントロールの技術は、アメリカの黒人ゲットーでのボクシングの役割を通して、よく理解されている。しかしこの技術が、しばしばそう主張されているような、一つの「解決策」として現れるわけではない。

(24) ねたみについては、たとえば以下。S. Freud, «Psychologie des foules et analyse du moi», *Essais de psychanalyse*, Paris, Payot, 1981.

(25) われわれが実施したさまざまな質問作業の総括は以下で振り返ることができる。F. Dubet, *Immigrations : qu'en savons-nous?*, Paris, La Documentation française, 1989.

(26) たとえば以下。G. Noiriel, *Le Creuset français. Histoire de l'immigration*（*XIX*^{e}-*XX*^{e} *siècle*）, Paris, Éd. du Seuil, 1988.

(27) たとえば以下。M. Wieviorka, *La France raciste*, op. cit.

(28) P. Noblet, *L'Amérique des minorités*, Paris, L'Harmattan, 1993.

(29) たとえば以下。D. Lapeyronnie, «Assimilation, mobilisation et action collective chez les jeunes de la seconde génération de l'immigration maghrébine», art. cité.

(30) O. Roy, «Les immigrés dans la ville», in J. Roman (ed.), *Ville, Exclusion et Citoyenneté*, Paris, Esprit, 1993.

(31) ブールたちの行進についてはたとえば以下。F. Dubet, *La Galère, op. cit.*

(32) F. Dubet, *Les Lycéens, op. cit.*

(33) R. Ballion, *La Bonne École, op. cit.* 参照。

(34) J.-M. Berthelot, *École, Orientation, Société*, Prais, PUF, 1993.

（35）P. Rayou, *La Cité invisible. Essai sur la socialisation politique des lycéens*, thèse, Paris, EHESS, 1994.

（36）たとえば以下。J. Starobinski, *Jean-Jacques Rousseau. La transparence et l'obstacle*, Paris, Gallimard, 1971.〔スタロバンスキー『透明と障害――ルソーの世界』〕

（37）二重の人間という概念は以下から借用した。F. de Singly, «L'homme dual», *Le Débat*, 61, 1990, p.138-151.

（38）読者の社会学についてはたとえば以下。M. Chaudron et F. de Singly (eds.), *Identité, Lecture, Écriture*, Paris, Centre Georges-Pompidou, 1994 ; F. de Singly, «Les jeunes et la lecture», *Éducation et Formation*, janvier 1993.

（39）いうまでもないがこのような類型は、他の類型と同様、恣意的な単純化に基づく部分をもっているし、さらに洗練されうるものである。

（40）P. Bourdieu et J.-C. Passeron, *Les Héritiers*, *op. cit.*

（41）たとえば以下。C. Grignon, *L'Ordre des choses. Les fonctions sociales de l'enseignement technique*, Paris, Éd. de Minuit, 1971 ; L. Tanguy, *L'Enseignement professionnel en France. Des ouvriers aux techniciens*, Paris, PUF, 1991.

（42）たとえば以下。P. Willis, *Learning to Labor*, *op. cit.*

（43）たとえば以下。F. Dubet, B. Delage, J. Andrieu, D. Martuccelli et N. Sembel, *Les Étudiants, le Campus et leurs études*, *op. cit.*

（44）この現象はすでに以下で強調されている。R. K. Merton, G. C. Reader et P. L. Kendall (eds.), *The Student-Physician. Introductory Studies in the Sociology of Medical Education*, Cambridge (Mass.), Harvard University Press, 1957.

（45）D. Lapeyronnie et J.-L. Marie, *Campus Blues. Les étudiants face à leurs études*, Paris, Éd. du Seuil, 1992.

（46）たとえば以下。A. Touraine *et al.*, *Lutte étudiante*, Paris, Éd. du Seuil, 1978 ; *La Prophétie anti-nucléaire*, Paris, Éd. du Seuil, 1980.〔トゥレーヌほか『反原子力運動の社会学――未来を予言する人々』〕; *Le Pays contre l'État*, *op. cit.*

（47）トゥレーヌも同じ回顧的な分析を *Critique de la modernité*（*op. cit.*）、および *Production de la société* の文庫版（Paris, Éd. du Seuil, 1993）の序論で展開している。

（48）依拠しているのはとくに以下である。A. Touraine et al., *La Prophétie anti-nucléaire*, *op. cit.*

（49）「Not in My Back Yard」の略。つまり道路、鉄道線路、産業など、公共のものとしてもたらされる「公害」に対抗して、環境を保全しようとするさまざまな動員を指す表現。

（50）同じ説明の流れに沿って、オクシタンあるいはブルトン人の国民運動の失敗について思い出すことができる。これらの運動は文化的意識と経済的な闘争を結びつけようと努力した。プロゴフのブドウ栽培者の反乱あるいは抵抗活動、そしてラルザックの典型的な闘争によって構成された出来事を除けば、多様な合理性が結びつくことは決してなかった。今日でも、ナショナリズム、地域言語の擁護、経済的動員の混ざり合ったさまざまな断片をまだみることができる。

第6章

(1) 本章は一九九四年に *L'Année sociologique* に掲載された論文を大幅に修正したものである。

(2) とくに J.-M. Berthelt, «De la terminale aux études post-bac : itinéraires et logiques d'orientation», *Revue française de pédagogie*, 81, 1987, p. 5-15 ; B. Convert et M. Pinet, «Les classes de terminale et leur public», *Revue française de sociologie*, XXX, 1989, p. 211-234 ; F. Dubet, *Les Lycéens*, *op. cit.* 参照。

(3) とくに以下を参照。F. Bourricaud, «Contre le sociologisme : une critique et des propositions», art. cité ; D. Wrong, «The Oversocialized Conception of Man in Modern Sociology», art. cité. こうした批判は二〇年ほど前から増加してきており、行為の社会学として自らを定義する数多くの社会学的潮流により共有されていると思われる。

(4) M. Cusson, *Le Contrôle social du crime*, *op. cit.* ; *Croissance et Décroissance du crime*, *op. cit.* ; «Déviance», art. cité 参照。

(5) T. Adorno et K. Popper, *De Vienne à Francfort, la querelle allemande des sciences sociales*, Bruxelles, Complexe, 1979, p. 18.〔アドルノ／ポパー『社会科学の論理――ドイツ社会学における実証主義論争』〕

(6) W. Labov, *Le Parler ordinaire*, Paris, Éd. de Minuit, 1978.

(7) H. Becker, «Field Work Evidence», *Sociological Work*, Chicago, Aldine, 1970.

(8) A. Cicourel, *La Sociologie cognitive*, *op. cit.*

(9) F. Dubet, *La Galère*, *op. cit.*

(10) S. Moscovici, *La Psychanalyse, son image et son public*, *op. cit.*

(11) アルヴァクスは『自殺論』について「理解的」な批判を行っている。*Les Causes du suicide*, Paris, F. Alcan, 1930.

(12) B. Matalon, «La psychologie et l'explication des faits sociaux», *L'Année sociologique*, 31, 1981, p. 125-185 ; 32, 1982, p. 115-161.

(13) J. Habermas, *Connaissance et Intérêt*, Paris, Gallimard, 1973, p. 293.〔ハバーマス『認識と関心』〕

(14) デヴローは、こうした類似性の拒否には「神経症的」な何かがあり、それは行為者たちの力によって脅かされる、研究者のアイデンティティの強迫観念的な防衛手段のようなものだということを主張している。G. Dévereux, *De l'angoisse et la méthode dans les sciences du comportement*, Paris, Flammarion, 1980 参照。またわれわれは、はじめてインタビューをしなければならない社会学の初心者に湧き起こる不安について論じてみることもできるだろう。行為者たちの言説に注意を払いながら聞こえない振りをするという適切な距離をみつけるのは、それほど容易なことではない。

(15) J. Freund, «Introduction» in M. Weber, *Essai sur la théorie de la science*, Paris, Plon, 1965 ; «De l'interprétation dans les sciences sociales», *Cahiers internationaux de sociologie*, LXV, 1978, p. 214-236 参照。また、P. Pharo, «Problèmes empiriques de la sociologie compréhensive», *Revue française de sociologie*, XXVI, 1985, p. 120-149 をみよ。

(16) M. Weber, *Économie et Société*, *op. cit.*, p. 10.

(17) *Ibid.*, p. 19.

(18) F. Dubet, *Les Lycéens*, *op. cit.*

(19) C. Baudelot et R. Establet, *Le niveau monte*, Paris, Éd. du Seuil, 1989. われわれの議論は、こうしたテーゼが「客観的」に正しいという公準から出発している。

(20) 社会学的介入は、社会運動の研究プロジェクトによって、七〇年代後半にCADISで発展した。たとえば A. Touraine, *La Voix et le Regard*, *op. cit.* をみよ。グループでの主要な業績の中で、以下に言及しておこう。*Lutte étudiante*, *La Prophétie anti-nucléaire*, *Le Pays contre l'État*, *Solidarité*, *Le Mouvement ouvrier*. これらはすべて、すでに引用したものである。加えて、M. Wieviorka, *Sociétés et Terrorisme*, *op. cit.* がある。社会運動というよりもむしろ、社会的経験に関する研究の中では以下。*La Galère*, *op. cit.*; *Les Lycéens*, *op. cit.*; M. Wieviorka, *La France raciste*, *op. cit.*

(21) さまざまな社会運動の事例では、組織における知識人的役割を担う人びとが、「作業に関わる」ことをまさにためらいがちである。なぜなら、このような方法が、最も強力に表明されたさまざまなイデオロギーの方へ突き進んでしまう危険性を感じとっているからである。したがって、いく人かの責任者の参加と、この作業に必要な自由とを同時に獲得するために、運動のリーダーたちとの交渉が時として必要になった。とりわけ以下を参照。A. Touraine *et al.*, *Le Mouvement ouvrier* と *Le Pays contre l'Éta*, *op. cit.* ある事例、七〇年代のフェミニスト運動では、いくつかのフェミニスト集団によりその作業のコントロールが要請された結果、調査がきわめて困難となり、結局不可能となった。

(22) コンサルタントの介入事例、とりわけさまざまな組織についての社会学において、こうした実践はありふれたものだということを強調しておかなければならない。しかしこのような伝統のもとで研究者は、たいてい一定の変化という目標を追求しており、それは社会学的介入にはあてはまらない。ただし、これらの方法すべてにおいて、行為者たちがさまざまな知識の生産に参加することで行為者たちの自由が増大するという確信は共有されている。たとえば以下。E. Friedberg, *Le Pouvoir et la Règle*, *op. cit.*

(23) R. A. Cloward, et L. E. Olhin, *Delinquency and Opportunity*, New York, The Free Press, 1960.

(24) したがってシレジアの炭鉱夫や、チリのサンチアーゴにおける都市のアウトサイダー、コルビエールのブドウ栽培者、郊外の「小さな不良グループ」などといった経済的に厳しく、さらには文化的にも非常に隔離された集団について、われわれはしばしば研究を行ってきた。職業高校の生徒たちについていえば、パリの有名高校の生徒たちに比べて活発さや「知的」能力が劣るということはなかった。

(25) 社会学者が最大の困難に出会うのはまさに後者の人びとの事例だ。行為あるいは経験の意味を合理化し、組織された集合行為や政治へと方向づける仕事をしている人びとのもとで。

(26) 後者の事例で、社会学者がこうしたことを免れているかどうかは確かでない。しかしながらこの作業をすることで、より恣意的ではないものと思われる可能性がある。

訳者あとがき

本書は、François Dubet, *Sociologie de l'expérience* (Paris: Seuil, 1994) の翻訳である。

著者フランソワ・デュベ（一九四六年生まれ）はフランスを代表する社会学者の一人であり、現在、ボルドー第二大学教授、社会科学高等研究院の研究主任および「社会学的介入・分析センター」（ＣＡＤＩＳ）副代表、そして国際社会学会ＲＣ四七「社会階級・社会運動」副会長などを務めている。デュベはアラン・トゥレーヌの最も初期からの弟子であり、同い年のミシェル・ヴィヴィオルカ（ＣＡＤＩＳ前代表、二〇〇六―一〇年度国際社会学会会長）とともにいわばトゥレーヌ派の「双璧」として、ＣＡＤＩＳの六〇名以上のコア／連携メンバーや、ＲＣ四七に集まる一〇〇人以上の社会学者に大きな影響を与えている。

彼はフランス国内では、社会的排除論の主観的なアプローチの代表格として知られ、郊外の若者の暴動や教育制度などのテーマでメディアや雑誌にもよく登場している。ただ英語の論文や本をほとんど執筆しないこともあって、国際的なレベルではまだあまり正確に理解されていない。日本でもその状況は同じで、日本語訳は本書が初となる。

デュベの研究歴について短く振り返っておこう。彼は一九六〇年代末からトゥレーヌの社会運動調査にヴィヴィオルカらとコアメンバーとして関わり、八〇年代からは、自らも社会的排除を被る若年失業者・移民二世や、制度解体を生きる小学生、中・高校生、大学生の「経験」に関する社会学的介入調査を行っていく。そして一九九〇年代半ばに、これまでの研究成果を土台として執筆したのが本書『経験の社会学』である。その後も労働経験と「不正義」感覚に関する研究や「複数の社会」の理論化などに取り組んでいるが、本書で示された概念や社会観がそれらの土台となっている。

『経験の社会学』は、前期トゥレーヌの理論的主著『行為の社会学』および中期の『社会の生産』、『声とまなざし』に代わる理論／方法論の書として執筆されたものであり、たとえば、三つの行為論理、三つのシステム、三つの論理要素（同一性／対立性／全体性）などの区別や、「認識論的切断」批判／社会学的介入などは、基本的に引き継いでいる。その上で、重要な変更点を二つだけ指摘しておきたい。

第一点は三つのシステム・論理の関係性である。中期トゥレーヌは「歴史的行為システム」の中に各システムを位階的に位置づけたが、デュベによれば、それらは分裂の度合いを深めており、三つを包摂し序列化するものの存在をもはや前提視することはできない。各システムの行為連関を組織化し、諸個人の社会的経験を組織してきた各論理もまた散逸している。それらを接続し序列化できるよう個人を社会化してきた「社会」や「制度」もその機能をもはや果たさない。諸個人が地道に自分の手（ワーク）で接続していくしかないのだ。このようなわれわれ一人ひとりの社会的経験と複雑な主体性をリアルに描き出すこと、それが『経験の社会学』の目的である。

もう一つ重要な変更点は、行為論理自体の捉え方である。デュベによれば、各論理（および論理要素）は研究者が分析で用いるものであるだけでなく、当事者が自己の経験を組織する際に準拠するものでもある。その点を強調することでデュベは、前・中期トゥレーヌの理論・方法論の、一種の語用論的転回を進めており、それは経験的な調査可能性にとっても大きな一歩だと言える。それにより、社会学的介入における研究者／対話者／当事者の直接的な対話もまた、共通の行為論理を介してそれぞれの語りが組織されていく過程として位置づけ直される——以上の二つの変更点が後期トゥレーヌの「文化運動」論に部分的に引き継がれつつあることは付け加えておきたい。

また『経験の社会学』から再び集合的活動に至る道は、ＣＡＤＩＳやＲＣ四七の社会学者らによって進められている。とりわけケビン・マクドナルド（ロンドン大学教授、ＲＣ四七副会長）はメルボルン郊外の若者調査から「経験の社会学」に「身体」や「場所」などの要素を付け加え、非西欧圏の運動や反グローバリズム運動にみられる流帯性を核とする運動を「経験運動」として理論化している。なお、アラン・トゥレーヌおよびトゥレーヌ派関連の文献は以下で網羅的に整理している（http://www1.odn.ne.jp/~cbt25360/tourainian.htm）。

（濱西栄司）

*

本書は大きく二つに分かれている。1〜3章はこれまでの社会学理論との対話の中で、経験というデュベの新たな概念がいかに位置づけられるかを論じている。そして4章以下で、経験の概念の具体的な射程を、彼の今までの調査や事例をもとに明らかにしていく。

前半部の目的は、社会学の中心におかれてきた行為という概念から、いかに手を切るかである。そこでまず経験という概念が行為とどう違うのかを糸口に考えてみよう。社会学において個人の行為といえば、ウェーバーでありパーソンズであった（デュベにとってはトゥレーヌの行為も重要）。ウェーバー『理解社会学のカテゴリー』やパーソンズ『社会的行為の構造』をかつて読んだとき、とにかくわかりやすいものだったことを記憶している。社会は行為を単位として成り立つ。行為は目的と手段からなっており、規範がこれをコントロールする。その規範は社会化による内面化を通して社会から個人に分け与えられ、他者と共有される。個人の行為と社会の秩序がうまく説明でき、両者が一体となっていることがよくわかる。ウェーバーの意図はもう少し別のところにあったにせよ、パーソンズがデュルケームに依拠しつつ、行為および社会システムとして定式化する社会学の中核的な原理がそこにあった。

デュベはこれを古典的社会学と名づけ、一挙に相対化してしまう。まるでクラシック音楽のように。確かに八〇年代以降、パーソンズ社会学は気色を失い、相互作用論や日常性などの前に色褪せて行ったのだが、依然として役割や規範が社会学の教科書の冒頭を占めているとすれば、それに最後の一撃を食らわせるのがデュべである。社会から分け与えられた価値観に従い、規範を守りながら、自分の目的に合わせて手段を選び行為を遂行する、そんな人間はもういないのである。役割を演じる私もいない。

そういえばブルデューがすでに言っていた。行為の目的にそって手段を選択するのではない。自分の持てる手段、資本、ハビトゥスが、自分の到達できる目標を定める。つまり私のポジションが選択の幅を決めている。また誰もが従うべき価値や規範が社会という空から個人に降ってくるのではない。

そして、「社会はシステムではない」というデュべの衝撃的な言葉。戦後の社会学でなされてきた膨大な議論、行為論とシステム論が砕け散る。

ブードン先生はこんなことを言っている。「私の行為を決めるのは私だ」と。シンプルかつ当たり前のようだが、社会学はこういうあからさまな議論を嫌う。私は自分で物事を決めているのではなく、社会の潮流や社会の構造や社会のミクロなルールや他者のリアクションによって動かされている。自分の行為の主導権は、社会や集団、構造、身近な他者、両親、教師、そして会社などが握っている。自分以外の誰かだ。デュべはこれを「ヘテロノミー（他律性）」と呼ぶ。パーソンズの行為論は主意主義だというが、それはブリコー先生が述べたように「制度的」個人主義である。

いっぽうトゥレーヌからデュべに流れる社会運動論の伝統は、社会によって個人を説明することよりも、個人が社会を作ることを重視して行為をアクティブにとらえた。そしてデュべは、いろいろな意味の付着した「行為」という言葉から一線を画すため、「経験」をキーワードにしたのである。

社会学は結局のところ個人をないがしろにし、個人の行為が社会的に決定されていることばかりを強調してきたと思う。社会学＝「社会によって個人を説明する学問」、としてしまえばデュルケームは満足かもしれないが、ブルデューが『世界の悲惨』を境に一九九〇年代以降、政治運動に身を投じ、激しく燃え尽きていったように、社会学は個人の側に立つことができるのか？　あまりにも完璧に社会決定論（デテルミニスム）を書き綴ったブルデューは、社会学という書物の外にある現実界で自己決定が可能であることを証明しようとしたのか……。

なおデュベの理論的考察の長所の一つは、これまでどちらかというと独自の道を歩んできたフランス社会学を、パーソンズ、ハーバマス、ゴフマン、シカゴ学派など、より一般的な社会学の文脈と対話させ、またフランス社会学内部でタコツボ的になっていたブルデュー派、ブードン派、クロジエ派、そして自身のトゥレーヌ派の相互の対話を試みている点にもある。

本書は三名の訳者による共同作業である。序論と第1章から第3章は私が、第4章と第5章と結論（ただし以下は除く）は濱西が、教育関連の第4章第Ⅲ節・第5章第Ⅲ節と第6章は森田が担当し、全体を私が整理した。監訳者として至らず、重要なキーワードなどで十分な統一がとれていない面があるのは私の責任である。お許しいただきたい。ご参考までにいくつか挙げておこう。travail は通常のフランス語で「労働」であるが、「作業」としたり、三つの論理を結びつける活動については「ワーク」とした。日本語では異なっているようにみえるが、これらはすべて同じ単語である。subjectivation は、sujet が「主体」であるか「主観」であるかというのと同じで、観念的な文脈では「主観化」、社会運動論の文脈でより行動的な意味なら「主体化」とした。

それから、あまりよい日本語がみつからなかったところもある。デュベ独特の用語である registre（レジストル）は、英語で言えば「レジスター」で、「登記簿」などとした。また、よく登場する単語に enjeu（アンジュ）がある。これはブルデューが頻繁に用いる言葉でもあり、「賭金」とした。日本語であまり使わない「炸裂」もよく出てくる。これは eclater という動詞からきている。行為が三つの内容に裂けてしまっている状態のイメージである。ちなみに eclat（エクラ）といえば爆発の閃光である。

また原註および参考文献では、日本語訳のある文献についてできるだけこれを記入しようと努めた。デュベは英語やドイツ語の文献をフランス語訳されたものから引用したりしているため、厳密には日本語訳書に該当しないケースがあるかもしれない。また日本語訳の場合に著者名のカタカナ表記がいくつか存在したり、タイトルや副題が原書と異なっていたりし、当方の作業がたいへん不十分であることをお許しいただきたい。

短時間の印象であるが、二〇〇九年秋東京で、本書の編集担当者である新泉社の竹内さんと一緒にデュベ氏にお会いした。フランスの現在の学生運動などに対し批判的で、「自分たちが学生運動をやっていたころは……」と冗談まじりの話などがあり、肩肘の張らないストレートな方で、フランスのインテリにありがちな神経質タイプとは程遠い感じがして、楽しく過ごさせていただいた。その折に下さったのがLe travail des societesで、ほぼ毎年というか、半年に一冊ほどのハイペースで続々と新著が届けられている。またフランスでベストセラーになった『ガレー船』と『高校生』は面白い作品で、『経験の社会学』が理論編であるとすれば、その実践編であるといえる。今後ますます日本でデュベ作品の紹介ができればと願っている。

（山下雅之）

参考文献

Adam, G., et Reynaud, J.-D., *Conflits du travail et Changement social*, Paris, PUF, 1978.
Adorno, T., et Popper, K., *De Vienne à Francfort, la querelle allemande des sciences sociales*, Bruxelles, Complexe, 1979.〔城塚登・浜井修・遠藤克彦訳『社会科学の論理——ドイツ社会学における実証主義論争（新装版）』河出書房新社，1992 年〕
Alexander, J., *Sociological Theory since World War II*, New York, Columbia University Press, 1987.
—— *The Reality of Reduction : The Failed Synthesis of Pierre Bourdieu*, multigraphié.
Allardt, E., «Émile Durkheim et la sociologie politique», in P. Birnbaum et F. Chazel (eds.), *Sociologie politique*, Paris, A. Colin, 1971, p. 15–37.
Aron, R., *Dix-Huit Leçons sur la société industrielle*, Paris, Gallimard, 1962.〔長塚隆二訳『変貌する産業社会』荒地出版社，1970 年〕
—— Les Luttes de classes. *Nouvelles leçons sur la société industrielle*, Paris, Gallimard, 1964.
Badie, B., et Birnbaum, P., *Sociologie de l'État*, Paris, Grasset, 1979.〔小山勉訳『国家の歴史社会学』日本経済評論社，1990 年〕
Balandier, G., *Le Dédale. Pour en finir avec le xx*e *siècle*, Paris, Fayard, 1994.
Ballion, R., *La Bonne École. Évaluation et choix du collège et du lycée*, Paris, Hatier, 1991.
Baudelot, C., et Establet, R., *L'École capitaliste en France*, Paris, Maspero, 1971.
—— *Le niveau monte*, Paris, Éd. du Seuil, 1989.
Baudrillard, J., *Cool Memories. 1980-1985*, Paris, Grasset, 1985.
Becker, H., «Field Work Evidence», *Sociological Work*, Chicago, Aldine, 1970.
Bell, D., *Vers la société post-industrielle* (1973), Paris, R. Laffont, 1976.〔内田忠夫・嘉治元郎・城塚登・馬場修一・村上泰亮・谷嶋喬四郎訳『脱工業社会の到来——社会予測の一つの試み（上・下）』ダイヤモンド社，1975 年〕
—— *Les Contradictions culturelles du capitalisme*, Paris, PUF, 1978.〔林雄二郎訳『資本主義の文化的矛盾（上・中・下）』講談社，1976〜77 年〕
Bellah, R., et al., *Habits of the Heart*, Berkeley, University of California Press, 1985.〔島薗進・中村圭志訳『心の習慣——アメリカ個人主義のゆくえ』みすず書房，1991 年〕
Berger, P., et Luckmann, T., *La Construction sociale de la réalité*, Paris, Méridiens-Klincksieck, 1986.〔山口節郎訳『現実の社会的構成——知識社会学論考（新版）』新曜社，2003 年〕
Berthelot, J.-M., «De la terminale aux études post-bac : itinéraires et logiques d'orientation», *Revue française de pédagogie*, 81, 1987, p. 5–15.

—— *L'Intelligence du social*, Paris, PUF, 1990.

—— *École, Orientation, Société*, Paris, PUF, 1993.

Besnard, P., «Durkheim et les femmes ou *Le Suicide inachevé*», *Revue française de sociologie*, XIV, 1973, p. 27-61.

—— *L'Anomie*, Paris, PUF, 1987.

Birnbaum, P., *Dimensions du pouvoir*, Paris, PUF, 1984.

Birnbaum, P., et Chazel, F., *Théorie sociologique*, Paris, PUF, 1975.

Birnbaum, P., et Leca, J. (eds.), *Sur l'individualisme*, Paris, Presses de la FNSP, 1986.

Bloom, A., *L'Ame désarmée. Essai sur le déclin de la culture générale*, Paris, Julliard, 1987.

Boltanski, L., et Thévenot, C., *Les Économies de la grandeur*, Paris, PUF, 1987.

—— *De la justification. Les économies de la grandeur*, Paris, Gallimard, 1991.〔三浦直希訳『正当化の理論——偉大さのエコノミー』新曜社，2007 年〕

Boudon, R., *L'Inégalité des chances. La mobilité sociale dans les sociétés industrielles*, Paris, A Colin, 1973.〔杉本一郎・山本剛郎・草壁八郎訳『機会の不平等——産業社会における教育と社会移動』新曜社，1983 年〕

—— *La Logique du social*, Paris, Hachette, 1979.

—— *La Place du désordre*, Paris, PUF, 1984.

—— *L'Idéologie*, Paris, Fayard, 1986.

Boudon, R., et Bourricaud, F., *Dictionnaire critique de la sociologie*, Paris, PUF, 1982.

Boudon, R. (ed.), *Traité de sociologie*, Paris, PUF, 1992.

Bourdieu, P., «Genèse et structure du champ religieux», *Revue française de sociologie*, XII, 1971, p. 295-334.

—— *Le Sens pratique*, Paris, Éd. de Minuit, 1980.〔今村仁司・福井憲彦・塚原史・港道隆訳『実践感覚（1・2）（新装）』みすず書房，2001 年〕

—— *Choses dites*, Paris, Éd. de Minuit, 1987.〔石崎晴己訳『構造と実践——ブルデュー自身によるブルデュー』藤原書店，1991 年〕

—— *La Misère du monde*, Paris, Ed. du Seuil, 1992.

Bourdieu, P., et Passeron, J.-C., *Les Héritiers. Les étudiants et la culture*, Paris, Éd. de Minuit, 1964.〔石井洋二郎監訳『遺産相続者たち——学生と文化』藤原書店，1997 年〕

Bourricaud, F., «Contre le sociologisme : une critique et des propositions», *Revue française de sociologie*, XVI, 1975, p. 583-603.

—— *L'Individualisme institutionnel. Essai sur la sociologie de Talcott Parsons*, Paris, PUF, 1977.

Bouvier, A., «Modèles parétiens et théories des idéologies. Sociologie des représentations», *L'Année sociologique*, 42, 1992, p. 345-368.

Caillé, A., «La sociologie de l'intérêt est-elle intéressante?», *Sociologie du travail*, 3, 1981, p. 257-274.

—— *Splendeurs et Misères des sciences sociales*, Genève, Librairie Droz, 1985.

Cassirer, E., *La Philosophie des Lumières* (1932), Paris, Fayard, 1966.

Castoriadis, C., *L'Institution imaginaire de la société*, Paris, Éd. du Seuil, 1975.〔江口幹

訳『想念が社会を創る——社会的想念と制度』法政大学出版局，1994 年〕

Chaudron, M., et Singly, F. de (eds.), *Identité, Lecture, Écriture*, Paris, Centre Georges-Pompidou, 1994.

Chazel, F., «Considérations sur la nature de l'anomie», *Revue française de sociologie*, VII, 2, 1967, p. 151-168.

—— *La Théorie analytique de la société dans l'œuvre de Talcott Parsons*, Paris-La Haye, Mouton, 1974.〔酒井正三郎訳『社会の分析的理論：タルコット・パーソンズの著作における』中部日本教育文化会，1977 年〕

——«French Sociology at the Beginning of the Nineties», *Revue suisse de sociologie*, 1. 1992, p. 197-213.

——«Mouvements sociaux», in R. Boudon (ed.), *Traité de sociologie*, Paris, PUF, 1992.

Cherkaoui, M., «Stratification», in R. Boudon (ed.), *Traité de sociologie*, Paris, PUF, 1992.

Chesnais, J.-C., *Histoire de la violence*, Paris, R. Laffont, 1981.

Cicourel, A., *The Social Organization of Juvenile Justice*, New York, Wiley, 1968.

—— *La Sociologie cognitive*, Paris, PUF, 1979.

Clegg, H., *General Union : Study of the National Union of General and Municipal Workers*, Londres, Blackwell, 1954.

Cloward, R. A., et Olhin, L. E., *Delinquency and Opportunity*, New York, The Free Press, 1960.

Convert, B., et Pinet, M., «Les classes de terminale et leur public», *Revue française de sociologie*, XXX, 1989, p. 211-234.

Coser, L., *Les Fonctions du conflit social*, Paris, PUF, 1987.〔新睦人訳『社会闘争の機能』新曜社，1978 年〕

Crozier, M., *Le Phénomène bureaucratique*, Paris, Éd. du Seuil, 1963.

Crozier, M., et Friedberg, E., *L'Acteur et le Système*, Paris, Éd. du Seuil, 1977.

Cuin, C.-H., «Durkheim et la mobilité sociale», *Revue française de sociologie*, XXVIII, 1, 1987, p. 43-65.

Cusson, M., *Le Contrôle social du crime*, Paris, PUF, 1983.

—— *Croissance et Décroissance du crime*, Paris, PUF, 1989.

——«Déviance», in R. Boudon (ed.), *Traité de sociologie*, Paris, PUF, 1992.

Dahrendorf, R., *Classes et Conflits de classes dans la société industrielle*, Paris, Mouton, 1972.〔富永健一訳『産業社会における階級および階級闘争』ダイヤモンド社，1964 年〕

Davis, K., «Le mythe de l'analyse fonctionnelle», in H. Mendras, *Éléments de sociologie. Textes* (1959), Paris, A. Colin, 1968.

Derouet, J.-L., «Désaccords et arrangements dans les collèges (1981-1986)», *Revue française de pédagogie*, 83, 1988, p. 5-22.

—— *École et Justice. De l'égalité des chances aux compromis locaux*, Paris, A. M. Métailié, 1992.

Dévereux, G., *De l'angoisse et la méthode dans les sciences du comportement*, Paris, Flammarion, 1980.

Dobry, M., «Variation d'emprise sociale et dynamique des représentations : remarques sur une hypothèse de Neil Smelser», *Analyse de l'idéologie*, Paris Galilée, 1980, p. 197-219.

Downs, A., *An Economic Theory of Democracy*, New York, Harper and Row, 1957.〔古田精司監訳『民主主義の経済理論』成文堂，1980 年〕

Dubar, C., *La Socialisation. Construction des identités sociales et profesionnelles*, Paris, A. Colin, 1991.

Dubet, F., «Après l'évolutionnisme, y a-t-il une sociologie du changement?», *Connexions*, 45, 1985, p. 16-35.

—— *La Galère : jeunes en survie*, Paris : Fayard, 1987 ; Éd. du Seuil, coll. «Points Actuels», 1993.

—— *Immigrations : qu'en savons-nous?*, Paris, La Documentation française, 1989.

—— *Les Lycéens*, Paris, Éd. du Seuil, 1991 ; coll, «Points Actuels», 1992.

Dubet, F., Cousin, O., et Guillemet, J.-P., «Mobilisation des établissements et performances scolaires», *Revue française de sociologie*, XXX, 1989, p. 235-256.

Dubet, F., Tironi, E., *et al., Pobladores : Luttes sociales et démocratie au Chili*, Paris, L'Harmattan, 1989.

Dubet, F., et Lapeyronnie, D., *Les Quartiers d'exil*, Paris, Éd. du Seuil, 1992.

Dubet, F., Delage, B., Andrieu, J., Martuccelli, D., et Sembel, N., *Les Étudiants, le Campus et leurs études*, LAPSAC, CEDAS, université de Bordeaux II, 1993.

Dulong, R., et Paperman, P., *La Réputation des cités HLM*, Paris, L'Harmattan, 1992.

Dumont, L., *Homo hierarchicus. Le système des castes et ses implications*, Paris, Gallimard, 1966.〔田中雅一・渡辺公三訳『ホモ・ヒエラルキクス――カースト体系とその意味』みすず書房，2001 年〕

—— *Essais sur l'individualisme*, Paris, Éd. du Seuil, 1983.〔渡辺公三・浅野房一訳『個人主義論考――近代イデオロギーについての人類学的展望』言叢社，1993 年〕

Duprez, D., et Hedli, M., *Le Mal des banlieues? Sentiment d'insécurité et crise identitaire*, Paris, L'Harmattan, 1992.

Durkheim, E., *Les Règles de la méthode sociologique* (1895), Paris, PUF, 1963.〔宮島喬訳『社会学的方法の規準』岩波書店，1978 年〕

—— *Le Suicide* (1897), Paris, PUF, 1967.〔宮島喬訳『自殺論』中央公論社，1985 年〕

—— *De la division du travail social* (1893), Paris, PUF, 1967.〔田原音和訳『社会分業論（復刻版）』青木書店，2005 年〕

—— *Les Formes élémentaires de la vie religieuse* (1912), Paris, PUF, 1967.〔古野清人訳『宗教生活の原初形態（上・下）』岩波書店，1975 年〕

—— *Éducation et Sociologie* (1922), Paris, PUF, 1968.〔佐々木交賢訳『教育と社会学』誠信書房，1976 年〕

—— *Le Socialisme* (1928), Paris, PUF, 1971.〔森博訳『社会主義およびサン-シモン』恒星社厚生閣，1977 年〕

—— *L'Évolution pédagogique en France* (1938), Paris, PUF, 1990.〔小関藤一郎訳『フランス教育思想史』行路社，1981 年〕

Duru-Bellat, M., et Mingat, A., *De l'orientation en fin de 5ᵉ au fonctionnement des collèges, Cahiers de l'IREDU*, Dijon, nᵒˢ 45, 48 et 51, 1985, 1988 et 1992.
Ehrenberg, A., *Le Culte de la performance*, Paris, Calmann-Lévy, 1991.
Elias, N., *La Civilisation des mœurs* (1932), Paris, Calmann-Lévy, 1973.〔赤井慧爾・中村元保・吉田正勝訳『文明化の過程（上・下）（新装版）』法政大学出版局，2004 年〕
—— *La Société de cour*, Paris, Flammarion, 1985.〔波田節夫・中埜芳之・吉田正勝訳『宮廷社会』法政大学出版局，1981 年〕
—— *La Société des individus* (1939), Paris, Fayard, 1991.〔宇京早苗訳『諸個人の社会——文明化と関係構造』法政大学出版局，2000 年〕
Elster, J., *Logic and Society*, New York, Wiley, 1978.
Ferry, L., *Le Nouvel Ordre écologique*, Paris, Grasset, 1992.〔加藤宏幸訳『エコロジーの新秩序——樹木，動物，人間』法政大学出版局，1994 年〕
Festinger, L., *A Theory of Cognitive Dissonance*, Evanston, Row, Peterson and Cᵒ, 1957.〔末永俊郎監訳『認知的不協和の理論——社会心理学序説』誠信書房，1965 年〕
Forquin, J.-C., *École et Culture*, Bruxelles, Éditions universitaires De Broeck, 1989.
Franck, B., et Lapeyronnie, D., *Les Deux Morts de la Wallonie sidérurgique*, Bruxelles, CIACO, 1990.
Freud, S., «Psychologie des foules et analyse du moi», *Essais de psychanalyse*, Paris, Payot, 1981.
Freund, J., «Introduction», in M. Weber, *Essai sur la théorie de la science*, Paris, Plon, 1965.
——«De l'interprétation dans les sciences sociales», *Cahiers internationaux de sociologie*, LXV, 1978, p. 214-236.
Friedberg, E., «L'organisation», in R. Boudon (ed.), *Traité de sociologie*, Paris, PUF, 1992.
—— *Le Pouvoir et la Règle*, Paris, Éd. du Seuil, 1993.
Fritsch, P., «La *Zwischenbetrachtung*, un espace intermédiaire», *Enquête*, 7, 1992, p. 173-193.
Garfinkel, H., *Studies in Ethnomethodologies*, New York, Prentice Hall, 1967.〔山田富秋・好井裕明・山崎敬一編訳『エスノメソドロジー——社会学的思考の解体』せりか書房，1987 年〕
Gellner, E., *Nations et Nationalismes*, Paris, Payot, 1989.〔加藤節監訳『民族とナショナリズム』岩波書店，2000 年〕
Germani, G., *Politique, Société et Modernisation*, Gembloux, Duculot, 1972.
Giddens, A., *La Construction de la société*, Paris, PUF, 1987.
Gilly, M., *Maître-Élève. Rôles institutionnels et représentations*, Paris, PUF, 1980.
Girard, R., *La Violence et le Sacré*, Paris, Grasset, 1972.〔古田幸男訳『暴力と聖なるもの』法政大学出版局，1982 年〕
Goffman, E., *Asiles* (1961), Paris, Éd. de Minuit, 1968.〔石黒毅訳『アサイラム——施設被収容者の日常世界』誠信書房，1984 年〕
—— *Les Rites d'interaction*, Paris, Éd. de Minuit, 1974.〔浅野敏夫訳『儀礼としての相互

行為——対面行動の社会学（新訳版）』法政大学出版局，2002 年〕
—— *Les Cadres de l'expérience* (1974), Paris, Éd. de Minuit, 1991.
Golthorpe, J. H., Lockwood, D., Bechofer, F., et Platt, J., *L'Ouvrier de l'abondance* (1968), Paris, Éd. du Seuil, 1972.
Grignon, C., *L'Ordre des choses. Les fonctions sociales de l'enseignement technique*, Paris, Éd. de Minuit, 1971.
Guillemet, J.-P., *Le Vote Front national*, DEA, unversité de Bordeaux II, 1990.
Gurwitch, G., et Moore, W. E., *La Sociologie du xx*e *siècle*, Paris, PUF, 1947.〔東京社会科学研究所監修『二十世紀の社会学』誠信書房，1958-60 年〕
Habermas, J., *Connaissance et Intérêt*, Paris, Gallimard, 1973.〔奥山次良・八木橋貢・渡辺佑邦訳『認識と関心』未來社，1981 年〕
—— *Raison et Légitimité*, Paris, Payot, 1978.
—— *Morale et Communication : conscience et activité communicationnelle*, Paris, Éd. du Cerf, 1986.〔三島憲一・中野敏男・木前利秋訳『道徳意識とコミュニケーション行為』岩波書店，2000 年〕
—— *Théorie de l'agir communicationnel*, Paris, Fayard, 1987, t. 1 et 2.〔河上倫逸・M. フーブリヒト・平井俊彦ほか訳『コミュニケイション的行為の理論（上・中・下）』未來社，1985-87 年〕
—— *Le Discours politique de la modernité*, Paris, Gallimard, 1988.
Halbwachs, M., *Les Causes du suicide*, Paris, F. Alcan, 1930.
—— *La Classe ouvrière et les Niveaux de vie* (1912), Paris, Gordon and Breach, 1970.
Haupt, G., Lowy, M., et Weill, C., *Les Marxistes et la Question nationale*, Paris, Maspero, 1974.
Henriot-Van Zanten, A., et Duru-Bellat, M., *Sociologie de l'école*, Paris, A. Colin, 1992.
Héran, F., «La seconde nature de l'habitus. Tradition philosophique et sens commun dans le langage sociologique», *Revue française de sociologie*, XVIII, 1987, p. 385-416.
Hirschman, A., *Les Passions et les Intérêts. Justifications politiques du capitalisme avant son apogée*, Paris, PUF, 1980.〔佐々木毅・旦祐介訳『情念の政治経済学』法政大学出版局，1985 年〕
Hoggart, R., *La Culture du pauvre* (1957), Paris, Éd. de Minuit, 1970.
—— *33 Newport Street. Autobiographie d'un intellectuel issu des classes populaires anglaises*, Paris, Gallimard/Le Seuil, 1991.
Homans, G., *Social Behavior. Its Elementary Forms*, New York, Harcourt Brace and World, 1961.〔橋本茂訳『社会行動——その基本形態』誠信書房，1978 年〕
Inglehart, R., *The Silent Revolution : Changing Values and Political Styles among Western Publics*, Princeton, Princeton University Press, 1987.〔三宅一郎・金丸輝男・富沢克訳『静かなる革命——政治意識と行動様式の変化』東洋経済新報社，1978 年〕
Isambert-Jamati, V., *Crises de la société et Crises de l'enseignement*, Paris, PUF, 1970.
Israël, J., *L'Aliénation de Marx à la sociologie contemporaine*, Paris, Anthropos, 1972.
Jankowski, M. S., *Islands in the Street*, Berkeley, University of California Press, 1991.
Jaulin, R., *La Mort Sara*, Paris, Plon, 1971.

Kaufmann, J.-C., *La Trame conjugale*, Paris, Nathan, 1992.
Keniston, K., *Young Radicals, Notes on Commited Youth*, New York, Harcourt Brace, 1968.〔庄司興吉・庄司洋子訳『ヤング・ラディカルズ——青年と歴史』みすず書房，1973年〕
Kepel, G., *La Revanche de Dieu*, Paris, Éd. du Seuil, 1991.〔中島ひかる訳『宗教の復讐』晶文社，1992年〕
Khosrokhavar, F., *L'Utopie sacrifiée : Sociologie de la révolution iranienne*, Paris : Presses de la FNSP, 1993.
Kornhauser, W., *The Politics of Mass Society*, Londres, Routledge and Kegan Paul, 1965.〔辻村明訳『大衆社会の政治』東京創元社，1961年〕
Kriegel, A., *Aux origines du communisme français*, Paris, Flammarion, 1969.
Kundera, M., *L'Art du roman*, Paris Gallimard, 1986.〔金井裕・浅野敏夫訳『小説の精神』法政大学出版局，1990年〕
Labov, W., *Le Parler ordinaire*, Paris, Éd. de Minuit, 1978.
Lapeyronnie, D., «Assimilation, mobilisation et action collective chez les jeunes de la seconde génération de l'immigration maghrébine», *Revue française de sociologie*, XXVIII, 2, 1987, p. 287-318.
——«Mouvements sociaux et action politique», Revue française de sociologie, XXIX, 1988, p. 593-619.
—— *De l'expérience à l'action*, Paris, EHESS, 1992.
Lapeyronnie, D., et Marie, J.-L., *Campus Blues. Les étudiants face à leurs études*, Paris, Éd. du Seuil, 1992.
Lasch, C., *Le Culte de Narcisse*, Paris, R. Laffont, 1980.〔石川弘義訳『ナルシシズムの時代』ナツメ社，1981年〕
—— *The True and only Heaven*, New York, Norton Company, 1991.
Lash, S., *Sociology of Post-Modernity*, Londres, Routledge and Kegan Paul, 1990.
Leger, F., *La Philosophie de Georg Simmel*, Paris, Kimé, 1989.
Lévi-Strauss, C., *Tristes Tropiques*, Paris, Plon, 1955.〔川田順造訳『悲しき熱帯（1・2）』中央公論新社，2001年〕
Linton, R., *De l'homme*, Paris, Éd. de Minut, 1968.
Lipovetsky, G., *L'Ère du vide*, Paris, Gallimard, 1983.〔大谷尚文・佐藤竜二訳『空虚の時代——現代個人主義論考』法政大学出版局，2003年〕
Lipset, S. M., *L'Homme et la Politique*, Paris, Éd. du Seuil, 1962.〔内山秀夫訳『政治のなかの人間——ポリティカル・マン』東京創元新社，1963年〕
——«Radicalism or Reformism : The Sources of Working Class Politics», *The American Political Science Review*, vol. 77, 1983, p. 1-18.
Lukes, S., «Prolegomena of the Interpretation of Durkheim», *Archives européennes de sociologie*, II, 1971, p. 183-209.
Malinowski, B., *Une théorie scientifique de la culture*, Paris, Maspero, 1968.〔姫岡勤・上子武次訳『文化の科學的理論』岩波書店，1958年〕
Mallet, S., *La Nouvelle Classe ouvrière*, Paris, Éd. du Seuil, 1963.〔海原峻・西川一郎訳

『新しい労働者階級』合同出版，1970 年〕
Mann, P., *L'Action collective*, Paris, A. Colin, 1991.
March, J. G., et Simon, H. A., *Les Organisations* (1958), Paris, Dunod, 1991 (préface de M. Crozier).
Marcuse, H., *L'Homme unidimensionnel* (1964), Paris, Éd. de Minuit, 1968.〔生松敬三・三沢謙一訳『一次元的人間――先進産業社会におけるイデオロギーの研究』河出書房新社，1974 年〕
Martuccelli, D., «Lectures théoriques de la post-modernité», *Sociologie et Sociétés*, 1, 1992, p. 157-168.
Matalon, B., «La psychologie et l'explication des faits sociaux», *L'Annee sociologique*, 31, 1981, p. 125-185 ; 32, 1982, p. 115-161.
Matza, D., et Sykes. G. M., «Techniques of Neutralization : A Theory of Delinquency», *American Sociological Review*, 22, 1957, p. 657-669.
Maurice, M., «Déterminants du syndicalisme et projet syndical des ouvriers et des techniciens», *Sociologie du travail*, 1965, 3, p. 254-272.
Mauss, M., «Essai sur le don», *Sociologie et Anthropologie*, Paris, PUF, 1950.〔有地亨・伊藤昌司・山口俊夫訳『社会学と人類学（１・２）』弘文堂，1973 年〕
――«La nation», *L'Année sociologique*, 1956.
Mead, G. H., *L'Esprit, le Soi et la Société* (1934), Paris, PUF, 1963.〔稲葉三千男・滝沢正樹・中野収訳『精神・自我・社会』青木書店，1973 年〕
Mehan, H., et Wood, H., *The Reality of Ethnomethodology*, New York, John Wiley, 1975.
Merle, P., «La pratique évaluative en classe terminale : consensus et illusion», *Sociologie du travail*, 2, 1991.
Merton, R. K., *Eléments de théorie et de méthode sociologique* (1949), Paris, Plon, 1965.〔森東吾・森好夫・金沢実訳『社会理論と機能分析』青木書店，1969 年〕
Merton, R. K., Reader, G. C., et Kendall, P. L. (eds.), *The Student-Physician. Introductory Studies in the Sociology of Medical Education*, Cambridge (Mass.), Harvard University Press, 1957.
Momsen, W. J., *Max Weber et la Politique allemande, 1890-1920*, Paris PUF, 1985.〔安世舟・五十嵐一郎・田中浩訳『マックス・ヴェーバーとドイツ政治 1890～1920（Ⅰ・Ⅱ）』未來社，1993・94 年〕
Moore, B., *Injustice. The Social Bases of Obedience and Revolt*, Londres, MacMillan Press, 1978.
―― *Les Origines sociales de la dictature et de la démocratie* (1967), Paris, Maspero, 1979.〔宮崎隆次・高橋直樹・森山茂徳訳『独裁と民主政治の社会的起源――近代世界形成過程における領主と農民（１・２）』岩波書店，1986-87 年〕
Moscovici, S., *La Psychanalyse, son image et son public*, Paris, PUF, 1961.
―― *Psychologie des minorités actives*, Paris, PUF, 1979.
―― *La Machine à faire des dieux*, Paris, Fayard, 1988.〔古田幸男訳『神々を作る機械――社会学と心理学』法政大学出版局，1995 年〕

Nicolet, C., *L'Idée républicaine en France*, Paris, Gallimard, 1982.
Nisbet, R. A., *Social Change and History*, New York, Oxford University Press, 1969.〔堅田剛訳『歴史とメタファー――社会変化の諸相』紀伊國屋書店，1987 年〕
―― *La Tradition sociologique* (1966), Paris, PUF, 1984.〔中久郎監訳『社会学的発想の系譜（1・2）』アカデミア出版会，1975-77 年〕
Nizan, P., *Antoine Bloyé*, Paris, Grasset, 1933.〔篠田浩一郎訳『アントワーヌ・ブロワイエ』晶文社，1968 年〕
Noblet, P., *L'Amérique des minorités*, Paris, L'Harmattan, 1993.
Noiriel, G., *Le Creuset français. Histoire de l'immigration (XIXᵉ-XXᵉ siècle)*, Paris, Éd. du Seuil, 1988.
Oberschall, A., *Social Conflict and Social Movements*, Englewood Cliffs, Prentice Hall, 1973.
Obin, J.-P., *La Crise de l'organisation scolaire*, Paris, Hachette, 1993.
Ogien, A., «La décomposition du sujet», *Le Parler frais d'Erving Goffman*, Paris, Éd. de Minuit, 1987.
Olson, M., *Logique de l'action collective* (1965), Paris, PUF, 1978.〔依田博・森脇俊雅訳『集合行為論――公共財と集団理論』ミネルヴァ書房，1983 年〕
Parsons, T., «Some Sociological Aspects of the Fascist Movement», *Social Forces*, 21, 1942, p. 138-147.
―― *Éléments pour une sociologie de l'action*, Paris, Plon, 1955.
――«The School Class as a Social System», *Harvard Educational Review*, 29, 4, 1959, p. 221-241.
―― *The Structure of Social Action* (1937), Glencoe, The Free Press, 1964.〔稲上毅・厚東洋輔訳『社会的行為の構造』木鐸社，1976 年〕
―― *Sociétés. Essai sur leur évolution comparée* (1966), Paris, Dunod, 1973.〔矢沢修次郎訳『社会類型――進化と比較』至誠堂，1971 年〕
―― *Le Système des sociétés modernes* (1971), Paris, Dunod, 1973.〔井門富二夫訳『近代社会の体系』至誠堂，1977 年〕
Parsons, T., et Shils, E. (eds.), *Toward a General Theory of Action*, Cambridge (Mass.), Harvard University Press, 1951.〔永井道雄・作田啓一・橋本真訳『行為の総合理論をめざして』日本評論新社，1960 年〕
Parsons, T., et Bales, R. F., *Family Socialization and Interaction Process*, Glencoe, The Free Press, 1955.〔橋爪貞雄・溝口謙三・高木正太郎・武藤孝典・山村賢明訳『家族――核家族と子どもの社会化（新装版）』黎明書房，2001 年〕
Passeron, J.-C., «L'inflation des diplômes. Remarques sur quelques concepts analogiques en sociologie», *Revue française de sociologie*, XXIII, 1982, p. 551-584.
Pharo, P., «Problèmes empiriques de la sociologie compréhensive», *Revue française de sociologie*, XXVI, 1985, p. 120-149.
Piaget, J., *Le Jugement moral chez l'enfant*, Paris, PUF, 1969.〔大伴茂訳『児童道徳判断の発達』同文書院，1977 年〕
Pialoux, M., «Jeunesse sans avenir et travail intérimaire», *Actes de la recherche en*

sciences sociales, 26-27, 1979, p. 20-47.
Pizzorno, A., «Lectures actuelles de Durkheim», *Archives européennes de sociologie*, IV, 1963, p. 1-36.
——«Sur la rationalité du choix démocratique», in P. Birnbaum et J. Leca (eds.), *Sur l'individualisme*, Paris, Presses de la FNSP, 1986, p. 330-369.
Procacci, G., *Gouverner la misère*, Paris, Éd. du Seuil, 1993.
Prost, A., *Histoire de l'enseignement en France, 1800-1967*, Paris, A. Colin, 1968.
—— *Éducation, Société et Politique*, Paris, Éd. du Seuil, 1990.
Quéré, L., «L'argument sociologique de Garfinkel», *Problèmes d'épistémologie en sciences sociales. Arguments ethnométhodologiques*, Paris, CEMS, 1985.
——«Agir dans l'espace public», in L. Quéré et P. Pharo (eds.), *Les Formes de l'action*, Paris, EHESS, 1990, p. 85-112.
Raynaud, P., *Max Weber et les Dilemmes de la raison moderne*, Paris, PUF, 1987.
Rayou, P., *La Cité invisible. Essai sur la socialisation politique des lycéens*, thèse, Paris, EHESS, 1994.
Reich, R., *L'Économie mondialisée*, Paris, Dunod, 1993.
Renaut, A., *L'Ère de l'individu*, Paris, Gallimard, 1989.〔水野浩二訳『個人の時代——主観性の歴史』法政大学出版局，2002 年〕
Reynaud, J.-D., *Les Règles du jeu. L'action collective et la régulation sociale*, Paris, A. Colin, 1989.
Riesman, D., *La Foule solitaire* (1950), Paris, Arthaud, 1964.〔加藤秀俊訳『孤独な群衆』みすず書房，1964 年〕
Rivière, C., «Introduction : développement "corrigé" ou "retraité"», *L'Année sociologique*, 42, 1992, p. 25-46.
Roy, O., «Les immigrés dans la ville», in J. Roman (ed.), *Ville, Exclusion et Citoyenneté*, Paris, Esprit, 1993.
Sainsaulieu, R., *Les Relations de travail à l'usine*, Paris, Éd. d'Organisation, 1972.
Sayad, A., «Les immigrés algériens et la nationalité française», in S. Laacher (ed.), *Questions de nationalité. Histoire et enjeux d'un code*, Paris, CIEMI, L'Harmattan, 1987.
——«Immigration et naturalisation», in C. Wihtol de Wenden (ed.), *La Citoyenneté*, Paris, Édilig, 1988.
Schmitter, P., «Neo-Corporatism and the State», in W. Grant (ed.), *The Political Economy of Corporatism*, Londres, MacMillan, 1985.
Schwartz, O., *Le Monde privé des ouvriers*, Paris, PUF, 1990.
Seeman, M., «Les conséquences de l'aliénation dans le travail», *Sociologie du travail*, 2, 1967, p. 113-133.
Sennett, R., *Les Tyrannies de l'intimité*, Paris, Éd. du Seuil, 1979.
—— *Autorité*, Paris, Fayard, 1981.
Shaw, C. R., et Mac Kay, M. D., *Juvenile Delinquency in Urban Area*, Chicago, University of Chicago Press, 1940.

Shils, E., *The Intellectuals and the Powers, and Other Essays*, Chicago, University of Chicago Press, 1972.
Shorter, E., et Tilly, C., *Strikes in France ——1830-1968*, Cambridge, Cambridge University Press, 1974.
Silverman, D., *La Théorie des organisations*, Paris, Dunod, 1970.
Simmel, G., *La Sociologie de l'expérience du monde moderne*, Paris, Méridiens-Klincksieck, 1986.
—— *La Philosophie de l'argent* (1900), Paris, PUF, 1987.〔元浜清海・居安正・向井守訳『貨幣の哲学』白水社，1978年〕
—— *Tragédie de la culture et Autres Essais*, Marseille, Rivages, 1988.
Singly, F. de, *Fortune et Infortune de la femme mariée*, Paris, PUF, 1987.
——«L'homme dual», *Le Débat*, 61, 1990, p. 138-151.
——«Les jeunes et la lecture», *Éducation et Formation*, janvier 1993.
Smelser, N. J., *Theory of Collective Behavior*, New York, The Free Press, 1963.〔会田彰・木原孝訳『集合行動の理論』誠信書房，1973年〕
Sombart, W., *Pourquoi le socialisme n'existe-t-il pas aux États-Unis?* (1906), Paris, PUF, 1992.
Starobinski, J., *Jean-Jacques Rousseau. La transparence et l'obstacle*, Paris, Gallimard, 1971.〔山路昭訳『透明と障害——ルソーの世界』みすず書房，1973年〕
Tanguy, L., *L'Enseignement professionnel en France. Des ouvriers aux techniciens*, Paris, PUF, 1991.
Taylor, C., *Sources of the Self*, Cambridge, Cambridge University Press, 1989.
—— *Grandeur et Misère de la modernité*, Montréal, Bellarmin, 1992.
Testanière, J., «Chahut traditionnel et chahut anomique dans l'enseignement du second degré», *Revue française de sociologie*, VIII, 1967, p. 17-33.
Thomas, W., et Znaniecki, F., *The Polish Peasant in Europe and America* (1918), New York, Dover, 1958.〔桜井厚訳『生活史の社会学——ヨーロッパとアメリカにおけるポーランド農民』御茶の水書房，1983年〕
Thompson, E. P., *Poverty of Theory*, Londres, Martin, 1978.
Thrasher, F., *The Gang* (1927), Chicago, University of Chicago Press, 1963.
Tönnies, F., *Communauté et Société* (1887), Paris, Rets, CEPL, 1977.〔杉之原寿一訳『ゲマインシャフトとゲゼルシャフト——純粋社会学の基礎概念（上・下）』岩波書店，1957年〕
Touraine, A., *Sociologie de l'action*, Paris, Éd. du Seuil, 1965.〔大久保俊彦・岩崎晴己・菅原猛・長沢孝広訳『行動の社会学』合同出版，1974年〕
—— *La Conscience ouvrière*, Paris, Éd. du Seuil, 1966.
—— *La Société post-industrielle*, Paris, Denoël, 1969.〔寿里茂・西川潤訳『脱工業化の社会』河出書房新社，1970年〕
—— *Production de la société*, Paris, Éd. du Seuil, 1973.
—— *Les Sociétés dépendantes*, Gembloux, Duculot, 1976.〔佐藤幸男訳『断裂社会——第三世界の新しい民衆運動』新評論，1989年〕

—— *La Voix et le Regard*, Paris, Éd. du Seuil, 1978.〔梶田孝道訳『声とまなざし——社会運動の社会学（新装）』新泉社，2010 年〕
——«Une sociologie sans société», *Revue française de sociologie*, XXII, 1981, p. 3–13.
—— *La Parole et le Sang*, Paris, Odile Jacob, 1988.
—— *Critique de la modernité*, Paris, Fayard, 1992.
—— préface à l'édition de poche de *Production de la société*, Paris, Éd. du Seuil, 1993.
Touraine, A., *et al., Lutte étudiante*, Paris, Éd. du Seuil, 1978.
—— *La Prophétie anti-nucléaire*, Paris, Éd. du Seuil, 1980.〔伊藤るり訳『反原子力運動の社会学——未来を予言する人々』新泉社，1984 年〕
Touraine, A., Dubet, F., *et al., Le Pays contre l'État*, Paris, Éd. du Seuil, 1981.〔宮島喬訳『現代国家と地域闘争——フランスとオクシタニー』新泉社，1984 年〕
Touraine, A., Dubet F., Wieviorka, M., et Strzelecki, J., *Solidarité*, Paris, Fayard, 1982.
Touraine, A., Wieviorka, M., et Dubet, F., *Le Mouvement ouvrier*, Paris, Fayard, 1984.
Turner, R. H., «The Real Self : From Institution to Impulse», *American Journal of Sociology*, 81, 5, 1975, p. 989–1016.
Valade, B., «Changement social», in R. Boudon (ed.), *Traité de sociologie*, Paris, PUF, 1992.
Van-Metter, K. M. (ed.), *La Sociologie*, Paris, Larousse, 1992.
Van Parijs, P., *Le Modèle économique et ses niveaux*, Genève, Droz, 1990.
Vidal, D., *L'Ablatif absolu*, Paris, Anthropos, 1977.
Walzer, M., *Critique et Sens commun. Essai sur la critique sociale et son interprétation*, Paris, La Découverte, 1990.〔大川正彦・川本隆史訳『解釈としての社会批判——暮らしに根ざした批判の流儀』風行社，1966 年〕
Weber, M., *Le Savant et le Politique* (1919), Paris, Plon, 1958.
—— *Économie et Société* (1922), Paris, Plon, 1971.〔世良晃志郎訳『経済と社会』創文社，1960 年〕
——«Parenthèse théorique : le refus religieux, du monde, ses orientations et ses degrés», *Enquête*, 7, 1992, p. 127–172.
Wieviorka, M., *Sociétés et Terrorisme*, Paris, Fayard, 1988.
Wieviorka, M., *et al., La France raciste*, Paris, Éd. du Seuil, 1992.
Willis, P., *Learning to Labor. How Working Class Lads get Working Class Jobs*, Farnborough, England Saxon House, 1977.〔熊沢誠・山田潤訳『ハマータウンの野郎ども』筑摩書房，1996 年〕
Wright Mills, C., *L'Imagination sociologique*, Paris, Maspero, 1967.〔鈴木広訳『社会学的想像力（新装版）』紀伊國屋書店，1995 年〕
Wrong, D. H., «The Oversocialized Conception of Man in Modern Sociology», *American Sociological Review*, XXVI, 1961, p. 183–193.

著　者

フランソワ・デュベ（François Dubet）
＊訳者あとがき参照

訳　者

山下雅之（やました・まさゆき）
京都大学大学院文学研究科博士課程修了　パリ第4大学社会学博士
現在、近畿大学文芸学部教授
専門領域は社会学理論
主な著訳書　『コントとデュルケームのあいだ――1870年代のフランス社会学』（木鐸社）、『フランスのマンガ』（論創社）、〔監訳〕ピエール・アンサール著『社会学の新生』（藤原書店）

濱西栄司（はまにし・えいじ）
京都大学大学院文学研究科博士課程修了　京都大学文学博士
現在、京都大学非常勤講師、国際社会学会 RC 47 理事（secretary）
専門領域は社会運動論、社会学理論
主な著書・論文　『社会学ベーシックス第2巻　社会の構造と変動』（共著、世界思想社）、「社会的排除と「経験の社会学」」『理論と動態』3号

森田次朗（もりた・じろう）
京都大学大学院文学研究科社会学専修修士課程修了
現在、京都大学大学院文学研究科社会学専修博士後期課程在籍
専門領域は教育社会学
主な論文　「現代日本社会におけるフリースクール像再考」『ソシオロジ』53巻2号

経験の社会学

2011年２月20日　第１版第１刷発行

著　者＝フランソワ・デュベ
監訳者＝山下雅之
訳　者＝濱西栄司・森田次朗
発　行＝株式会社 新 泉 社
東京都文京区本郷2-5-12
振替・00170-4-160936番　TEL03(3815)1662／FAX03(3815)1422
印刷・製本／創栄図書印刷

ISBN978-4-7877-1010-9　C1036

声とまなざし　●社会運動の社会学

アラン・トゥレーヌ著／梶田孝道訳　Ａ５判上製・三八〇〇円＋税

社会運動の分析に新たな地平を切り開いた著者の中期の主著。社会的諸関係と文化的志向性に着目。

組織の戦略分析　●不確実性とゲームの社会学

エアハルト・フリードベルグ著／舩橋晴俊、Ｃ・Ｌ＝アルヴァレス訳　四六判上製・二五〇〇円＋税

クロジエ学派の組織分析法。組織の実際の動きを豊富な事例とともに体系的かつ平易に解説。

システム理論入門　●ニクラス・ルーマン講義録［1］

ニクラス・ルーマン著／ディルク・ベッカー編／土方透監訳　Ａ５判上製・四二〇〇円＋税

ビーレフェルト大学において初学者を対象に入門的性格を重視して解説に徹した講義の全訳。

社会理論入門　●ニクラス・ルーマン講義録［2］

ニクラス・ルーマン著／ディルク・ベッカー編／土方透監訳　Ａ５判上製・四二〇〇円＋税

「社会」とは何かにむけてルーマンの問題意識と取り組みが次々に語られる最終講義を全訳。

社会運動とは何か　●理論の源流から反グローバリズム運動まで

ニック・クロスリー著／西原和久、郭基煥、阿部純一郎訳　Ａ５判上製・四二〇〇円＋税

社会学におけるこれまでの社会運動論を批判的に吟味しつつ、新たな社会運動論を提示する。